福建工程学院法学院
Law School

自驾游
法律风险防范

王凤民　著

厦门大学出版社　国家一级出版社
XIAMEN UNIVERSITY PRESS　全国百佳图书出版单位

图书在版编目(CIP)数据

自驾游法律风险防范/王凤民著.—厦门:厦门大学出版社,2019.8
ISBN 978-7-5615-7504-8

Ⅰ.①自… Ⅱ.①王… Ⅲ.①旅游指南—中国 ②法律—基本知识—中国
Ⅳ.①K928.9 ②D920.5

中国版本图书馆 CIP 数据核字(2019)第 141455 号

出 版 人	郑文礼
责任编辑	甘世恒

出版发行	厦门大学出版社
社　　址	厦门市软件园二期望海路 39 号
邮政编码	361008
总 编 办	0592-2182177　0592-2181406(传真)
营销中心	0592-2184458　0592-2181365
网　　址	http://www.xmupress.com
邮　　箱	xmup@xmupress.com
印　　刷	厦门市金凯龙印刷有限公司

开本	720 mm×1 000 mm　1/16
印张	13.5
插页	2
字数	238 千字
版次	2019 年 8 月第 1 版
印次	2019 年 8 月第 1 次印刷
定价	68.00 元

本书如有印装质量问题请直接寄承印厂调换

厦门大学出版社
微信二维码

厦门大学出版社
微博二维码

序　言

"2016 年,我国节假日旅游占国内旅游市场近四成比重;假日旅游市场呈现六大特征,其中短途自驾是假日旅游的首要交通方式。"①。"2017 年,我国国内旅游在节假日期间仍有较快的发展,其中市场规模及旅游收入均保持着 10% 左右的增长率。假日旅游市场呈现五大特征,其中短途自驾游渐成潮流。"②。"预计到 2020 年,我国自驾车旅游可达 40 亿人次,房车数量超过 10 万辆,营地超过 2000 家,带动直接就业 50 万人。"③上述数据表明,近几年自驾游在我国的普及与发展呈现出井喷状态,其发展态势极其迅猛,在可预期的将来,还富有极大的发展空间。自驾游的快速发展体现了我国旅游业与其他产业的深度融合发展,创造出旅游业的新业态、新产品,为我国旅游业健康持续、创造性发展带来了新机遇。

"带领人民创造美好生活,是我们党始终不渝的奋斗目标。……保障和改善民生要抓住人民最关心最直接最现实的利益问题……保障群众基本生活,不断满足人民日益增长的美好生活需要……使人民获得感、幸福感、安全感更加充实、更有保障、更可持续。"④习总书记在 2018 年中央经济工作会议上强调"推动高质量发

---

① 中国旅游研究院.中国国内旅游发展年度报告 2017[M].北京:旅游教育出版社,2017.

② 中国旅游研究院.中国国内旅游发展年度报告 2018[M].北京:旅游教育出版社,2018.

③ 国家旅游局局长李金早在全国旅游工作会议上所做的《以习近平新时代中国特色社会主义思想为指导　奋力迈向我国优质旅游发展新时代》报告,2018 年 1 月 8 日。

④ 摘自习近平总书记在中国共产党第十九次全国代表大会上报告《决胜全面建成小康社会　夺取新时代中国特色社会主义伟大胜利》原文。

展是当前和今后一个时期确定发展思路、制定经济政策、实施宏观调控的根本要求"。目前,我国旅游业作为对国民经济、社会就业综合贡献均超过 10% 的战略性支柱产业,无论从国家宏观发展要求,还是从自身发展需要,都到了从高速旅游增长阶段转向优质旅游发展阶段的关键节点。优质旅游发展必须以满足人民日益增长的旅游需要为前提,持续增加旅游的有效供给和高质量供给,以更平衡更充分的发展满足新时代人民对旅游美好生活的需要。自驾游出现与迅猛发展,正是新时代人民群众旅游美好生活需要的个性化、多样化、体验化、深度化的全方位体现,不仅对我国旅游业带来了新挑战,也将使旅游业发展理念、发展模式、工作思路和工作重点产生新变化,并引发人们对旅游业发展的新思考。

我国旅游业经过近 40 年发展,尤其近十几年井喷式发展,无论从供给规模、产业规模还是市场规模,都已进入世界旅游大国行列。旅游业的高速增长,也带来了成长的烦恼,目前我国旅游业面临发展方式粗放,资源利用效率不高,市场主体发育不充分,传统的景点旅游发展模式难以为继等诸多发展困境。旅游业的这些发展窘境面对异常火爆的自驾游,显得毫无招架之力,有时只能新瓶装旧酒,更谈不上质量、品质和服务了。笔者作为旅游爱好者,近些年也热衷于国内旅行,对于自驾游更是情有独钟,在享受旅途快乐的同时,也经历了种种不如意,同时也引发一些思考,以致常常想提笔留言。

笔者作为法律工作者,受职业惯常思维引导,常以法律视角审视各种旅游组织者或参与者,惯于以法律手段解决自驾游中各种法律事件,以权利义务观念解析各种旅游法律关系。在旅行与思考中,笔者发现自驾游从准备,到实施过程,再到结束,其中涉及众多法律问题,牵涉各种复杂法律关系。这些问题如果能够及时注意并妥善处理,自驾游将获得法律保驾护航,自驾游客的权益也将获得充足的保障,旅程将是快乐、美满的;如果没有注意到或处理不及时、不到位,那么整个自驾游行程将遍布"法律陷阱",行程也可能充满愤懑、忧郁,甚至招致飞来横祸、灭顶之灾。因此,如何运用法律维护合法权益,防范自驾游法律风险,就成为每一个自驾游客面对的重要问题,需认真对待。这也是笔者写作此书的初衷。

《现代汉语词典》中,"防范"是防备、戒备之意,指主动采取措施,以阻止或者避免某个可能的结果发生。"规避"中的"规"是指谋划,"避"指避开,"规避"是指设法避开、躲避,就是指设法不使某种结果发生。就法律风险而言,"防范"一词侧重于"防",如防范措施、防范意识、防范手段等,更强调事前的预防行为;"规避"一词侧重于"避",如规避风险、规避责任等,更注重不利法律结果的避开。防范与规避虽基本意思相同,但笔者写作目的在于自驾游客提高防范意识,采取一定防范措施,以规避法律风险。因此,使用"法律风险防范"更能表达笔者本意。

本书写作中,笔者以我国自驾游中存在的实际法律问题为研究起点,结合自驾游理论研究最新成果,力图以自驾游客为视角,对自驾游法律风险(具体包括合同法律风险、侵权法律风险、交通法律风险、文明失范法律风险和边境管理法律风险等)防范措施,提出一些创新性见解。但囿于笔者能力与水平,本书内容难免有疏漏和不当之处,恳请广大专家、学者予以批评、指正。

本书得以成稿并出版发行,许多朋友、同事给予了莫大支持、帮助,笔者在此一并衷心表示感谢。特别鸣谢江继荣、陈明同学辛苦校稿,厦门大学出版社甘世恒老师辛苦编辑,他们为本书顺利出版做出了突出贡献。

王凤民

2019 年 4 月 5 日于福州旗山

目　　录

第一章 自驾游概说

一、自驾游界定

（一）旅游

"旅游"一词来源于拉丁语。汉语中的"旅"是旅行、外出，即为了实现某一目的而在空间上从甲地到乙地的行进过程；"游"是外出游览、观光、娱乐，即为达到这些目的所做的旅行，二者合起来即旅游。所以旅游不但有"行"，还有"观光""娱乐"等含义。客观地讲，由于旅游者身份不同、目的不同，对旅游目的的认知度与认可度也不同，因此对旅游内涵的准确界定是有难度的。"旅游，长期以来在西方人类学界普遍被视为'现代朝圣'，因为旅游与朝圣在某些方面很相似，即都要去追求某些精神上的东西。"[①]"从自己活腻了的地方，跑到别人活腻了的地方，花掉自己的钱，让别人富起来，然后满身疲惫，口袋空空的再回到自己活腻了的地方，继续顽强地活下去。"这是我国当代年轻人对当下旅游的戏谑、调侃式的理解与解读，其表达方式虽玩世不恭，却涵盖了旅游的基本要素，即"旅游＝旅游休闲时间＋可供自由支配的收入＋积极的地方认可（即对旅游目的地的认可）"[②]。

对旅游的定义大体可以划分为两类，即理论性定义（或概念性定义）和技术性定义（或实践性定义）。旅游的理论性定义侧重于旅游活动本身，旨在提供一个理论框架，用以确定旅游的基本特点，以将它与其他活动区别开来；旅游的技术性定义侧重于对旅游者的定义及划分方法，主要为了旅游统计、收集数据需要，以便为决策立法提供旅游信息。对于理论性定义，由于理论研究者的研究视角与兴趣点不一样，对旅游的概括与理解也是不同的，他们分别从交往、目的、时间、相互关系，以及生活方式等角度对旅游进行定义。例如"旅游是所有与暂时居留及非定居者旅行相关的现象和关系，旅行者居住时间不会

---

① 杨德爱.旅游与被旅游：大理"洋人街"由来及变迁[D].北京：中央民族大学，2012：16.
② 瓦伦·L.史密斯.东道主与游客：旅游人类学研究[M].张晓萍，等译.昆明：云南大学出版社，2002：1.

很长，而且与经济利益活动基本不相关"[1]；"旅游指的是以工业化条件为基础，非定居者为了休闲、消遣而在一定的场所及地区短暂停留或者旅行"[2]；"旅游作为一种生活方式，是人们短暂离开惯常环境的行为，是工业社会移居生活的重要体现"[3]；等等。对于技术性定义，由于其目的在于行业统计，故更倾向于以旅游者为基点，更多使用量化指标对旅游活动进行描述。例如"旅游是非定居者的旅行和暂时逗留而引起的现象和关系的总和"[4]；"旅游是人们为了休闲、商务或其他目的离开他们惯常环境，到某些地方停留在那里，但连续不超过1年的活动"[5]。综合理论与技术两种定义方式，目前我国一般将旅游表述为"旅游是人们出于移民和就业任职以外的其他原因，离开长住地，前往异地的旅行和暂时逗留活动，由此所引起的各种现象和关系的总和"[6]。此种表述也得到了理论与实务界的普遍接受。

根据上述一般性定义表述，旅游活动反映出三个基本特征，即异地性、暂时性和综合性。异地性，是指到定居地以外的地方，领略不同地区间的差异性。异地性不仅指地理位置不同，更重要的是指因地区不同而造成的旅游资源的差异性。差异性越大，异地吸引力就越强。暂时性，是指到一个地方进行短暂观光，并不是长期居住或在当地工作落户。世界旅游组织对暂时性的理解，是指到某些地方暂时停留连续不超过1年。综合性，是指旅游活动本身的综合性，即旅游是集行、游、住、吃、购、娱等为一体的综合性活动，由此会引起各种现象，形成各种社会或法律关系。

旅游活动在人类历史上很早就出现了。据考证，最早的旅游先驱是商人，最早旅游的人是海上民族腓尼基人。中国作为世界文明古国之一，早在公元前22世纪就出现了旅游活动。相传，当时大禹在疏浚九江十八河的过程中，同时游览了大好河山，他被视为最早的旅行家。将旅游活动作为社会新生行

---

① 伯卡特，梅特利克.西方旅游业[M].张践，等译.上海：同济大学出版社，1990：36.

② 张辉.旅游经济论[M].北京：旅游教育出版社，2002：4.

③ 崔保健.中国旅游转型的理论与实践：以内蒙古呼伦贝尔为例[D].北京：北京交通大学，2016：13.

④ 该定义被学界称为"艾斯特"定义，1942年由瑞士圣加仑大学教授亨泽克尔和伯尔尼大学教授克雷夫两位学者提出。20世纪70年代，该定义被旅游科学专家国际联合会（IASET）采用。

⑤ 该定义是世界旅游组织（World Tourism Organization 简称 UNWTO）在1991年6月加拿大渥太华会议上对旅游下的定义。

⑥ 李天元.旅游学概论[M].天津：南开大学出版社，2009：47.

业或产业发展和看待,却是人类进入工业社会之后的事情。旅游业作为一种产业,是凭借旅游资源,以旅游设施为条件,向旅游者提供食、住、行、游、购、娱等服务,不断满足旅游者消费需求及提供所需商品和服务的综合性行业的总称。由于旅游业是一个包罗万象的产业,几乎覆盖了所有产业的各个领域,在孕育和发展初期被湮没在其他产业之中,其发展与成长的独立性长期没有得到重视与肯定。我国旅游业在改革开放之后才引起重视,尤其是 20 世纪 90 年代到现在,随着人们生活水平不断提高,旅游业也蓬勃发展,成为我国国民经济支柱产业。

进入 21 世纪,我国旅游业步入了一个新的发展阶段。2003 年,世界旅游组织第十五届全体大会在北京召开,时任国务院总理温家宝在大会上指出"21 世纪头 20 年,是中国全面建设小康社会、加快推进社会主义现代化的重要战略机遇期,也是中国旅游业发展的有利时期。我们要把旅游业培育成为中国国民经济的重要产业,合理保护和利用旅游资源,努力实现旅游业的可持续发展"。目前,全国很多省区、市将旅游业确定为本地区的支柱产业、龙头产业或先导产业,实施政府主导型旅游发展战略。旅游业不是单一产业,而是由众多行业组成的"综合性产业"或产业群,行业关联度大,带动性强,具有很好的产业集群带动效应。

2018 年 7 月 6 日,中国旅游研究院发表《中国国内旅游发展年度报告2018》,其中数据显示,在全域旅游、供给侧改革、居民消费升级因素驱动下,我国国内旅游市场持续高速增长,休闲市场大幅增长,产业投资和创新更加活跃,经济社会效应更加明显,旅游成为经济增长的新引擎、产业体系升级扩容的新动力、人民幸福生活的新指标。2018 年 1 月 8 日,全国旅游工作会议在厦门召开,国家旅游局局长李金早做了题为"以习近平新时代中国特色社会主义思想为指导　奋力迈向我国优质旅游发展新时代"的报告。该报告指出,2017 年旅游业综合贡献 8.77 万亿元,对国民经济的综合贡献达 11.04%,对住宿、餐饮、民航、铁路客运业的贡献超过 80%,旅游直接就业 2825 万人,旅游直接和间接就业 8000 万人,对社会就业综合贡献达 10.28%;我国连续多年保持世界第一大出境旅游客源国和全球第四大入境旅游接待国地位;我国出境旅游人数和旅游消费均列世界第一,对全球旅游业贡献不断提升。以 2016 年为例,据测算,中国旅游经济相当于全球旅游经济的 16.6%,对全球国际游客增长贡献达 10.5%。经过多年努力,我国旅游业正在经历前所未有的历史性转变,从粗放型旅游发展向比较集约型旅游发展转变,从小众旅游向大众旅游转变,从景点旅游向全域旅游转变,从观光旅游向观光休闲旅游并重转变,从浅层次旅游向深层次旅游转变，从事业方向向产业方向转变，从被动跟从国际规则向积极主动的旅游国际合作和旅游外交转变，从旅游大国向旅游强国转变。联合国世界旅游组织秘书长瑞法依评价："中国在旅游业方面已经处于世界领先位置。世界的未来看中国，世界旅游业的未来也要看中国。"

（二）自驾游

随着旅游产业深入发展，日益成熟，公众旅游消费行为与心理也逐渐发生变化，旅游行为的自由、灵活和个性化越来越被旅游者接受和喜爱，由此产生了有别于传统旅游形式的自助游、自驾游和互助游等旅游新行为。这些新型旅游行为不仅为旅游市场和旅游产业发展带来了活力与生机，同时也产生了变革性影响，引发了思考与讨论。本书仅就自驾游以及与之相关问题，尤其是相关法律问题进行研究与探讨，期望能够为旅游产业发展有所裨益。

自驾游全称是"自驾车旅游"。"自驾车旅游"一词最早出现于美国，起初人们将周末开车出游叫"Sunday-drive"（周末驾车游），后来"Sunday-drive"（周末驾车游）演变成了"drive travel"（自驾车旅游）。对于自驾游（自驾车旅游），首先要对其字面含义进行理解。"自驾车旅游"的核心词是"旅游"，也就是说自驾游是一种旅游活动（行为），并且是一种新型旅游活动（行为），当属于旅游学新的研究范围和领域。"驾车"而且是"自己驾车"，是自驾游与传统旅游活动（行为）最大的区别。就"车"本身来讲，应包括汽车、拖拉机、摩托车和自行车等各种车辆，但从"驾驶"本意理解，自驾游所使用的车辆应限于机动车，自行车不应涵盖在内。机动车中一般也应仅限于乘用车（如轿车、越野车、摩托车和房车），当然也包括一些小型客货两用车（如皮卡），货车不应涵盖其内。实践中，自驾游也有极少量使用拖拉机的，但一般以使用小型乘用车（轿车、越野车）为主，也有摩托车和房车。"自驾车"中的"自"是指旅游者本身，其既是旅游者同时又是车辆驾驶员，身份具有复合性。值得注意的是，"自驾车"只是强调驾驶者与旅游者的复合身份，并不是指旅游者一定要驾驶自己所有车辆，无论所驾驶车辆是其所有车辆，还是借或租来的，均属自驾游。

自驾游最早产生于国外，因此国外关于自驾游的研究与探讨也相对早些，如国外有学者认为自驾游是"从出发地到目的地之间的驾驶以及与旅游有关的活动，无论车是自己的还是租来的"[①]；自驾游是"离家旅游至少一个晚上，

---

① TAPLIN J H E, McGINLEY C. A linear program to model daily car touring choices[J]. Annals of Tourism Research, 2000, 27(2).

去休假或探亲访友,并以他们自己的、租来的或借用的车辆作为主要的运输工具"①。还有人将自驾游"看作是一种受局限的行为,是旅游者在一系列因素的限制下寻找旅游满足感的行为"②。国内学者对自驾游定义也进行了一定探索,如有学者认为"自驾游是游客利用闲暇时间,以私家车或汽车租赁为主要交通形式,通过自己或自驾车运营商组织,跨越一定空间区域,自由度大、体验性强的市场组合"③;"自驾游就是旅游者利用闲暇时间,以汽车为主要交通工具,自己驾驶为主要形式,通过自发或自驾车运营商组织,前往旅游目的地进行吃、住、行、游、购、娱一系列具有体验性强、自由度大的专项旅游活动"④。2006年,首届中国自驾游高峰论坛召开,这届论坛对自驾游内涵达成了一致共识,将其定义为"有组织、有计划,以自驾车为主要交通手段的旅游形式"。2017年5月,国家旅游局发布由全国旅游标准化技术委员会(SAT/TC 210)制定的《自驾游目的地基础设施与公共服务指南》(LB/T 061-2017),其中明确自驾游(self-driving travel)是"个人或团体以自己驾驶机动车为主要交通方式的旅游休闲活动"。这两个富有概括力和扩张力并相对简洁的定义,得到了旅游业界一致认可。对自驾游进行如此简洁并富有行业涵盖性的定义,有利于指导、监督和管理自驾游市场,对引导旅游产业健康良性发展是有积极意义的,也是务实的。但笔者认为该定义未对自驾游内涵进行完整表述,缺少科学性与严谨性,无法上升到理论研究层面。结合理论与实践双重考虑,笔者较认可将自驾游定义为"旅游者以私有或租借汽车为主要交通工具,以休闲体验为主要目的、以自发组织为主体的前往目的地旅行的连续过程及由此引发的各种现象与关系的总和"⑤。自驾游的此种定义具有以下优点:

1.反映了自驾游与旅游间逻辑关系,彰显了旅游活动基本内涵

如前所述,旅游是人们出于移民和就业任职以外的其他原因,离开长住地,前往异地的旅行和暂时逗留活动,由此所引起的各种现象和关系的总和。

---

①　OLSEN M. Keeping track of the self drive market[C]//CARSOND, WALLER I, SCOTT D.Drive tourism:up the wall and around the bend. Melbourne:Common Ground Publishing, 2002, 1.

②　张晓燕,张善芹,马勋.我国自驾车旅游者行为研究:以华北地区为例[J].旅游学刊,2006(9):31.

③　张致云,杨效忠,卢松,等.自驾车旅游研究综述[J].旅游论坛,2009(2):129.

④　邓娇娇,韩建民.基于熵权法的草原自驾游服务体系评价研究:以甘肃省甘南州为例[J].资源开发与市场,2016(2):235.

⑤　张晓燕.我国自驾车旅游及其发展研究[D].济南:山东师范大学,2006:8.

自驾游的核心词是"旅游",是一种新型旅游活动(行为),当属于旅游学全新研究范围和领域。上述自驾游定义中"旅游者""以休闲体验为主要目的""前往目的地旅行""连续过程""由此引发的各种现象与关系的总和"等词语表述均是从旅游定义中析生出来或是原文引用。因此,此定义反映了自驾游与旅游间包含与被包含的逻辑关系,彰显了旅游活动的基本内涵。

2.强调了自驾游自身特点,体现了与传统旅游间重要区别

定义中的"以私有或租借汽车为主要交通工具""以休闲体验为主要目的""以自发组织为主体"等表述,分别从自驾游交通工具、出游目的和组织方式等方面体现了自驾游自身特点。这些独具特色的旅游内涵是传统旅游无法容纳的。

3.反映了旅游活动的"变"与"新"

人类的旅游活动(行为)在变化中不断推陈出新、壮大发展,尤其在旅游产业化飞速发展的今天,面对公众不断提高、日益多元化的旅游需求,旅游产业如何在"变"中求"新",是值得思考的问题。上述自驾游定义中所包含的"以私有或租借汽车为主要交通工具""以休闲体验为主要目的""以自发组织为主体"等内容要素,反映了旅游者不再满足于传统旅游集行、游、住、吃、购、娱等内容为一体,集体统一的综合性活动,体现了自主性、体验性、个性化和深度游的全新旅游需求。这种旅游新需求必将会对旅游产业发展带来变革性影响。

我国自驾游虽然产生较晚,但发展非常迅猛。2017 年 5 月 17 日,由中国旅游车船协会等单位主办的,第六届全国自驾车旅游发展峰会在四川省广元市召开,峰会发布了由中国旅游车船协会、中国社会科学院旅游研究中心等研究机构编制的《中国自驾车、旅居车与露营旅游发展报告(2016—2017)》。该报告认为,我国自驾游经过了从无到有、从小到大的两个发展阶段,目前正在进入讲究品质、集约型发展的第三阶段。同时,中国旅居车露营旅游经历了18 个年头,对行业来说,消费需求已经兴起,市场容量不断增长。从近 5 年的自驾车出游人数统计情况来看,自驾出游人数持续增长,出游人数占国内旅游人数比例稳定在半数以上,略有波动。2016 年,我国各类汽车俱乐部约 30000家,专做自驾游的俱乐部约 3200 家。自驾游人数平稳增长,总人数达 26.4 亿人次,比上年增涨 12.8%,占国内出游总人数的 59.5%。周边自驾是自驾游的最主要类型,占比 84.32%;自驾游客户集中在 21~40 岁,其中尤以 31~40 岁为主,这部分人群拥有一定的经济基础,并且对个性化旅游的需求度要求较高,且多为亲子游客户,自驾游能够很好地满足他们的出游需求。截至 2017年年底,全国机动车保有量达 3.10 亿辆,其中汽车 2.17 亿辆;机动车驾驶人达

3.85亿人,其中汽车驾驶人3.42亿人。2017年中国自驾游人数平稳增长,总人数达31亿人次,比2016年增长17.4%,占国内出游总人数的62%。2018年1月8日,国家旅游局局长李金早在全国旅游工作会议上指出,"预计到2020年,我国自驾车旅游可达40亿人次,房车数量超过10万辆,营地超过2000家,带动直接就业50万人"。

（三）自驾游与自助游、互助游关系

根据途牛网发布的《在线自助游年度分析2016—2017》报告,2015年国内自助游人数达38.6亿人次,出境自助游人数近7313万人次。据马蜂窝数据研究中心统计,2016年中国国内自由行人数将达到40亿人次;出境游自由行人数将达到7993万人次,超过北上广深人口总和。国家旅游局的统计数据显示,2015年在40亿人次国内游的人群中,自由行人群高达32亿人次;1.2亿人次出境游客中,有超过2/3的游客选择自由行,达到了8000万人次。游客通过旅行社进入景区的比例已经由2010年的60%～70%下降至2015年的20%～30%。以自驾为主的自由行已成为游客到达景区的主要方式,占景区接待游客总人数的75%。2016年,出境游自助游人数达到7625万人次,自助游总出游人数超过43亿人次,相当于13.6亿人口人均自助游3.2次。2017年,国内自助游人数超过47.09亿人次,出境自助游人数将超过7687万人次,自助游总出游人数将超过47.86亿人次。以上数据表明,传统组团旅游市场份额不断下滑,增长乏力,跟团旅游正变得越来越不受欢迎,而自由度较高、体验舒适的自助游,正在获得越来越多的游客,尤其受青年游客的青睐。

自助游是自助旅游的简称,"是指无须专业指导,完全由旅行爱好者根据自己的喜好及旅行需要,自己决定旅行路线、旅游时间,独立安排生活起居等事项的一种时尚旅行活动"①。自助游是为满足旅游者"释放自我、自主旅行"旅游需求,产生的有别于传统组团游的新型旅游方式。自助游强调游客按个人独立意愿安排行程、制订计划,而不是跟随旅行团游览计划进行活动。自助游的旅游活动是由游客自己独立自主安排,或是在他人协助下自主安排的,对旅游目的地和行程、交通方式和食宿标准、游览项目等方面拥有个人自主权。自助旅游具有很大的灵活性,在旅途中可以根据个人喜好临时调整或改变行程,其旅游目的主要以休闲、度假、娱乐、健身、求知、探险和满足个人特殊爱好等消遣性目的为主。自助游没有全程领队、导游陪同,在旅途中需要旅游者自

---

① 张民安.行为人承担的作为义务[M].广州:中山大学出版社,2009:437.

己打理一切旅游活动,当然有时需要其他人或组织协助。自助游通常表现为由一些有相同旅游爱好的人自发组成团队,由团队中丰富经验者或者发起者作为领队,制订出行线路,选择交通食宿,而队友各自承担费用,一般具有非营利的性质。

按照不同标准,可将自助游分为不同类型,如按照交通方式,可分为自驾游、公共交通工具(如乘坐高铁、营运汽车、船等)旅游和徒步旅游;按照旅游目的可分为休闲度假、游(访)学、探险、摄影、探亲访友等自助游;按照旅行距离可分为长途、短途自助游,一般以短途游居多;按照消费等级可分为豪华、一般和穷游等。自驾游是自助游的一种类型,二者间是包含和被包含关系,自驾游最大的特点是游客借助交通工具进行并完成旅游活动。借助机动车,可使旅游跨越更大地理空间,使旅游者"释放自我、自主旅行"理想得到最大化实现。当然自驾旅游地理跨度区间越多,使用交通工具种类越复杂,所产生的社会关系或法律关系也就越复杂。

"互助游是继随团游、自助游后最具革命性的旅行方式。"[①]从字面理解,互助游就是互相帮助旅游,"是指有旅游需求的双方,由于经济能力有限或追求深度旅游,通过网络、电话等媒介(互助游服务机构)相互沟通,为对方提供自己所处旅游地的旅游信息、旅游便利和旅游向导等免费服务,降低出游成本或增加旅游深度,来满足双方各自旅游需求的一种方式"[②]。互助游产生较晚,发源于欧洲,缘于当时一些年轻教师以互相交换住宿方式,实现减少成本,方便旅游目的。2002 年,法国巴黎一位管道维修工在互联网发布信息,"你来巴黎我帮助你住宿,我去你的城市的时候,我可不可以住在你那里",这条信息引起了人们广泛关注,大家纷纷与他取得联系。利用互联网发收消息,相互联系,推动了互助游迅速火热起来,尤其深受年轻人喜爱,并获得极大的发展。2003 年 8 月到 2004 年 2 月,苏州小伙子仲一利用这种互助旅游方式,仅仅花费 2519 元,先后游历了全国 16 个省的 31 个城镇和村寨,并将其经历编写成书出版,开启了我国互助游先河。

互助游将旅游活动与互联网结合,借助网络力量,旅游者可以结识志同道合的"驴友",相互分享交流旅游资讯,约定见面,安排落实旅游行程,非常方便。互助游最大的特色是"互联网＋旅游",是新时代共享经济在旅游产业的

---

① 仲一.互助游:全国大串门[M].北京:中国旅游出版社,2006:2.
② 罗越富,甘巧林,梁佼佼.中国互助游的现状及发展策略研究[J].桂林旅游高等专科学校学报,2007(3):383.

具体体现。共享经济,"是指将个人、集体或企业的闲置资源,包括商品、服务、知识和技能等,通过互联网构建的平台,实现不同主体之间使用权的分享,进而获得收益的经济模式"①。共享经济本质是利用现代互联网技术,以闲置资源为分享内容,满足不同个体的差异化需求,人们需要的是产品的使用价值,而不是产品本身,人们分享闲置资源的目的是节约成本或获得收益。相较于传统旅游对景点的偏好,互助游旅游者的吃、住、行、游、购、娱等旅游活动,更贴近当地人生活,更利于感受当地的自然、历史、风土人情及社会习俗,其参与程度更高,可以实现深度旅游目的。更重要的是,互助游通过旅游者相互交换旅行,可以节省住宿、饮食以及景点门票等费用,因此受到更多经济能力较弱的旅游者,尤其是年轻学生的欢迎与喜爱。

互助游与自驾游相互间具有一定的交叉关系,互助游可以自驾方式实现,自驾游可以互助方式相约组团。"互助式自驾游是一种群体现象,旅行者中一部分人员驾驶机动车进行的从出发地到目的地之间的驾驶以及与旅游相关的旅游活动,旅行活动的费用 AA 制结算,成员之间为陌生人或熟人关系。"②作为共享旅游经济模式,互助式自驾游者通过分享自驾车、驾驶技术、维修技术和旅游知识,以节约旅游成本和资金,从而实现双赢、互赢。

二、自驾游特点与类型

(一)自驾游特点

"自驾车旅游是旅游业发展的新趋势,是旅游业走向成熟的重要标志。"③相较于传统旅游方式,尤其相较于传统组团游,自驾游具有鲜明特点与发展优势,为旅游者所广泛接受,具有极其广阔的发展前景。

1.自驾游是主动性旅游,而非被动性旅游

传统旅游一般以跟团旅游为主要形式。旅游者与旅行社之间就行程安排,团队人数,交通、住宿、餐饮等服务安排及标准,游览、娱乐等项目具体内容和时间,自由活动时间安排,旅游费用及其交纳期限和方式,违约责任和解决纠纷方式等事项,签订包价旅游合同,双方按照合同约定履行各自义务,进行

---

① 王家宝,敦帅,黄晴悦.当闲置资源遇见"互联网+":分享经济的风靡之道[J].企业管理,2016(6):55.

② 张娟飞.互助式自驾游发展存在的问题及对策[J].武汉船舶职业技术学院学报,2018(3):62.

③ 王文玉,李建伟.中国自助旅游服务体系的发展与完善[J].经济论坛,2005(24):68.

旅游活动。旅游合同虽是双方约定的,但受经济、交通、社会等因素影响,旅行社在制定格式合同文本时,基本是以资源为导向,以低成本、客源大为选择偏好,对交通、住宿、景点等要素选择面较窄,导致旅游产品同质化现象严重,游客选择余地小,对部分合同内容大多时候是被动接受。加之有的旅行社利用其交易优势,强制加入自费行程或购物项目,因此经常会引起游客的反感,甚至导致双方激烈冲突。因此,传统跟团旅游完全是一种被动性旅游方式,游客在获得旅游乐趣的同时,总会或多或少留有遗憾。当然,旅游市场发展新趋势,也促使旅行社转变经营理念与方法,如增加定制旅游服务等,以尽量满足游客的主动性与自我选择。

自驾车旅游带有私人出游性质,旅游者主要在于追求一种自由化、个性化的旅游空间,因此自驾游从产生之日,就反映了旅游者较强的自我意识和自主性。自驾车旅游者不仅自己驾驶交通工具,而且自主选择或随时变化旅游时间、路线和地点,并能够自主解决吃、住、行、游、购、娱等重要环节,灵活安排旅行生活,相较于旅行社组团旅游具有很强的自主性。自驾游组织形式具有多样性,旅游者也可以选择自主组织自驾车出游、旅行社组织自驾车出游或汽车俱乐部组织自驾车出游等多种形式。"铁路旅游的最大贡献是开启了团队旅游序幕,将旅游权利从贵族阶层向大众阶层转移;自驾游的最大贡献是使人们从团队旅游中解放出来,强化个体旅行权利,二者是旅游业不断发展的表现。旅游个性化是指旅游者对旅游具有充分的把握能力,善于发挥自我创意使旅游具有个人特色。"[①]自驾游强化个体旅行权利,彰显旅游个性化,催生旅游者自身旅游行为主动性,因此与传统跟团旅游相比,它是一种主动性旅游,而非被动性旅游。"行为学的观点为主动性行为的研究提供了基础的主流的分析框架,三个特征完全可以概括出这种行为:自主性——个体自我发起的行动,不仅限于工作描述和组织要求;远见性——是面向未来的行动,而不仅仅是被动的反应;革新性——通过控制自己和改变组织环境,带来优化和提升。"[②]旅游者可以根据自己的意愿,选择对人文、自然景观细细品味的观光度假自驾游;以战胜自然,显示生命力量为目的的极限挑战自驾游;以探险、摄影为主要目的的自然探险摄影自驾游;以强身健体为目的的体育运动自驾游;或是以躲避尘世、净化心灵为目的的孤独漂泊型自驾游;等等。这种旅游形式可以最大

---

① 张晓燕.我国自驾车旅游及其发展研究[D].济南:山东师范大学,2006:11.

② 杨依含.新生代知识型员工主动性行为对其职场排斥的影响研究[D].北京:首都经济贸易大学,2018:7.

化实现旅游者的旅游意愿,增强旅游活动的获得感与满足感。

　　2.自驾游是深度游、体验游与休闲游,而非"中国式旅游"

　　据报道,我国已连续多年保持世界第一大出境旅游客源国和全球第四大入境旅游接待国地位。2017年国内旅游市场为50亿人次,比2012年增长69.12%,年均增长11.08%;2017年入境旅游人数为1.39亿人次,比2012年增长5%,年均增长1%。其中外国人2017年为2910万人次,比2012年增长7%,年均增长1.4%。2017年出境旅游市场为1.29亿人次,比2012年增长了4580多万人次,按可比口径年均增长9.17%。经过爆棚式增长,我国旅游业已成为国民经济重要支柱产业,旅游成为经济增长的新引擎、产业体系升级扩容的新动力、人民幸福生活的新指标。然而这种快速增长的旅游经济和蓬勃发展的旅游产业,却经常被冠以低端、廉价、粗放,甚至野蛮等贬义符号,甚至催生了特有名词——"中国式旅游"。"中国式旅游"是外国人针对境外中国游客旅游行为,形成的一种专有不良标签,传到国内后,国人也经常自我戏谑性使用。"中国式旅游"主要是指中国人旅游中经常出现的一些代表性行为表现,如旅游走马观花,喜欢扎堆,热衷购物、拍照,并存在随地吐痰、大声喧哗等不文明行为。时下流行的"下车尿尿、上车睡觉、景点拍照、回来啥也不知道",是对"中国式旅游"的真实写照。"中国式旅游"固然具有贬低、调侃之意,但其产生存在深刻的社会根源与现实基础,其中集中出行、跟团出行、廉价出行是其主要原因。此种旅游方式给人花钱买罪受的感觉,甚至有人讲旅游"是从自己活腻的地方到别人活腻的地方去""不去后悔,去了更后悔"。这样的旅游体验毫无幸福感、获得感和满足感,甚至充满负能量。当然,对上述论断笔者也不想以偏概全、一概而论,只是指出现实旅游市场存在的问题,与人们传统旅游行为的如实表现而已,况且这些问题与行为表现的确真实并大量存在。

　　"深度游"是在"走马观花式"和"购物式"传统旅游基础上,产生的全新旅游理念与旅游方式。"深度游"指的是"旅行者应该对旅行目的地进行切身体会,用充分的时间和精力,深入到某项主题旅游中去观察与了解,深刻理解某项旅游的宗旨,尽可能地熟知当地社会的人文与风情,最好能向当地居民请教,学习简单的本土语言,切身体会当地的文化蕴含"[①]。深度游是对文化的一种探索,对另一种文明的追寻与体验,是文化和旅游两大产业融合发展的结果。自驾游自身属性与特点,克服了传统组团旅游的走马观花、脚步匆匆,可以让人们心情平静下来,与旅游目的地进行更深层的交流。较之于传统组团

----

　　①　付婷婷,牟爽.黑龙江省深度游发展模式研究[J].商业经济,2017(6):24.

游,自驾游更注重游客深入的心灵感受,游客可以有充足的时间和清闲的心情去涉猎当地风土人情与人文、生活习俗,细细品味旅游地的历史及风情。

"体验经济是以商品为道具,以服务为舞台,并建立在顾客充分参与和体验的基础之上,能为消费者创造难忘感受的经济形态。"①如前所述,在西方人眼中,旅游长期被视为"现代朝圣",因为旅游与朝圣在某些方面很相似,即都要去追求某些精神上的东西。旅游从根本上讲是以获得心理快感为目的的审美过程和娱乐,其目的在于释放活力、娱乐身心,让人获得精神享受,最终实现提高生活质量的目的。这种短暂的、异地的精神享受与体验经济高度契合,其核心内容是体验,最终目标是为人们带来享受,提高人们生活质量,而受各种主客观条件限制,传统组团游是无法真正实现深度体验式旅游的。我国旅游业发展 20 多年来,已经拥有一大批成熟的旅游爱好者,他们有着丰富的旅游经验和旅游素养,传统的旅游方式已经不能满足他们新的旅游需求。同时,新一代的年轻人以标榜生活的新、奇、异为乐趣,不断追求时尚的旅游方式,自驾游恰恰可以满足这些游客的需求,实现旅行与体验完美结合。与传统组团旅游相比,"体验游"由"动"转为"静",由"行"转为"居",由"累"转为"闲"。游客在旅途中可以放慢节奏,细品旅游景点的历史与故事,边走边看,边想边讨论;可以深居市井民宿之中,体会风土人情,闲话家长里短;可以品尝地方特色小吃,学习制作工艺,传承非物质文化遗产;可以一边焚香品茗、研磨咖啡,一边查阅朋友圈,分享旅游心得。说走就走,说停就停,既可以缓解现代人工作的压力,又可以实现城市与乡村生活的短暂互换,真正实现了旅游之真谛。

"休闲经济是人类经济行为的一种高级形态,是经济学视野中较新的研究领域。在生产发展水平较低的情况下,经济的首要目标是满足生存的需要。相应地,在经济研究上,学者们更关注'生产'和'劳动',而不是'消费'和'休闲'。只有经济发展到较高阶段,物质消费不再是最终目的时,人们的注意力才转向后者。社会发展的现实表明,为休闲而进行的各类生产和服务正日益成为经济繁荣的重要因素。"②休闲旅游代表着旅游产业发展的较高阶段,是休闲经济的重要体现。休闲旅游是"以旅游资源为依托,以旅游设施为条件,以休闲为主要目的,以特定服务项目与文化景观为内容,离开其居所到异地逗

---

① B.约瑟夫·派恩,詹姆斯·H.吉尔摩.体验经济:修订版[M].夏业良,鲁炜,等译.北京:机械工业出版社,2008:23.

② 陈美云.经济学视野中的休闲研究:兼论我国休闲产业发展[D].福州:福建师范大学,2006:16.

留一定时期的游览、娱乐、观光和休息的休闲活动"①。休闲旅游是利用休闲资源、休闲场所和休闲设施,在休闲文化的影响和带动下开发的一种集观光、度假、体验、娱乐、运动于一体的综合性旅游产品。休闲旅游更注重旅游者的自由性和自我实现意义,是对市场、交通和环境的综合开发,也是人与自然、人与社会,以及人与人之间在旅游产业和谐发展方面的重要体现。如前所述,自驾游本身就是以休闲体验为主要目的而进行的旅游行为,游客通过自驾形式,可以不受时间影响,不受地域影响,或家庭集体出行,或友人相约结伴出行。旅行中,享受优美的自然景致,与大自然零距离接触,也同时给自己和家人、朋友带来休闲与放松的愉悦感,减轻了繁重不堪的工作压力,提高了个人的综合素质。

3.自驾游具有随机性与随意性,排除计划与强制性

传统旅游一般以跟团旅游为主要形式,旅游者与旅行社之间签订包价旅游合同,由旅行社组织旅游者成团,集体按合同内容,有计划开展旅游活动。虽然组团旅游目前仍是一种主要旅游方式,但随着旅游者消费心理和理念日益成熟化,以及旅游经验日益丰富化,组团旅游弊端逐渐显现。主要表现为两点:一是组团旅游计划性强。在旅游出发之前,旅行社就将本次行程的住宿、交通、导游、门票、用餐等项目安排好,旅游者只要跟着导游统一行动就好了,不能自由选择住宿、交通、导游、门票、用餐等任何项目,缺乏个性化,同时也缺乏自由活动的空间。二是存在大量强制消费。由于行业发展陋习与监管疏漏,加之旅行社对于旅游者强势地位,旅行社或导游安排具体行程时,往往会加入或增加强制购物行程或强制自费项目。实践中频频出现、屡禁不止的"零团费"组团游,就是靠强制购物或强制自费项目获利的,这不仅使旅游者的旅游活动大打折扣,影响旅游心情和感悟,而且直接导致旅游者满意度下降,甚至使旅游者对组团旅游产生反感与抗拒情绪。

如果说传统组团游的计划与强制特征,反映了旅游者旅游消费与心理共性,那么自驾游则是以旅游者喜好、个性为基础,体现了旅游者旅游消费与心理个性。自驾游体现了旅游者较强的自我意识和自主性,表现出较强的旅游随机性与随意性,更有利于自助旅游者追求在旅游中张扬个性,放松身心。自驾游本着亲近自然、张扬个性、放松身心的宗旨,旅游者可以根据自己的旅游意愿进行多样化的选择。旅游者往往会在出发前制订详细的行程计划,在旅游过程中也会针对当下发生的情况改变原先的安排,其形式轻松灵活,十分符

---

① 王瑛.四川休闲旅游客源市场分析[J].乐山师范学院学报,2006(6):34.

合现代人渴望在旅途中实现自我、回归自我的愿望。自驾游行程和旅游活动基本上都是由旅游者自己设计或者与组织者共同商定的,旅游计划富有弹性,并可根据需要适时调整旅游活动和线路,灵活地安排旅行生活。旅途中难免遇到一些突发事件,如天气的变化、景区的变化等,旅行者往往会在此时互相商议临时改变旅游路线,改变路线的过程中也许会有其他未知的惊喜不期而遇。旅游本身意义就在于摆脱既定的生活束缚,感受别样的精彩生活,而自驾游的灵活自主特性恰恰满足了人们"说走就走"的旅游初衷。

4.自驾游具有小团体性,而非大团体性

传统跟团旅游反映了旅游者旅游消费与旅游心理共性,通过统一行程计划,集中进行吃、住、行、游、购、娱等旅游活动,团队成员越多,其优势也就越明显。因此,传统组团游更适合大团体旅游,这也是目前组团旅游仍然是一种主要旅游方式,并持续火爆的原因。现实中,旅游机构在商务、游轮等领域,针对学生、老年人等特定人群,在法定假期、寒暑假等假期设计了大量团队旅游路线,这些旅游团队一般均有最低组队人数的约定,少则几十人,多则上百人,甚至千人团也都屡见不鲜。

由于自驾车旅游往往带有一定的私人出游性质,旅游者主要追求一种自由化、个性化的旅游空间与体验,加之自驾车空间有限,这就意味着旅游人数不会太多,因此具有小团体性。实践中,自驾游一般多以关系密切的家庭或亲友,或志同道合、兴趣一致的朋友或同事等组团自驾出游为主,当然也有单人自驾情形存在。自驾车以1～5辆居多,人数一般以2～10人为主。自驾游的小团体性能够使团队成员在吃、住、行、游、购、娱等旅游内容方面更易达成一致,体现共同旅游偏好与意愿,能够更容易实现旅游意愿,并获得精神愉悦。当然,由于自驾游人数较少,同样路线的旅游花费一般会高于传统组团旅游,但实际上如果除去传统组团旅游中旅行社组团成本费用和利润空间,二者间也许会持平,有时自驾游甚至会低于传统组团游。

5.自驾游以短期游、短途游和假日游为主,长期游和长途游较少

由于交通条件、体力、经济、时间、驾驶技术、维修技术和地理知识等诸多条件限制,自驾游一般以短期游、短途游为主。受我国工作与假期制度制约,可供用的闲暇时间一般为双休日和法定假期,因此自驾游的短期性和短途性往往又表现为假日游,如"十一游""春节游"等。据国家旅游局数据中心与中国电信集团公司旅游大数据联合实验室共同发布的《2017年上半年全国自驾游(跨市)报告》,2017年上半年全国自驾游(跨市)游客共计2.23亿人次,出行平均停留时长41小时左右,平均过夜比为62.4%,平均出行距离142.8公里,

400公里内的中短距离出行游客人次占出行总人次的90％以上。另据该机构《2017国庆中秋长假全国自驾游(跨市)大数据报告》披露,2017年"双节"期间,全国自驾游(跨市)游客达到3213万人次,平均出游时长达54.44小时,平均出游距离达234.87公里。从出游时间和距离的构成上来看,约58％的游客出游距离在80～400公里范围内;约62％的游客出游时间在48小时以内。当然,也有一些长期、长途自驾游,但由于受时间、资金等因素限制,数量较少,并不是自驾游的优势与常态。

(二)自驾游类型划分

"自驾游是一种新的旅游形式,这种新的形式,主要体现在旅游者不仅是旅游参与者,而且还有可能是旅游活动的实施者、辅助人。"[1]按照不同标准,从不同角度,对自驾游可进行不同类型划分。从组织形式角度,自驾游可划分为组团自驾和散客自驾,组团自驾又可划分为机构(包括旅行社、各类俱乐部、网站或媒体等)组团自驾和散客组团自驾;从驾驶车辆角度,自驾游可划分为驾驶他人车辆自驾(车辆由旅行社或相关俱乐部提供,抑或是租、借而来的)和利用自己车辆自驾;从组织者是否包含谋取利润因素角度,自驾游可划分为营利性自驾和非营利性自驾;从空间范围角度,自驾游可划分为国内自驾和境外自驾;从旅游时间角度,自驾游可划分为短途短期自驾和长途长期自驾;从旅游内容角度,自驾游可划分为观光自驾、休闲自驾、极限挑战自驾和随心所欲自驾等。无论哪种自驾游形式与类型,都体现了自驾游的精髓,即旅游者自己掌握交通工具,以自驾车为核心开展旅游活动,以极大的灵活性,追求一种自由和个性化旅游空间,并最大化达成旅游意愿,增强旅游获得感与满足感。

1.散客自驾

"经营接待散客旅游的能力已成为衡量一个国家或地区旅游业成熟度的重要标志。"[2]目前,无论理论研究还是旅游组织对散客均无统一明确的定义,但实践中只要不是旅行社接待组团进行旅游活动的,一般均被理解为散客。"散客的主要特征是自主性、灵活性和多样性。自主性是指散客能自己决定旅游路线的日程安排;灵活性是指散客可以随时改变初衷,临时增减旅游日程和节目;多样性则是指旅游者的出游动机是各样的,甚至不以观光为主,而是与会议、商务、考察、讲学等目的结合在一起。"[3]散客旅游兴起缘于旅游者旅游

---

[1] 黄恢月.旅行社组织自驾游法律规制初探:(上)[N].中国旅游报,2016-6-1.

[2] 曾冬梅.中国旅游新趋势:散客旅游[J].九江职业技术学院学报,2005(2):59.

[3] 张凌云.散客旅游市场的几个问题[J].旅游学刊,1992(6):21.

消费日渐成熟,旅游心理进入更高层次,传统计划、集中、统一包价旅游模式已难以满足其个性化要求,加之现代通信、交通等科技手段不断进步,旅游管理与服务不断完善,也增强了旅游者旅游的便捷性,减弱了心理依赖感。从人力旅行到马车旅行、火车旅行再到汽车、飞机旅行,每一次交通工具的改革都会促使旅游方式产生革命化跨越。汽车诞生被称为人类旅行史上的第二次交通革命,预示着人类生活和休闲方式的重要改变。汽车的流动性和便捷性消除了旅游者与目的地之间隔阂感,促进了汽车与旅游两大产业完美结合,催生了自驾游,同时也带动旅游产业进入大众化消费阶段。散客自驾是由旅游者自主发起、自己设计线路、自订服务,或者将个别服务委托他人的自驾旅游活动方式。散客自驾或一两人,或一家人,或几家人,在没有任何外力组织,完全由个人意愿自发决策出游,同行者一般具有血缘、亲情、友情、同事或同学等特殊关系。无论在出行准备阶段,还是旅行途中无时无刻不体现旅游的自主性、灵活性和多样性。

2.散客组团自驾

自助旅游优势在于旅游内容自主性强,游览时间充裕,旅游体验轻松,但存在旅游安全隐患较多、准备工作繁杂、旅游成本较高等问题;组团旅游优势在于旅游价格较低,行程安排较合理、科学,旅游服务相对专业,但存在缺乏自主性,行程紧张,非旅游项目过多,甚至"强制购物"和"强制自费"等现象时有发生。随着自助旅游蓬勃发展,自助旅游者开始在网上寻找志同道合的旅游伙伴,组成团队,结伴旅行,这样逐渐产生了互助式组团旅游。这种互助式组团旅游将自助游和组团游两种方式有效地结合起来,更有助于实现旅游者旅游意愿,提高旅行满意度与获得感。互助式组团旅游与自驾游相互间具有一定的交叉关系,互助式组团旅游可以自驾方式实现,自驾可以互助方式相约组团。实践中,自驾旅游经常是以互助式组团形式完成的,也被称为散客组团自驾。散客组团自驾是指一种群体现象,旅行者中一部分人员驾驶机动车进行的从出发地到目的地之间的驾驶以及与旅游相关的旅游活动,旅行活动的费用AA制结算,成员之间为陌生人或熟人关系。散客组团自驾是在当今信息技术条件下,汽车时代的必然产物,他们的旅游组团一般是在网上实现的。通常情况下,散客组团自驾都有一个带队核心人物,他在网上发布旅游信息,寻找同伴,认识每次出游的成员,并且有独立安排行程能力和较强紧急情况应变能力,成员中要有一部分人具备良好的驾驶技术和一定的汽车维修技术。散客组团自驾没有旅行社中介,不用支付旅游中介费,不走常规线路,没有旅游购物压力,大家均摊驾驶费用,使出游成本降至最低。总之,散客组团自驾集聚了自助游和组团游双重优点,团员通过分享自驾车、驾驶技术、维修技术和旅游知识,节约了旅游成本和资金,从而实现双赢、互赢。

3.机构组团自驾

如果说散客组团自驾集聚了自助游和组团游双重优点,但其并不完美,仍存在一定的不足,那就是非常依赖团队核心人物。如果团队核心人物能力很强,那旅游活动与行程将开展得很顺利,每个成员都将获得很好的旅游体验;但如果团队核心人物能力不是很强,失误频频,那旅游活动与行程开展可能就不会很顺利,甚至会出现事故。为了克服上述弊端与顾虑,将专业事情交给专业机构、专业人员处理,机构组团式自驾就应运而生。机构组团自驾与前述散客组团自驾最大的不同在于旅游活动组织与实施,是否有旅游者之外的"第三方"出现。散客组团自驾有一个核心成员起到联系作用,所有成员共同参与组织活动,大家分担旅游成本与风险,不需要借助"第三方"完成所有旅游行程;机构组团自驾除了需要相关机构作为自驾旅游的支持"第三方"外,其他内容与散客组团自驾并无二致。机构组团自驾中的"机构"一般表现为旅行社、汽车俱乐部或有些媒体组织,这些机构在自驾旅游中为旅游者提供除驾驶服务之外的食宿娱乐、汽车维修、拖车救援及线路指引等相关服务,帮助、支持自驾旅游者完成旅游活动。

实践中,从事机构组团自驾活动的以旅行社居多。一方面旅行社在吃、住、行、游、购、娱等旅游要素组织方面具有团队经验和专业优势,会使自驾旅游出行更加顺畅舒心;另一方面旅行社可以有效解决自驾旅游出现的诸如排队购票、停车难等问题,更可以避免汽车、保险、人身和财务的安全隐患,这些恰恰弥补了自驾游的不足。"在旅行社组织的自驾游的实务中,大致有两种操作模式:一种模式是旅行社预先设计安排自驾游旅游线路和服务,由旅游者根据自己的需要做出选择,与旅行社签订自驾游旅游合同。另一种模式是旅游者提出线路的初步设想,经过旅游者和旅行社双方协商,最后确定自驾游线路,旅行社为此提供相应的服务,旅游者也与旅行社签订自驾游旅游合同。"[①]第二种模式较之于第一种,自驾游自主性体现得更加明显,但无论哪种模式,旅游者均需与旅行社签订包价旅游合同,以明确双方权利义务,这无疑又使其与传统组团游相似,但其实质上属于自驾游范畴,只不过带有组团游特色而已。

---

① 黄恢月.旅行社组织自驾游法律规制初探(上)[N].中国旅游报,2016-6-1.

4.驾驶自己车辆自驾和驾驶他人车辆自驾

车辆是自驾游必不可少的核心要素,而自驾车辆来源无外乎两种,即旅游者自有或非自有。据公安部统计,截至 2018 年 9 月,全国机动车保有量达 3.22 亿辆,其中汽车 2.35 亿辆,占机动车总量的 72.91%;以个人名义登记的小微型载客汽车(私家车)保有量达 1.84 亿辆,占汽车总量的78.49%。2018 年以来,全国私家车保有量月均增加 161 万辆,仍保持持续快速增长。随着机动车保有量快速增长,机动车驾驶人数量呈现同步增长趋势。截至 2018 年 9 月,全国机动车驾驶人达 4.03 亿人,其中汽车驾驶人达 3.63 亿人,2018 年第三季度新领证驾驶人就达 845 万人。私家车保有量与驾驶人数持续快速增加,为自驾游奠定了物质基础。目前,使用自己所有车辆进行自驾成为自驾游常态,尤其是短程、短期和周边自驾游,一般往往是由旅游者驾驶自己所有车辆进行的。使用自己所有车辆进行自驾相对容易、简单,旅游者或单人、单车,或约上亲朋好友多人多车,说走就走,能够毫无限制地真正实现自驾游乐趣。

驾驶他人车辆自驾,是指旅游者在自己没有车辆或不便于驾驶自己车辆的情况下,驾驶他人所有车辆进行的自驾游。驾驶他人车辆自驾在各种形式的自驾游中均有体现,尤其是在远程自驾游或是组合自驾游(如部分旅游行程通过飞机、高铁等其他交通工具实现)中,旅游者借助他人车辆进行自驾游,既减少了用车成本,又能够节约时间和体力,因此更有优势。这里的"他人车辆"可以是别人赠与的、向亲朋好友借来的、互换使用来的,也可以是向汽车租赁公司租来的,或是散客自驾、散客组团自驾中同行成员所提供的车辆等。实践中,驾驶他人车辆自驾以向汽车租赁公司租车进行自驾较为普遍、实用。

随着社会进步、经济发展,人们的交通需求无论量还是质都有很大的提高,在传统交通运输模式难以满足需求的情况下,汽车租赁应运而生。"汽车租赁是指承租人通过与出租人签订各种形式的付费合同,以约定时间内获得租赁物(汽车)的使用权,出租人通过提供车辆功能、税费、保险、维修、配件等服务来满足承租人需求的一种实物租赁。"①汽车租赁分为融资性租赁和经营性租赁两种,就自驾游旅行者而言主要是指经营性租赁。经营性租赁是租赁公司将车辆租赁给不同的人临时使用,其是一项可以撤销的、不完全支付的短期租赁业务。据相关机构数据披露,2012—2017 年,我国汽车经营租赁市场逐年增长,年均增速高达 18.39%。2012 年,中国汽车经营租赁的市场规模为 248 亿元,到 2017 年汽车租赁市场规模已达 685 亿元,其中经营性租赁占据

---

① 辛星.汽车租赁业的发展研究[D].西安:长安大学,2011:11.

着87.7％比重,增长率达12.8％。预计到2020年,国内汽车租赁市场规模将近千亿元。据交通运输部统计数据,目前我国共有6300余家汽车租赁公司,租赁车辆总数约达20万辆,并以每年20％左右速度增长。目前,我国一线城市的汽车租赁服务水平已很发达。2017年,国内汽车租赁企业排行前十名的分别是神州租车、一嗨租车、GoFun出行、Evcard、租租车、TOGO途歌、START(PP租车)、盼达用车、凹凸租车和悟空租车公司,尤其是神州租车和一嗨租车,分别覆盖了国内292个和256个城市,在主要城市都有超过10个以上门店,在多数城市机场都可以租车。总之,汽车租赁是一种能够满足社会公众个性化出行、商务活动、公务活动和旅游休闲等多种需求的交通服务方式,尤其互联网在线租赁模式兴起,使短租自驾市场移动化、自助化趋势愈发凸显,呈现出广阔市场发展前景。

5.营利性自驾和非营利性自驾

营利是指以金钱、财务或劳务等为资本,而获得经济上利益,即谋取利润。自驾游本质上属于自助游之一种,旅游活动由旅行者独立自主安排,没有具体组织者,没有领队和导游陪同,旅游者自己打理一切旅游活动,旅游费用和风险也由旅游者自负或队友分担,一般具有非营利性。随着自驾游旅游形式的丰富与发展,在团队自驾游逐渐介入具体组织者,这些组织者或是旅游经验丰富个人,或是各式汽车俱乐部,抑或是旅行社。他们按照旅游者意愿,制订自驾旅行计划和具体日程安排,按照事先约定为旅游者提供除驾驶服务之外的食宿、娱乐、汽车维修、拖车救援及线路指引等相关服务,帮助、支持自驾旅游者完成旅游活动,并收取服务费从中获取一定利润。

面对日益火爆的自驾游市场,团队自驾游是近些年旅行社将自驾游和组团旅游结合起来,摸索出的一种全新的旅游产品。旅游产品"是旅行社为满足旅游者在旅游过程中的需要,凭借一定的旅游吸引物和旅游设施向旅游者提供的各种有偿服务";"是旅游者花费了一定的时间、费用和经历所换取的一种旅游经历"。[①] 旅行社组织的团队自驾游一般有两种操作模式:一种是旅行社预先设计安排自驾游旅游线路和服务,由旅游者根据自己的需要做出选择,与旅行社签订自驾游旅游合同;另一种是旅游者提出线路的初步设想,经过旅游者和旅行社双方协商,最后确定自驾游线路,旅行社为此提供相应的服务,旅游者也与旅行社签订自驾游旅游合同。旅行社利用团队旅游组织经验和专业

---

① 姚蔚蔚.浅论旅行社自驾车旅游产品开发[J].贵州大学学报(社会科学版),2012(5):43.

优势,可有效解决排队购票、停车难等问题,减小或避免汽车、保险、人身和财务的安全隐患,使自驾旅游出行更加顺畅舒心。当然,旅行社提供的上述服务是以收取一定费用作为回报的,此费用中自然含有利润部分存在。

实践中,大量自驾车旅游协会、旅游营地协会、汽车租赁公司、汽车(车友)俱乐部或媒体等机构都会组织团队自驾游。他们组织自驾活动或以增加车友感情为目的,或以公益活动为目的,或以产品、服务宣传为目的,或以分享旅游经验为目的,但多是非营利性的。当然,也存在以营利为目的而组织的团队自驾游,组织者会收取一定费用,履行相应义务,并承担由此产生的相应责任。这些机构组织非营利性自驾游是没有问题的,但组织营利性自驾游就应当具备相应的资质条件,包括具体从业人员也应符合一定的从业资格要求。

实践中,个人组织团队自驾游也屡见不鲜。个人组织团队自驾游分为两种情形:一种是组织者是散客组团自驾中的带队核心人物,由他发起或组织出游具体事宜,并向每一位团队成员收取一定费用(实行 AA 制,费用成员平均分担),用于旅游共同开支,此种情形是非营利性的;另一种是组织者是专门从事组织散客组团自驾活动人员,他们按照旅游者的旅游设想,确定自驾游线路,在旅途中提供带路、吃、住、游等相应服务,并收取一定服务费用,此种情形是营利性的。第二种情形一般在探险、长途、深度等自驾旅游中较多,当然具体从业人员也应符合一定的从业资格要求。

笔者研究自驾游的目的,在于分析自驾游中可能存在的法律风险,并提出相应的法律风险预防措施。自驾游法律风险来自于自驾游活动本身,可以说自驾游涉及法律关系越复杂,其蕴含的法律风险就越大,因此上述从组织形式、驾驶车辆和是否包含谋利因素角度,对自驾游所进行的类型划分对本文研究意义重大,故进行了详细论述。从旅游内容和旅游时间角度,对自驾游进行的类型划分,对本书研究内容意义不大,这里不再赘述。当然从空间范围角度划分出的境外自驾,由于自驾旅游活动全部或部分发生在境外,其所涉及的法律关系更复杂,可能会存在更大法律风险,但本书所论及自驾游范围仅限于国内,故对境外自驾游法律风险及预防这里暂不做论述。

第二章　自驾游法律关系与法律风险

一、法律关系概说

（一）法律关系含义

法律关系是法学研究中的重要基础概念，"法书万卷，法典千条，头绪纷繁，莫可究诘，然一言以蔽之，其所研究或所规定者，不外法律关系而已"①。法理学一般认为，"法律关系即法律规范在调整人们行为的过程中所形成的一种特殊的社会关系——法律上的权利义务关系"②。当我们面对法律现象，或要解决具体法律问题时，法律关系是思考和分析的重要工具。在分析和处理具体法律纠纷时，必须对当事人之间是否存在法律关系、存在何种法律关系作出准确判断。法律关系不同意味着法律纠纷性质不同，意味着解决纠纷所适用的法律规范不同，同时也意味着其中所蕴含的权利、义务，以及相应的法律责任不同。法律关系包含以下五层含义：

1.法律关系是一种特殊的社会关系

"任何一项法律关系都是由法律规则规定的人与人之间的关系。"③人类活动的相互联系性是社会关系的实质，而各种社会关系只不过是这种联系在社会中的表现。社会关系有多种表现形式，如友谊关系、爱情关系、信仰关系、权威服从关系、同居关系、收养关系、契约关系、政治关系、经济关系、行政管理关系等，这些社会关系有的与法律相关，有的与法律无关，只有与法律相关的社会关系才属于法律关系。所谓"与法律相关"，指的是某种社会关系纳入法律调整范围，具备法律内容和法律意义，也会产生相应的法律后果。因此，"法律关系是由法律规范调整人们行为形成的，以权利和义务为内容的特殊社会关系"④。

---

① 梁慧星.民法总论[M].北京：法律出版社，2001：34.

② 孙国华.法学基础理论[M].北京：中国人民大学出版社，1987：432.

③ 弗里德希·卡尔，冯·萨维尼.论法律关系[M]//法哲学与法社会学论丛（七）.田士永，译.北京：中国政法大学出版社，2004：89.

④ 卓泽渊.法理学[M].北京：法律出版社，1996：89.

2.法律关系是以法律规范为前提而产生的社会关系

"法律关系与法律规范的内在联系,是法律关系区别于其他社会关系的重要特征,也是认识法律关系概念的突破口。"①法律规范是法律关系产生与存在的前提,没有法律规范,也就不可能形成与之相应的法律关系。任何一种法律规范只能在具体的法律关系中才能得以实现,法律规范只规定人们的行为规范和相应的法律后果。只有当人们按照法律规范的行为模式,或者说符合一定的法律事实时,才形成针对于个人之间的权利义务关系。

3.法律关系的核心是权利与义务

"法是以权利和义务为机制调整人的行为和社会关系的。权利和义务贯穿于法律现象中具有逻辑联系的各个环节、法律的一切部门和法律运行的全部过程。"②因此,权利与义务既是法律规范的核心,同时也是法律关系的核心内容。"法律权利是规定或隐含在法律规范中、实现于法律关系中的,主体以相对自由的作为或不作为的方式获得利益的一种手段;法律义务是设定或隐含在法律规范中、实现于法律关系中的,主体以相对抑制的作为或不作为的方式保障权利主体获得利益的一种约束手段。"③法律规范中的权利与义务又被称为"规范中的法律关系",处于应然状态,它主要表现为不特定主体之间的一种抽象的权利义务关系;实际意义上的法律关系是法律规范进入具体的调整领域,主体特定化、具体化,主体之间的权利义务关系由应然状态转化为实然状态,它主要表现为特定主体之间的一种具体的权利义务关系。因此,法律关系是联结法律规范和现实社会关系的中介和纽带,是法律规范从应然状态到实然状态转化的生动反映。

4.法律关系是以国家强制力作为保障的社会关系

是否有国家强制力保障是区分法律关系与非法律关系的重要标志。当一种社会关系被纳入法律调整范围,就意味着国家对它实行了强制性保护。在法律关系中,一个人可以做什么,不得做什么,必须做什么,都是国家意志体现,反映国家对社会秩序的一种维持态度。

国家强制力主要体现在法律责任规定上,当法律关系受到破坏时,权利受侵害一方就有权请求国家机关运用国家强制力,责令侵害方履行义务或承担未履行义务所应承担的法律责任,也即对违法者予以相应的制裁或处罚。

---

① 廖军和.法律关系略论[D].郑州:郑州大学,2000:16.
② 张文显.法理学[M].北京:高等教育出版社、北京大学出版社,2011:91.
③ 张文显.法理学[M].北京:高等教育出版社、北京大学出版社,2011:94.

5.法律关系处在不断地生成、变更和消灭运动过程

如前所述,法律规范表现的是不特定主体之间的一种抽象权利义务关系,法律关系呈现的是特定主体之间的具体权利义务关系,只有当抽象的法律规范调整具体社会关系时,权利义务才由应然状态转化为实然状态,而促成这种转化发生的是法律事实。世界永远处于变化发展之中,事物变化发展的内因是事物内部的矛盾运动。法律事实是法律规范与法律关系联系的中介,是法律规范所规定的,能够引起法律关系产生、变更和消灭的客观情况。以是否以人们的意志为转移作为标准,法律事实可分为法律事件和法律行为两类。法律事件是法律规范规定的、不以当事人的意志力为转移而引起法律关系形成、变更或消灭的客观事实;法律行为是指以法律关系主体意志为转移,能够引起法律后果,即引起法律关系形成、变更和消灭的人们有意识的活动。无论法律事件,还是法律行为,都处于不断变化中,因此法律关系也随时处于不断生成、变更和消灭运动状态,"法律关系变化发展是其内部基本构成要素——主体与客体、权利与义务变化发展的结果"①。

(二)法律关系构成要素

"法律关系的构成包括权利主体、客体(主体法律权利和义务所指向的、我们周围世界中的现象)和内容三个要素;权利义务表现为法律上的可能性和必要性,而其物质内容即我们说的权利客体,则为现实性,是法律内容的实现。"②

1.法律关系主体

"各个法律关系,就是法律规定的人与人之间的关系。其本质就是划分个人意思所能独立支配的范围,这构成了法律关系中的事实要素,即法律关系的形式。"③法律关系主体,是法律关系参加者,是指参加法律关系,依法享有权利和承担义务的当事人。在法律关系中,一方是权利的享有者,成为权利人;另一方是义务的承担者,成为义务人。根据我国法律规定,自然人、机构、组织和国家都能够成为法律关系主体。成为法律关系主体,必须具有相应权利能力和行为能力,即具有法律关系主体构成的资格。权利能力,又称权义能力(权利义务能力),是指能够参与一定的法律关系,依法享有一定权利和承担一定义务的法律资格,是法律关系主体实际取得权利、承担义务的前提条件。行

---

①　陈凡.法律关系的哲学思考[J].学术论坛,2002(2):45.

②　章戎,凌娜."法律关系"概念在私法和公法领域中的意义[J].法治论丛,2007(3):75.

③　何勤华.西方法学史[M].北京:中国政法大学出版社,1996:248.

为能力,是指法律关系主体能够通过自己的行为实际取得权利和履行义务的能力,是主体意识能力在法律上的反映。

2.法律关系客体

法律关系客体,是指法律关系主体之间的权利和义务所指向的对象,是法律权利和法律义务联系的中介。法律关系建立的目的是保护某种利益、获取某种利益,或分配、转移某种利益。"天下熙熙,皆为利来;天下攘攘,皆为利往。人们是为了彼此有利才走到一起,才结成一定的社会关系,由此看来,利益是联系人们而组成社会的纽带。"[①]法律关系客体是一定利益的法律形式,任何外在的客体,一旦承载某种利益价值,就可能成为法律关系客体。这些利益可分为物质利益和精神利益、有形利益和无形利益、直接利益和间接利益(潜在利益)、国家利益和社会利益以及个人利益等。法律关系客体可具体化为物、人身、精神产品和行为等。

3.法律关系内容

法律关系内容,是指法律关系主体所享有的权利和承担的义务。"没有无义务的权利,也没有无权利的义务"[②],"在法律关系中,权利与义务是主要矛盾,它的运动支配、决定着法律关系的变化和发展,因为权利与义务是主体与客体联系的桥梁和纽带,法律关系中的主体与客体之间只有通过行为才能发生关系"[③]。权利是法律保护的某种利益,表现为要求权利相对人可以怎样行为、必须怎样行为或不得怎样行为;义务是人们必须履行的某种责任,表现为义务人必须怎样行为和不得怎样行为。权利享有人的行为方式表现为意志和行为的自由,义务承担人的行为方式则表现为意志和行为的被限制,以及利益的付出。权利和义务可分为基本权利义务与普通权利义务、一般权利义务与特殊权利义务、自然人权利义务和集体权利义务及国家权利义务、第一性权利义务与第二性权利义务等。

(三)法律关系类型划分

根据不同的标准,可对法律关系进行不同类型的划分。按照法律关系主体的相互地位不同,可分为平权型(横向)法律关系(如民事法律关系)和隶属型(纵向)法律关系(如行政法律关系和刑事法律关系);按照法律关系产生的依据、执行的职能和实现规范的内容不同,可以分为调整性法律关系(如民事

---

① 许小牙.法律关系理论之正本清源[J].汕头大学学报(人文社会科学版),2010(6):13.

② 马克思,恩格斯.马克思恩格斯全集(第16卷)[M].北京:人民出版社,1972:16.

③ 陈凡.法律关系的哲学思考[J].学术论坛,2002(2):45.

法律关系)和保护性法律关系(如刑事法律关系);按照法律主体的多少及其权利义务是否一致,可以将法律关系分为单向法律关系(如不附条件的赠与关系)、双向法律关系(如合同法律关系)和多向法律关系(如劳务派遣法律关系);按照相关的法律关系作用和地位的不同,可以分为第一性法律关系(主法律关系)和第二性法律关系(从法律关系)等。基于本书写作目的,笔者拟从法律关系赖以建立和存在的前提——法律规范的角度,对法律关系进行类型划分,并阐述之。

"一切法律规范都表述为法律关系(即被授权人和受约束人之关系)的内容。"[①]按照法律关系所赖以建立法律规范所属的不同部门,可以将其划分为不同部门的法律关系,如宪政法律关系、行政法律关系、民事法律关系、刑事法律关系等。由于法的各个部门内部又可具体化为不同的法律制度,就相应存在与这些法律制度相适应的次一级法律关系种类,如民事法律关系又可具体化为物权法律关系、债权(合同)法律关系、婚姻法律关系、继承法律关系等。宪政法律关系也称宪法关系,或宪法法律关系,是指根据宪法规范,在宪法主体之间产生的、以宪法(权力)权利和义务为基本内容的社会关系,是立宪社会基本政治秩序在宪法上的表现。宪政法律关系与自驾游没有什么关系,这里不赘述,与自驾游关系较大的是行政法律关系、民事法律关系、刑事法律关系,下面简单阐述。

1.行政法律关系

行政法律关系,又称行政法关系,是指受行政法律规范调控的因行政活动(权利活动和非权利活动)而形成或产生(引发)的各种权利义务关系。行政法律关系不同于行政关系,行政法律关系范围比行政关系小,但内容层次较高。行政关系是指行政主体行使行政职能和接受行政法制监督而与行政相对人、行政法制监督主体发生的各种关系,以及行政主体内部发生的各种关系。行政关系是行政法调整的对象,而行政法律关系是行政法调整的结果。行政法并不对所有行政关系作出规定或调整,只调整其主要部分。行政法律关系是一种隶属型(纵向)法律关系,法律关系一方是行政主体(依法拥有行政职权的国家行政机关或国家机关授权的组织);另一方是处于从属和被管理地位的行政相对人。行政法律关系可分为权力关系与非权力关系、对内行政法律关系和对外行政法律关系、行政实体法律关系和行政程序法律关系、原生行政法律关系与派生行政法律关系、单一行政法律关系和多重行政法律关系等。

---

① 陈金钊,侯学勇.法律关系及其逻辑模型的建构[J].重庆工学院学报,2006(10):12.

2.民事法律关系

民事法律关系，又称民法关系，是平等民事主体之间就一定的物或其他对象（客体）而发生的由国家强制力保证其实现的民事权利义务关系。民事法律关系是一种平权型（横向）法律关系，是民事法律规范调整的社会关系法律上的表现，是民事法律规范所确认和保护的以民事权利和民事义务为基本内容的社会关系。民事法律关系是平等主体之间的关系，一般是由当事人依自己的意思自愿设立的，不仅符合国家意志，更体现着当事人的意志。不论自然人还是组织，都属于民法上的"人"（包括国家），都可成为民事法律关系主体。民事法律关系可分为财产法律关系和人身法律关系、合同法律关系和侵权法律关系、绝对法律关系和相对法律关系、单一民事法律关系和复合民事法律关系、权利性民事法律关系和保护性民事法律关系等。

3.刑事法律关系

刑事法律关系，又称刑法关系，是指国家与犯罪人之间因犯罪行为而产生的、受刑法规范调整的权利和义务关系。刑事法律关系是一种隶属型（纵向）法律关系，法律关系中一方是以公安机关、检察机关、法院为代表的国家；另一方是触犯了刑事法律或者为刑事侵害行为所侵害或者依法参与刑事诉讼活动的自然人或组织。刑事法律关系中国家享有对犯罪人进行刑罚处罚的权力，承担依法适用刑罚的义务，犯罪人有接受刑罚处罚的义务，享有不受"法外用刑"的权利。刑事法律关系的客体包括行为、物和精神内容三个方面。行为，即司法机关依法进行的追究刑事责任的活动和犯罪人接受刑事追究、刑事判决的行为；物，即司法机关依法没收、剥夺犯罪人持有或所有的物品；与犯罪人人身相联系的精神内容即司法机关对犯罪人的政治权利的剥夺和法律上道义上进行的否定评价或谴责。

二、自驾游法律关系

旅游所涉及的行业领域广泛，地域空间无限，参与人群和组织众多，会引发多种现象，产生并形成各种社会关系，这些社会关系受法律调整后，便形成了相应的法律关系。由于旅游活动的综合性，调整和规范旅游活动、旅游产业的法律规范也涉及多个性质不同的法律部门，复杂多样，因此我们无法用"旅游法律关系"这一词语对这些法律关系一言概之。自驾游作为旅游的一种特殊形式，是个人或团体以自己驾驶机动车为主要交通方式的旅游休闲活动。自驾游参与主体众多，除自驾旅游者外，还包括自驾同行者或组织者、车辆出借或出租人、旅行社、保险公司、旅店宾馆、景区、停车场、第三人，以及对旅游活动具有监管职权的各种机构和组织等,这些参与主体大体可以分成四类,即旅游者、旅游经营者、旅游辅助人和旅游监管者。众多的主体参与,产生了多种旅游行为(或旅行行为,或合同行为,或经营行为,抑或监管行为等),加之一些客观情况发生,在不同法律规范调整下,就形成了复杂的法律关系。本书的研究内容是以自驾游旅行者角度出发,提醒旅游法律风险,并提出预防措施,因此笔者将以自驾游游客为核心,向外辐射,梳理自驾游中可能产生、存在的法律关系,并对其构成要素进行详细分析、探讨。

（一）自驾游合同法律关系

合同法律关系是民事法律关系之一种,是指由合同法律规范调整的当事人之间在合同的订立、履行等过程中所形成的一系列权利义务关系。"合同法中规定的合同属于单一性质的合同,而旅游合同的内容包含运输、住宿、餐饮、服务等众多性质不一的合同。"①此处的旅游合同,是指广义的旅游合同,"是包括狭义旅游合同以及其他包括食宿合同、运输合同等合同在内,无疑涉及面过宽,不能反映旅游合同的内在规定性。所以,目前各国的立法实践大多采用狭义的旅游合同的概念"②。狭义的旅游合同专指旅游服务合同。通常情况下,自驾旅游者在相约自助自驾中,相互间可形成无偿的自助(互助)旅游合同;与旅游经营者之间(包括个人、汽车俱乐部或旅行社等),可形成旅游服务合同;与车辆出借人、互换人、出租人之间,可形成借用合同、互换合同、租赁合同;与宾馆酒店、饭店、停车场、景区等各方之间,可形成住宿、餐饮、保管、游览等服务合同;与购物商店之间,可形成买卖合同;等等。此外,在组合自驾游(如部分旅游行程通过飞机、高铁等其他交通工具实现)中,自驾旅游者还会与民航、铁路、水运等运输企业间,形成旅客运输合同或货物运输合同等。自驾游合同法律关系作为基础法律关系,是因各种合同行为发生的,在自驾游中广泛存在,且表现多样。

1.调整自驾游合同法律关系的法律法规

法律规范是法律关系产生的前提,无法律规范就无法律关系。自驾游是旅游活动之一种特殊形式,因此我国调整自驾游合同法律关系的法律法规,首先应是《中华人民共和国旅游法》③。我国《旅游法》在第五章以专章形式专门规定了"旅游服务合同"内容。"旅游法是部门的龙头法,属于行政法的范围,

---

① 江平.旅游法与民事法律的关系[N].中国旅游报,2011-6-3.
② 许惠佑.旅行契约之研究[D].台北:台湾政治大学,1998:2-3.
③ 以下简称《旅游法》。

是旅游业的基本法";"旅游法是具有相当丰富民事关系的行政法"。① 因此，作为我国民法重要组成部分的《中华人民共和国合同法》②，也是调整自驾游合同法律关系的重要法律规范。我国《合同法》中虽无"旅游服务合同"专门性规定，但其中对自驾游中可能出现的买卖、赠与、租赁、运输、保管及委托等合同均作了详细规定。《合同法》中所确立的关于合同订立、效力、履行、变更、转让、权利义务终止及违约责任等一般性规定，同样适用于旅游服务合同。此外，对于自驾游中可能出现其他有偿性合同，《合同法》规定"法律对其他有偿合同有规定的，依照其规定；没有规定的，参照买卖合同的有关规定"。除《旅游法》和《合同法》之外，调整自驾游合同法律关系的法律法规主要还存在于《民法总则》《保险法》《旅游安全管理办法》《旅行社条例》《旅行社责任保险管理办法》《最高人民法院关于审理旅游纠纷案件适用法律若干问题的规定》，以及《中华人民共和国合同法》若干问题的解释（一）、（二）等之中。目前，我国关于自驾游的相关法律法规、法律规范还很少，需亟待完善。

2.自助（互助）旅游合同法律关系

自助（互助）旅游合同关系在散客自驾和散客组团自驾中存在较多。散客自驾没有任何外力组织，完全由个人意愿自发决策出游。自驾旅游者或一两人，或一家人，或几家人，同行者一般具有血缘、亲情、友情、同事或同学等特殊关系，旅游费用和风险可以实行 AA 制，大家分担；也可以由其中一人或几人承担。散客组团自驾成员一般是在网络上组成，相互间互为陌生人或熟人，其中具有一个核心人物或组织者，旅行费用和风险一般采用 AA 制。散客组团自驾中的组织者可以是有偿的，也可以是无偿的。无论散客自驾，还是散客组团自驾，只要其成员之间不存在任何相关合同或协议，那么在组织者与成员之间，以及他们相互之间，就不会形成合同法律关系，相互间也不会产生权利与义务。他们之间的关系应属于法律上的"情谊行为"。"情谊行为是指发生在法律层面之外，当事人之间不能依法产生后果的行为，在日常生活中，人们虽然可以将这些行为当作法律行为（通常是当作合同）来实施，但是当事人毫无疑问根本没有这个意思。"③在前述情况下，无论是否有倡议、提议或组织者，成员相约或受约一起自驾出游行为本身，目的在于增进家人、亲属或朋友间亲情、友情，不存在任何法律目的与动机，也并不是要追求某些法律效果，此时法

---

① 江平.旅游法与民事法律的关系[N].中国旅游报,2011-6-3.

② 以下简称《合同法》。

③ 迪特尔·梅迪库斯.德国民法总论[M].邵建东,译.北京:法律出版社,2000:148.

律也不会介入,因此也不会产生并形成任何法律后果,即法律关系。当然,如果旅途中出现成员利益受损情形,此时法律将介入这种"情谊行为",并对其进行调整规范,那么在成员之间将会产生相应的权利义务关系,即侵权法律关系。对于此种法律关系,笔者将在后文论述。

有的时候,在散客自驾和散客组团自驾中,组织者与成员之间,以及他们相互之间,会签订旅游合同或协议,此时就形成了合同法律关系。因为散客组团自驾中的组织者可以是有偿的,也可以是无偿的,因此这里的合同法律关系又分为两种情形。散客自驾和散客组团自驾成员之间,或无偿组团自驾组织者与成员之间订立合同的目的在于顺利、快乐地旅游,他们之间关系是平等、自由、松散的,相互间不存在利益考量,一般情况下成员共同承担旅游费用和风险。因此,他们之间是自助(互助)旅游合同关系。如果自驾组织者提供的是有偿服务,那么在组织者与团队成员间就产生了有别于互助性合同的新内容,即新的权利与义务,这是一种旅游服务合同关系,笔者将在后面论述。

自驾游本身意义在于凸显主体的自愿、自主和随意,实现旅游个性化,因此散客自驾或组团自驾完全是一种自发的、松散型的自主组合。自驾旅游参加者都是完全民事行为能力人,对活动存在的风险应该有一定的预见性,应该具有自主决定是否出游和辨别危险的能力,并对自己的安全负责,风险自负。因此,旅游者参加自驾游纯属个人行为,属于"风险自担"行为,他们之间没有也不想形成法律关系,也没有权利义务的存在。"如果一个人自愿从事一项危险性的工作,那么他就不能由这个危险而造成的自身伤害请求赔偿。"①因此,实践中一些法律意识较强、较有经验的自驾车旅游者在自驾车旅游活动开始前,一般会基于公平、自愿原则和其他参与者订立自助(互助)旅游合同。自助(互助)旅游合同一般表现为"免责协议书",是自驾旅游参与者共同签署的关于责任豁免、权利放弃和风险承担协议文本。其内容一般明确自助、互助、费用分担等原则,强调成员参与的自愿性,旅游活动的危险性,责任自负,并提倡旅游中团结互助,但帮助与互助仅仅是助人为乐,并不是法律意义。严格讲,自助(互助)旅游合同仅以"自愿、免责、分担"为单一内容,因其缺少旅游活动的多项具体内容,所以并不是典型意义上的旅游合同。自助(互助)旅游合同的具体条款一般均指向个人,而非相对人,更倾向于对团队成员个人的行为约束和责任明确,其目的在于凸显自驾游的自愿、自主和随意的本性。即使是由

---

① 彼得·斯坦,约翰·香德.西方社会的法律价值[M].王献平,译.北京:中国法制出版社,2004:156.

组织人的散客团体自驾游,由于其自助游的本身特点,决定了组织者所谓"义务"也是无偿的,并不存在相对应的"权利"。当然,如果此种免责协议内容违反相关法律规定,那么将是无效的,相关人员并不能依据此协议而达到免责之法律效果。

3.自驾旅游服务合同法律关系

"旅游服务合同法律关系一般是指由《旅游法》、《合同法》以及其他相关法律规范所调整的旅游服务合同当事人之间在合同的订立、履行、变更、中止等旅行程中形成的权利义务关系。"①自驾旅游服务合同法律关系,是旅游经营者与旅游者通过签订旅游服务合同产生的。

旅游服务合同有广义和狭义两种理解。有学者将广义旅游服务合同理解为"旅行社等旅游经营者提供一定的旅游服务,旅游者支付相应费用的合同,以及为实现旅游服务的目的而由旅行社与其他服务业经营者之间订立的相关住宿、运送等服务的合同"②。对旅游服务合同的此种理解,实质上是将旅游服务合同理解为一系列合同组合,既包括旅游者与旅行社订立的包价旅游合同,又涵盖旅行社为了更好地服务旅客而与其他相关履行辅助人订立的关于旅客的住宿、运送等服务合同。现实中,组织旅游服务的并不仅有旅行社这一单一主体,还包括经验丰富的旅游达人、各式汽车俱乐部和有关媒体组织等。他们与自驾游旅行者签订旅游服务合同,按照旅游者意愿,制订自驾旅行计划和具体日程安排,并按照事先约定为旅游者提供除驾驶服务之外的食宿、娱乐、汽车维修、拖车救援及线路指引等相关服务,帮助、支持自驾旅游者完成旅游活动,并收取一定费用作为服务回报。当然,这些个人和机构以获利为目的组织自驾游,需要符合一定的经营、从业等资质要求,但是否满足营业或从业资质要求,只会关涉旅游服务合同效力问题,并不影响合同性质以及订立过程。因此,笔者认为将广义旅游服务合同理解为"旅游服务经营者与旅行者签订的,由旅游服务经营者提供交通、住宿、餐饮、游览、导游或者领队等旅游服务,旅游者支付旅游费用的合同",较为适宜。狭义的旅游服务合同就是我国《旅游法》第111条所界定的"包价旅游合同",即指旅行社预先安排行程,提供或者通过履行辅助人提供交通、住宿、餐饮、游览、导游或者领队等两项以上旅游服务,旅游者以总价支付旅游费用的合同。旅游服务合同广义与狭义理解的不同之处在于对旅游服务经营者范围界定不同,广义旅游服务合同中的旅

---

① 王海.旅游服务合同法律关系分析[D].长春:长春理工大学,2016:6.

② 曹隆兴.现代非典型契约论[M].台北:三民书局,1998:253.

游服务经营者包括旅行社、旅游达人、各式汽车俱乐部和有关媒体组织等；狭义旅游服务合同中的旅游服务经营者仅限于旅行社。

实践中，旅游经营者为自驾旅行者提供的旅游服务主要有两类：一类是提供除游客自驾车辆以外的旅游全包式服务；另一类是按游客需求，仅提供某种或几种非全包式服务。不管是哪种旅游服务经营者，也不管提供的是哪类服务，经营者都会与自驾游旅行者签订书面旅游服务合同。全包式旅游服务合同内容一般包括旅行服务经营者、旅游者的基本信息；旅游行程安排；旅游团成团的人数或最低人数；交通、住宿、餐饮等旅游服务安排和标准；游览、娱乐等项目的具体内容和时间；自由活动时间安排；旅游费用及其交纳的期限和方式；违约责任和解决纠纷的方式以及其他事项。非全包式旅游服务合同中，旅游经营者应按照旅行者要求，提供旅游行程设计、旅游信息咨询、交通、住宿、餐饮、游览、娱乐等专项旅游服务，并收取相应的服务费用。自驾游旅行者一方可以个人分别与旅游经营者签订合同，也可以由其中一人或几人代表签订，但对自驾游团队全体成员均有约束力。

4.自驾车辆借用、互换或租赁合同法律关系

车辆是自驾游必不可少的核心要素，自驾车辆来源无外乎两种，即旅游者自有或非自有。旅游者驾驶自己所有车辆进行自驾游，是物权（所有）法律关系中权利人的支配权体现，一般情况下他人无权干涉。但有些时候，旅游者经常驾驶向他人借用、互换或租赁车辆进行自驾游，此时自驾游旅行者就与车辆出借人之间形成了车辆借用合同法律关系；与互换人之间形成了车辆互换合同法律关系；与出租人之间形成了汽车租赁合同法律关系等。

车辆借用合同法律关系，是自驾旅游者与车辆所有人通过签订车辆借用合同而产生的法律关系。借用合同又称使用借贷合同，是出借人定期或不定期地将出借物无偿交给借用人使用，借用人在一定期限内或使用完毕后返还原物给出借人的合同。"在纷繁复杂的交易变动中，没有任何人也没有任何机关能够认识一切，决定一切，支配一切，只能分而治之，让合同当事人根据自己的知识、认识和判断，以其所处的相关环境去自主选择自己所需要的合同，去追求自己最大的利益。"[①]只有充分尊重当事人意愿，才能使合同发挥作用。实践中，旅游者借用亲属、朋友、同事或其他熟人车辆进行自驾游，屡见不鲜。双方通过口头、书面或其他形式订立车辆借用合同，自驾旅游者是借用人，车辆所有人是出借人，车辆是出借物。借用合同的显著特点是无偿性、互助性、

---

① 崔建远.合同法[M].北京：法律出版社，2000：15.

返还性。一般情况下,出借人在合同终止时,有权要求借用人及时归还借用车辆;出借人一般不承担车辆瑕疵担保义务,但出借人应当在出借车辆时,将车辆存在瑕疵告知借用人,如故意隐瞒借用物瑕疵而致借用人或其他第三人受损害的,应负赔偿责任。借用人应当按照合同约定使用借用物,并承担车辆借用期间的使用、维修、保养等费用;在合同终止后应及时归还借用物。车辆借用期间发生的交通事故责任应当由借用人承担,与出借人无关。当然,合同另有约定的,按照其约定,由双方各自享有权利,承担义务。

车辆互换合同法律关系,是自驾旅游者与车辆所有人、使用人通过签订车辆互换合同而产生的法律关系。实践中,在亲属、朋友、同事或车友俱乐部车友之间经常会发生互换车辆情形。自驾游中,由于行程对使用车辆的特定要求,互换车辆进行自驾也时有发生。车辆互换一般是由互换双方通过订立车辆互换合同实现的。车辆互换合同,是指车辆所有人或使用人之间,在相互自愿基础上,就车辆所有权或使用权互换事项所订立的合同。根据互换内容,车辆互换合同可分为所有权互换、使用权互换、所有权与使用权复合互换三种形式。车辆所有权互换合同,实质上是买卖合同,"买卖合同是商品交换发展到一定阶段的产物,是商品交换的最基本、最重要、最有代表性的法律形式"①。买卖合同是出卖人转移标的物的所有权于买受人,买受人支付价款的合同。以所有权转移为内容的车辆互换合同双方互为出卖人和买受人,当交换车辆行为发生后,双方不仅各自占有了对方车辆,同时双方产权也发生了更换。出卖人应按要求交付互换车辆给对方,及时办理所有权转移手续,并对车辆承担瑕疵担保义务。当一方车辆价格不足以抵充另一方车辆价格时,买受人还需用现金或其他物品支付差价。买受人应受领互换车辆,对车辆及时进行检查,并将检查结果及时通知给出卖人。以使用权转移为内容的车辆互换合同,根据不同情形,其性质可定性为借用合同或租赁合同。当互换双方均是在无偿情形下交换车辆使用,则在双方之间相互产生了两个借用合同,互换双方互为借用人与出借人,这里不再赘述。当互换双方均是在有偿,或是在一方有偿另一方无偿情形下交换车辆使用,则在双方相互之间也产生了两个合同。在双方均有偿情形下交换车辆使用,则双方间发生两个车辆租赁合同,双方相互为出租人或承租人;但是在一方有偿另一方无偿情形下交换车辆使用,则双方间同样产生两个合同,无偿的是车辆借用合同,有偿的是车辆租赁合同。关于车辆租赁合同,笔者后文详述。以所有权和使用权转移为复合内容的车辆互换

---

① 史尚宽.债法各论[M].北京:中国政法大学出版社,2000:1.

合同,此时互换双方之间也相互产生了两个合同,根据不同情形其性质可分别定性为借用合同、租赁合同或买卖合同,合同上双方当事人分别享有出借人、出租人、出卖人之权利,并承担借用人、承租人、买受人之义务。此处不再赘述。

汽车租赁合同法律关系,是自驾旅游者与车辆所有人通过签订车辆租赁合同而产生的法律关系。"汽车租赁是指承租人通过与出租人签订各种形式的付费合同,以约定时间内获得租赁物(汽车)的使用权,出租人通过提供车辆功能、税费、保险、维修、配件等服务来满足承租人需求的一种实物租赁。"[①]汽车租赁分为融资性租赁和经营性租赁两种,就自驾游旅行者而言主要是指经营性租赁。经营性租赁是租赁公司将车辆租赁给不同的人临时使用,是一项可以撤销的、不完全支付的短期租赁业务。实践中,租赁车辆进行自驾游,自驾旅游者多选择专业汽车租赁公司租车。汽车租赁合同中的承租人是自驾游游客;出租人既可以是个人,也可以是组织;租赁物是自驾游所使用的车辆。汽车租赁合同中出租人应向承租人提供的租赁车辆技术状况必须良好,各种证照及规费缴讫证齐全;负责办理保险公司为租赁车开办的险种;负责车辆的二级维护和年检;租赁车在租赁期间,发生事故,应协助承租人处理事故;租赁期间有权对车辆使用情况实施监督。承租方在租赁期间,应遵守国家有关法律、法规、法令,安全行车严禁酒后驾驶,因酒驾违法、违纪、违章所造成的民事法律责任,自行负责,并承担给出租人造成的经济损失;租赁期间负责对车辆例行保养和小修,如车辆在例行保养和小修时需更换零部件,应事前取得出租人的许可;不得用租赁车辆从事营业性活动,不得将车辆转租、出售、典当、抵押,不得将车辆交与无证人员驾驶;承担车辆租赁期的油费、过路费、维修费和车辆被盗后保险公司付赔后的不足部分及其他费用;租车时,应出具担保人合法有效的担保书及有效的担保证件;发生交通事故,承担公安交通管理部门裁定的责任,并承担保险公司付赔出租人后不足部分的损失和修理期间车辆的租金;租赁车辆使用期间,发生交通事故,及时向当地公安交通、保险部门报案联系;租赁期限结束,需及时向出租方交还租赁车辆。

5.自驾住宿、餐饮、保管、游览等服务合同关系

自驾游中,如果游客与旅行社签订了包价旅游合同,那么住宿、餐饮、车辆保管、游览等事宜均由旅行社或履行辅助人予以安排和解决,游客无须再与旅店、饭店、停车场或景区等机构另行订立合同。如果游客没有与旅行社签订包

---

①　辛星.汽车租赁业的发展研究[D].西安:长安大学,2011:11.

价旅游合同,那么住宿、餐饮、车辆保管、游览等事宜均需游客自己解决,游客就需要与旅店、饭店、停车场或景区等机构另行签订合同,即在双方间产生了住宿、餐饮、保管、游览等合同关系。自驾游中,游客与旅店、饭店、停车场或景区等机构签订的住宿、餐饮、保管、游览等合同性质上属于服务合同。

　　什么是服务? 很难有确切定义。经济学在确定产品概念时,对商品与服务进行了区分。"商品(goods)被定义为物品、设备和事物,而服务(service)则被定义为行为、努力和表现,在谈及产品(product)时,均涉及商品和服务两个。"[①]服务具有无形性、不可分离性、异质性和易逝性特征。"服务合同是指一方当事人(服务提供人)向相对方(客户)提供服务,相对方支付报酬或不支付报酬的合同。服务合同未约定报酬的,如经营者是在其经营范围内为相对人提供服务,则推定相对人就此作了支付相应报酬的约定。"[②]根据主观目的属性不同,服务合同可分为民法性质服务合同与商法性质服务合同。商法性质服务合同是指具有营利性,其服务行为具有营业性(如保险服务、家政服务、货运服务等);民法性质服务合同是具有公益性质的服务合同(如环境卫生服务、社区照料中心服务等)。依据合同属性不同,"服务合同可划分具有社会属性的服务合同(包括电信合同、供水电气热合同、家政服务合同等)和具有经济属性的服务合同(包括承揽合同、委托合同、运输合同等),具有经济属性的服务合同被称为最狭义的服务合同"[③]。自驾游中,游客与旅店、饭店、停车场或景区等机构签订的住宿、餐饮、保管、游览等合同,一般都具有有偿性(不是绝对的,也存在无偿可能性),总体上应属于具有商法和经济属性的服务合同。

　　住宿服务合同,又称旅店住宿合同,是旅客与旅店经营者就旅客支付有关费用,由旅店经营者提供一定住宿及相关服务而达成的协议。自驾游住宿服务合同中,游客的主要义务是支付住宿等有关费用。旅店经营者的义务包括接受旅客住宿的义务;提供安全卫生的住宿条件和必要的服务设施;保证旅客人身和财产安全;根据情况为旅客提供室内清扫、饮水供应,代订车票、船票等必要服务等。

　　餐饮服务合同,是餐饮服务机构及人员与消费者约定的一方提供食品(饮料)、消费场所和设施,另一方支付费用的合同。自驾游餐饮服务合同中,自驾

---

① 道格拉斯·霍夫曼,约翰·E.G.彼得森.服务营销精要:概念、战略和案例[M].范秀成,译.北京:北京大学出版社,2008:6.

② 刘训峰.服务合同一般规定立法研究[D].南京:南京大学,2014:29.

③ 谢怀栻.外国民商法精要[M].北京:法律出版社,2002:107.

旅行者不管是一人付费，还是多人付费，只要一起接受了餐饮服务机构及人员的相应服务，均是消费者。合同中，餐饮服务机构应承担保证餐饮服务场所设施完好和卫生状况适宜于提供餐饮服务，具有相应的食品原料处理、加工、包装、贮存条件与能力，提供适宜的餐饮具，提供适宜食用的食物、饮料、酒类，工作人员符合一定卫生标准等义务；享有请求消费者支付约定报酬，要求消费者遵守合理的就餐规定等权利。自驾游旅客享有健康持有、自主选择、知情权，以及人格尊严、民族风俗习惯得到尊重等权利；承担支付报酬，遵守餐饮服务机构的规章制度等义务。

保管服务合同，又称寄托合同、寄存合同等，是寄存人和保管人双方约定，一方将物交付对方有偿或无偿保管，并在约定期限内或应寄存人请求，返还保管物品的合同。保管合同可以是有偿的，也可以是无偿的。自驾游保管服务合同中，寄存人是自驾游旅行者，保管物一般是自驾车辆，保管人通常表现为收费性停车场。自驾游旅行者承担支付保管费及相应的告知义务；停车场承担妥善、亲自保管，不使用和按时返还车辆等义务。保管期间，因停车场保管不善造成保管物毁损、灭失的，停车场应当承担损害赔偿责任。需要说明的是，有的旅店在提供住宿服务同时，也会提供免费停车服务，此时免费停车就成为住宿服务合同中的一项内容，对车辆保管当然也就成为旅店经营者的义务之一。当然，如果保管是免费的，酒店经营者能够证明自己对车辆毁损、灭失，没有重大过失或不是故意的，不应承担损害赔偿责任。

游览服务合同，是游客与景区（景点）或旅游区订立的，游客购票进入景区（景点）或旅游区进行游览或游玩活动，景区（景点）或旅游区提供相应的旅游服务的合同。自驾游中，游客一般会进入景区（景点）或旅游区进行游览、游玩活动，这些景区（景点）或旅游区有免费的，也有收费的。如果景区（景点）或旅游区是收费的，旅行者只要购票进入其中，二者间就形成了游览服务合同关系。该合同中，旅游者作为消费者，其人身和财产权利应当得到保护；景区（景点）、旅游区作为经营者，应当对景区（景点）或旅游区的旅行线路、设施等作出必要的说明、提示或警示，并提供必要的保护措施。如因管理不善或疏漏，造成游客人身伤亡或财产损失，应承担相应的责任。如果景区（景点）或旅游区是免费的，那么旅行者与景区（景点）或旅游区间就不会发生游览服务合同关系。当然，如果游客在游玩时，因景区（景点）或旅游区设施不完善、老化，或是管理疏忽，发生人身伤亡事故，造成财产损失，二者间将发生侵权法律关系。关于此，笔者将在后文详述。

6.自驾旅客运输合同或货物运输合同关系

自驾游的核心是游客自驾车进行旅游活动,因此一般不会发生旅客运输合同关系,但有时会发生货物运输合同关系。在组合自驾游(如部分旅游行程通过飞机、高铁、轮船等其他交通工具实现)中,自驾旅游者就会与航空、铁路、水运等运输企业间,发生旅客运输合同关系。自驾游中发生的旅客运输或货物运输合同中,承运人通过某种运输方式将旅客或货物运送至约定目的地,此即是承运人提供的服务;旅客支付的服务费用则是指旅客向承运人支付一趟运输所需要的费用,完全符合前述服务合同定义。因此自驾旅客或货物运输合同的性质均属于服务合同,且是有偿服务合同。

自驾旅客运输合同关系,是自驾旅游者与客运企业间通过签订客运合同而产生的法律关系。"旅客运送,谓以自然人之旅客为运送标的之运送。"[①]旅客运输合同,又称客运合同,是承运人与旅客关于承运人将旅客及其行李安全运送到目的地,旅客为此支付运费的合同。根据运送工具不同,客运合同可分为铁路客运合同、公路客运合同、水路客运合同和航空客运合同等。客运合同一般采用票证形式,如车票、船票、机票等。在组合自驾游中,自驾旅游者有时会与运输企业间发生旅客运输合同关系。自驾旅客运输合同中,旅行者是旅客,航空、铁路、水运等运输企业是承运人;旅客承担持有效客票乘运,有限量携带行李,不随身携带或者在行李中夹带违禁物品等义务;承运人承担告知,按照客票载明的时间和班次运输旅客,运输过程中救助、安全运送任务等义务。

自驾货物运输合同关系,是自驾旅游者与货物运输企业间通过签订货运合同而产生的法律关系。自驾游中,旅游者通过货运企业,进行食品、衣物、汽车维修工具,甚至车辆等物品运送,是常有的事,尤其线上交易与物流业高度发达的今天,通过物流企业进行货物运送更是普遍。货物运输合同,又称货运合同,是指承运人按照合同约定,将承运货物运送到指定地点,托运人支付相应报酬的协议。依承运人运输方式不同,货运合同可分为水运、陆运、空运、铁路运输及联运等类别。货运合同涉及托运人、承运人和收货人三方当事人,自驾游中很多时候托运人和收货人是同一人,即自驾游旅行者本人。合同中托运方享有要求承运方按照合同约定的时间、地点,把货物运输到目的地的权利;承担按约定向承运方交付运杂费义务(此义务也可约定由收货人承担)。承运方享有向托运方或收货方收取运杂费的权利;承担在合同规定的期限内,

---

① 史尚宽.债权各论[M].北京:中国政法大学出版社,2000:532.

将货物运到指定地点的义务。收货人享有在货物运到指定地点后,有以凭证领取货物并及时进行检验的权利;承担接到提货通知后,按时提取货物,并按约定缴清应付费用等义务。

7.自驾买卖合同关系

旅游是综合性活动,各种形式的旅游一般均包含六要素,即行、游、住、吃、购、娱,也就是说,旅游购物是旅游活动的内容之一。"旅游购物是指旅游者为了旅游或在旅游活动中购买各种实物商品的经济文化的行为,它不仅包括专门的购物旅游行为,还应包括旅游中一切与购物相关的行为总和。"[①]自驾游中,旅游者与商店、售货点或自动售货机所属商家之间会产生合同法律关系,此种合同应属于买卖合同。"买卖在自由经济社会,为营利行为之代表方法,契约法之理论,多胚胎于此。"[②]买卖合同是一方转移标的物的所有权于另一方,另一方支付价款的合同。转移标的物所有权的一方为出卖人,支付价款而取得标的物所有权的一方为买受人。买卖合同标的物一般是实物,即旅游商品,不包括服务(合同双方就服务形成的是旅游服务合同,前文已述)。自驾游买卖合同中,自驾游客即是买受人,商店、售货点或自动售货机所属商家等是出卖人。合同中,出卖人主要承担交付标的物、转移标的物所有权、对标的物瑕疵担保等义务;买受人主要承担支付价款、受领标的物、对标的物及时进行检查,并将检查结果及时通知给出卖人等义务。

上述所列举的自驾游旅行者与不同主体间经常发生七类合同,均会形成内容各不相同的合同法律关系。在各具特色的合同法律关系中,权利人均应按法律规定与合同约定行使权利;义务人也应按法律规定与合同约定履行义务,如此才能实现双方发生法律关系的愿景与初衷。任何一方没有按合同约定行使权利或履行义务,均会导致对方权益受损,即产生违约责任,此责任应由违约方承担。关于违约责任及承担问题,笔者后文再述。

(二)自驾游侵权法律关系

"根据法律关系之间的因果关系,可以分为第一性的法律关系与第二性的法律关系。第一性法律关系是指在法律规范发挥其指引作用中,在人们的合法行为的基础上形成的法律关系,例如公民或法人根据民事法律规范设立、变更民事权利和义务而形成的法律关系。第二性法律关系是在第一性法律关系受到干扰、破坏的情况下对第一性法律关系起补救、保护作用的法律关系,如

---

① 石美玉.中国旅游购物研究[D].北京:中国社会科学院,2003:16.

② 史尚宽.债法各论[M].北京:中国政法大学出版社,2000:1.

侵权法律关系、刑事法律关系等。"①"侵权行为是指行为人违反法定义务,由于过错侵害他人民事权益,依法应当承担侵权责任的行为";"侵权责任是指行为人因其侵权行为而依法承担的民事法律责任"。② 侵权人的侵权行为致使侵权人与受害人之间产生以侵权责任为核心内容的侵权法律关系。侵权法律关系是民事法律关系之一种,是由侵权法律规范调整的、当事人之间以侵权责任承担为主要内容的权利义务关系。

自驾游中,由于旅游过程和内容均存在各种不确定性,因此自驾旅游者可能会遭遇来自于各种侵权行为侵害,也可能会由于自身不当行为构成对他人侵害,并与相对主体间形成内容各异的侵权法律关系。这些侵权法律关系总体上可分为两种:一种是与合同法律关系并存的侵权关系,另一种是非与合同法律关系并存的侵权关系。由于合同法律关系是自驾游基础法律关系,在自驾游中广泛存在,因此自驾游中与合同法律关系并存的侵权关系也非常普遍。与合同法律关系并存的侵权关系,引发其产生的侵权行为可能来自于合同双方,既包括自驾游旅行者个人,也包括合同相对人,如旅游服务合同中的旅游服务经营者或履行辅助人等;还可能来自于合同相对人之外的第三人,如在住宿服务合同履行中,自驾游旅行者住宿期间其人身、财产权益受到来自于酒店宾馆之外的第三人侵害等。不管哪种情形,此种情况下均会产生合同法律关系与侵权法律关系竞合问题(笔者后文论述)。非与合同法律关系并存的侵权关系在自驾游中也普遍存在,其侵权行为在各种情况下均会发生,如自驾车辆行进中与他车发生交通事故,自驾旅行者人身健康遭受意外伤害、财物被盗等。侵权行为主体既包括自驾旅行者本人,也包括其他行为人。此种情况下并不存在合同法律关系,在侵权人与责任承担人之间只会形成侵权法律关系。以下主要依照此两种分类,对自驾游侵权法律关系详细论述。

1.调整自驾游侵权法律关系的法律法规

由于自驾游侵权法律关系发生于旅游活动中,因此调整该法律关系的法律法规既涉及旅游管理法律规范,又关涉侵权责任法律规范。旅游管理法律规范主要包括《旅游法》《保险法》《旅游安全管理办法》《旅行社条例》《旅行社责任保险管理办法》等;侵权责任法律规范主要包括《民法总则》《物权法》《侵权责任法》,也包括《合同法》《最高人民法院关于审理旅游纠纷案件适用法律若干问题的规定》等。

---

① 张文显.法理学[M].北京:高等教育出版社、北京大学出版社,2011:161.
② 魏振瀛.民法[M].第六版.北京:北京大学出版社、高等教育出版社,2016:651,653.

2.与合同法律关系并存的侵权法律关系

如前所述,自驾旅游者在相约自助自驾中,相互间可形成无偿的自助(互助)旅游合同;与旅游经营者之间,可形成旅游服务合同;与车辆出借人、互换人、出租人之间,可形成借用合同、互换合同和租赁合同;与宾馆酒店、饭店、停车场、景区等各方之间,可形成住宿、餐饮、保管、游览等服务合同;与购物商店之间,可形成买卖合同等。此外,在组合自驾游中,自驾旅游者还会与民航、铁路、水运等运输企业间,形成旅客运输合同或货物运输合同。以下将依照这些合同法律关系,论述与其产生竞合的侵权法律关系。需要注意的是,由于无偿自助(互助)旅游合同具有有别于其他合同的属性与内容,故在合同履行中不会产生与侵权法律关系竞合的问题,将单独论述。

自驾旅游服务合同,是旅游服务经营者与自驾旅行者签订的,由旅游服务经营者提供交通、住宿、餐饮、游览、导游或者领队等旅游服务,自驾旅游者支付旅游费用的合同。自驾旅游服务合同法律关系因旅游经营者与旅游者通过签订旅游服务合同产生。与旅游服务合同法律关系并存的侵权法律关系,是在合同履行期间,因自驾旅游者、旅游服务经营者(包括旅行社、旅游达人、汽车俱乐部或媒体组织等)、履行辅助人或合同之外第三人,以及上述主体所属员工的侵权行为,致使自驾旅游者与责任主体间形成的,以责任承担为内容的法律关系。自驾旅行者的侵权行为主要表现为因故意或重大过失对旅游经营者等主体的财产损坏行为,对其所属员工人身利益进行侵害行为等;旅游服务经营者、履行辅助人及其所属员工对自驾旅游者的侵权行为主要表现为"违反告知义务的行为、违反合理保护义务的行为、违反止损义务的行为以及违反安全保障义务的行为"[①];合同之外第三人的侵权责任主要表现为对自驾旅游者人身或财产进行侵害。

自驾借用合同、互换合同和租赁合同,是因旅游者向他人借用、互换或租赁车辆进行自驾游,而与车辆出借人、互换人、出租人之间形成了借用合同、互换合同或汽车租赁合同。在此基础上,形成了车辆借用、互换、租赁合同法律关系。与车辆借用、互换、租赁合同法律关系并存的侵权法律关系,是在合同履行期间,因自驾旅游者、车辆出借人(互换人或出租人)或合同之外第三人的侵权行为,致使自驾旅游者与责任主体间形成的,以责任承担为内容的法律关系。自驾旅行者的侵权行为主要表现为故意对车辆进行损毁或不正当使用,不按期返还车辆,驾驶车辆造成他人伤亡或财物毁损,或在车辆互换合同中没

---

① 　李翼飞.旅游服务提供者侵权责任研究[D].合肥:安徽大学,2015:13.

有完全履行瑕疵担保义务等；车辆出借人、互换人、出租人的侵权行为主要表现为对车辆质量瑕疵担保义务没有履行。

住宿、餐饮、保管、游览等服务合同，是自驾游旅行者分别与旅店、饭店、停车场或景区等机构签订的，以住宿、餐饮、车辆保管与景区游览等为内容的住宿、餐饮、保管、游览等合同。在此基础上，自驾旅游者与旅店、饭店、停车场或景区等机构之间形成特定合同法律关系。与住宿、餐饮、保管、游览等特定合同法律关系并存的侵权法律关系，是在各种合同履行期间，因自驾旅游者、旅店（饭店、停车场或景区）等机构及其从业人员，或是第三人的侵权行为，致使自驾游旅游者与各责任主体间形成的，以责任承担为内容的法律关系。自驾游旅行者的侵权行为主要表现为故意或过失情况下对旅店（饭店、停车场或景区）等机构财产造成损毁，或对其从业人员人身造成损害等；旅店（饭店、停车场或景区）等机构及其从业人员的侵权行为主要表现为过失或故意违反告知、合理保护、止损、安全保障等义务之行为；第三人侵权行为主要表现为对自驾游旅行者人身造成伤亡、对财产造成损害之行为，如在宾馆打伤游客、偷盗游客财物等。

自驾旅客运输合同，是自驾旅游者与客运承运人之间签订的，由承运人与旅客关于承运人将旅客及其行李安全运送到目的地，旅客为此支付运费的合同。旅客运输合同一般发生在组合自驾游中，自驾旅游者与航空、铁路、水运等运输企业间产生旅客运输合同关系。与旅客运输合同法律关系并存的侵权法律关系，是在合同履行期间，因自驾旅游者、航空、铁路、水运等承运人及其所属员工，或合同之外第三人的侵权行为，致使自驾游旅游者与各责任主体间形成的，以责任承担为内容的法律关系。自驾旅游者利用货运企业进行食品、衣物、汽车维修工具，甚至车辆等物品运送，二者间形成自驾货物运输合同关系，是常有的事。在合同履行期间，由于自驾旅游者、航空、铁路、水运等承运人及其所属员工，或合同之外第三人的侵权行为，致使自驾游旅游者与各责任主体间也会形成侵权法律关系。上述两种运输合同中，自驾游旅行者的侵权行为主要表现为故意或过失情况下对航空、铁路、水运等承运人的财产造成损毁，或对其从业人员人身造成损害等；航空、铁路、水运等承运人及其从业人员的侵权行为主要表现为过失或故意违反告知、合理保护、止损、安全保障等义务之行为；第三人侵权行为主要表现为对自驾游旅行者人身造成伤亡，对财产造成损害之行为，如在交通工具上打伤游客、偷盗游客财物、偷盗或毁损托运货物等。

自驾游中，旅游者与商店、售货点或自动售货机所属商家之间会产生买卖合同法律关系。合同履行中,因自驾旅游者、商家及其所属员工,或合同之外第三人的侵权行为,致使自驾游旅游者与各责任主体间形成侵权法律关系。自驾游旅行者的侵权行为主要表现为故意或过失情况下对售卖机构财产造成损毁,或对其从业人员人身造成损害等;商家机构及其从业人员的侵权行为主要表现为过失或故意违反告知、合理保护、止损、安全保障等义务之行为;第三人侵权行为主要表现为对自驾游旅行者人身造成伤亡,对财产造成损害之行为,如在商店打伤游客、偷盗游客财物等。

　　上述各类合同法律关系中,任何一方没有按合同约定行使权利或履行义务,均会导致对方权益受损,即产生违约责任;在合同履行中,各种主体(包括合同当事人或第三人)侵权行为发生之后,并且满足主观故意或过失,产生损害后果,侵权行为与损害后果间存在因果关系等条件,侵权行为人(或责任人)就应承担相应的侵权责任。于是,就产生了违约责任与侵权责任竞合问题。"责任竞合,作为法律上的竞合的一种类型,乃是指由于某种违反义务的行为,在民法上常常符合多种民事责任的构成要件,从而在法律上导致多种责任形式的并存和相互冲突。最常见的责任竞合现象是违约责任和侵权责任的竞合。"①"社会经济发展引起的社会关系、法律关系的复杂化,必将导致各种权利和权利保护方式类型划分的模糊(债权相对性的突破、知识产权的兴起等即是最好的例证),民法体系的边际不济问题因此而生。而民事责任竞合作为解决同一事实引起数个并行责任之间冲突的制度,它在民事法律实务中的运用日渐增多也正是社会关系复杂化所引起的必然结果。"②违约责任和侵权责任均属于民事责任。民事责任竞合中,同一民事主体实施了一个行为,该行为违反了两个或者两个以上民事法律规范,产生不同法律后果(责任)。上述各类合同法律关系中的当事人,在合同履行中均可能出现一定违约行为(有时亦是侵权行为),即使有时该行为是合同当事人之外的第三人作出的,也视为相关当事人在没有适当履行义务状态下发生的违约行为;相关该行为同时违反了分别以《合同法》和《侵权责任法》为代表的两种不同性质民事法律规范,同时产生违约责任和侵权责任。我国《合同法》第 122 条规定,"因当事人一方的违约行为,侵害对方人身、财产权益的,受损害方有权选择依照本法要求其承担违约责任或者依照其他法律要求其承担侵权责任"。可见,处理违约责任和侵权责任竞合问题的办法是,竞合的责任之一实现后,其他形式的责任归于

---

①　王利明.论返还不当得利责任与侵权责任的竞合[J].中国法学,1994(5):36.

②　程小勇.违约责任与侵权责任竞合研究[D].上海:华东政法大学,2016:69.

消灭。

3.自助(互助)旅游中的侵权法律关系

散客自驾是由旅游者自主发起,在没有任何外力组织,完全由个人意愿自发决策出游,同行者一般具有一定血缘、亲情、友情、同事或同学等特殊关系。散客组团自驾一般有一个带队核心人物(组织者),他在网上发布旅游信息,寻找同伴,且有独立安排行程能力和较高紧急情况应变能力。散客组团自驾中,如果组织者提供的是有偿服务,则在组织者与成员之间形成了旅游服务合同关系,合同履行期间,组织者或成员侵权行为发生之后,并且满足主观故意或过失,产生损害后果,侵权行为与损害后果间存在因果关系等条件,在侵权行为人(或责任人)与受害人之间,就会产生违约责任与侵权责任竞合问题。如果该组织者提供的是无偿服务,即使双方签订了合同或协议,形成所谓合同法律关系,其内容也仅表现为"免责协议书",其中具体条款一般均指向个人,而非相对人,组织者所谓"义务"也是无偿的,并不存在相对应的"权利"。此种所谓的自助(互助)旅游合同并不符合合同典型特征,不是真正典型意义上的旅游合同。该"合同"履行期间,组织者或成员侵权行为发生之后,在侵权行为人(或责任人)与受害人之间,仅发生侵权法律关系,不会产生违约责任与侵权责任竞合问题。因此,自助(互助)旅游中的侵权法律关系一般仅发生在散客自驾与散客组团自驾中,是自驾游无偿组织者与成员之间,或成员之间,因一方侵权行为在受害人与侵权人之间产生的法律关系。

实践中,散客自驾或散客组团自驾的成员之间一般互称为"驴友",散客组团自驾中的组织者一般被称为"驴头"。"驴友"之间,或"驴头"与"驴友"之间侵权法律关系,皆是缘于对安全保障与救助义务的违反而产生的。自驾游追求的是旅游自主性、随意性,因此旅游者经常深入险地,加之没有组织者或是组织者经验不足、能力不强,旅游者可能随时身处险境,因此,自驾游活动本身就带有一定的危险性。对于这一点,无论是"驴头",还是"驴友"都是很清楚的,他们都是出于自愿而参加自驾游的。"何时有作为之义务,不独有法律明文规定,依公序良俗由法律全体之目的精神观之,有违其义务要求者,亦此所谓义务。其主张义务来源包括:基于法律上之规定、基于服务关系、基于契约上之义务、基于一定之自己前行行为、处于负有预防危险责任之地位者、危险之除去在某人支配之范围,惟可期待其一人为之者。"①正是"驴头""驴友"这种以身试险、共同试险的先行行为,在他们之间产生了安全保障与救助义务。

---

① 史尚宽.债法总论[M].北京:中国政法大学出版社,2000:124.

"所谓先行行为,也称之为事前行为,是相对于危险状态出现后行为人的不作为行为而言的。"①自驾游"驴头"或"驴友"由于自己行为,将自身或他人置身于险境、险地之中,使自己和他人面临的危险系数升高,于是彼此间就产生了安全保障与相互救助义务。尤其是"驴头",相较于"驴友"而言,其一方面可能更接近受害者和危险源,更具有避免危险产生的可能性;另一方面,其对自驾目的地的了解会更加详细,对自驾活动可能存在的危险及后果,比"驴友"们具有更强预防能力、安全风险防范经验、知识及处理突发事件的救助力量和专业知识。因此,"驴头"应承担的安全保障与救助义务一般要大于"驴友"。自驾游中,"驴头"与"驴友"都承担着对自身和其他成员安全保障与救助义务,因此在自驾游过程中,要尽最大努力使自己和其他成员的人身与财产安全,处于能够获得最大保障的环境之中。当危险来临时,团队成员每个人都负有对他人救助之义务,要在自己能力范围内,尽最大努力避免其他成员发生人身或财产损害。此中安全保障与救助义务履行,首先"行为人对于可能发生但不确定发生之损害,表示有意一赌其不发生,并于损害不幸发生时,愿意承受其不利益"②。因此,自驾者个人是第一义务履行人,如果出现人身伤亡或财产损害,根据责任自负原则,其自己应承担最大责任。

综上,自驾游中无论是"驴头",还是"驴友",其侵权责任均来源于对安全保障与救助义务之违反行为,在满足主观故意或过失,产生损害后果,侵权行为与损害后果间存在因果关系等条件,侵权行为人就应承担相应的侵权责任,在侵权人与受害人间即产生侵权法律关系。

4.非与合同法律关系并存的侵权法律关系

非与合同法律关系并存的侵权法律关系,是指侵权关系的发生并不以合同法律关系存在为前提,只要发生了侵权行为,并符合侵权责任构成要件,即在侵权责任人与受害人间形成的法律关系。此种情形下,也不会发生侵权责任与违约责任竞合问题。非与合同法律关系并存的侵权法律关系在自驾游中普遍存在,各种情况下均会发生,如自驾车辆行进中与他车发生交通事故、自驾旅行者人身健康遭受意外伤害、财物被盗等。侵权行为主体既包括自驾旅行者本人,也包括其他行为人。侵权责任人与受害人之间形成侵权法律关系的前提是侵权责任构成,而侵权责任构成必须符合其要件要求,一般情况下

---

① 蔡唱.先行行为导致的不作为侵权行为研究[J].湖南大学学报(社会科学版),2009(1):34.

② 曾世雄.损害赔偿法原理[M].北京:中国政法大学出版社,2001:90.

是四个构成要件,即侵权行为、损害事实、侵权行为与损害后果间的因果关系、主观过错。特殊情况下是三个构成要件,即侵权行为、损害事实、侵权行为与损害后果间的因果关系。

侵权责任是指行为人因其侵权行为而依法承担的民事法律责任。因此侵权行为是侵权责任的构成前提。侵权行为是指行为人违反法定义务,由于过错侵害他人民事权益,依法应当承担侵权责任的行为。"侵权行为可以分为三类:自己行为构成的侵权行为、自己所应负责之他人行为构成的侵权行为以及自己所应照管之物构成的侵权行为";"自己行为构成的侵权行为,一般由自己来承担责任";"自己所应负责之他人行为构成的侵权行为,是指他人行为侵犯第三人合法权益,但该他人行为应当由自己来负责,因此应当由自己来承担侵权责任的行为";"自己所应照管之物构成的侵权行为,是指由物件侵害他人合法权益,但自己对该物件负有照管义务,因此应当由自己来承担侵权责任的行为。"①自驾游中,这三种侵权行为均存在,第一种行为如自驾旅游者偷摘农户果园水果、小偷盗窃游客财物等;第二种行为如第一种行为中偷摘农户果园水果,盗窃游客财物的是未成年人,或是侵害游客权利的具体侵权人是企业员工等;第三种行为如游客车辆撞伤他人、撞坏他人房屋,或是农户饲养的狗咬伤游客等。不管哪种行为,均是违反法定义务之行为,侵权行为人(责任人)均要承担侵权责任。

损害事实是指一定的行为致使权利主体的人身权利、财产权利以及相关利益受到侵害,并造成财产利益和非财产利益的减少或灭失的客观事实。损害事实一般可划分为人身损害、财产损害和精神损害。人身损害是侵害自然人生命、健康、身体等物质性人格权或其他人格利益所造成的有形损害,如自驾游客将他人打伤,或是被他人的狗咬伤等;财产损害是对财产权利的侵害所造成的财产利益的损失,如自驾游客财物被偷、自驾车撞坏他人车辆等;精神损害是侵害自然人精神性人格权和身份权所造成的人格利益损害,是无形的人格利益损害,如自驾游客受到歧视、侮辱等。自驾游中,自驾游客由于侵权而遭受精神损害情形较多,因为"旅游的基本出发点、整个过程和最终效应都是以获取精神享受为指向,因此旅游不是一种经济活动而是一种精神活动,这种精神生活是通过美感享受而获得的,因此旅游又是一种审美获得,一种综合性的审美活动"②。

---

① 王成.法律关系的性质与侵权责任的正当性[J].中外法学,2009(5):752-756.
② 王泽鉴.民法学说与判例研究(七)[M].北京:中国政法大学出版社,1997:134.

侵权行为与损害后果间的因果关系是侵权责任构成的必要条件,若不存在某种侵权行为,损害就不会发生,则该行为是损害结果发生的原因;反之,即使不存在该行为,损害也会发生,则该行为就不是损害发生的原因。自驾游中侵权行为与损害后果间的因果关系比较容易判断,如侵权人的偷盗行为致使游客财物受损、自驾车辆肇事致使村民房屋倒塌等。如果不存在某种侵权行为,如游客人身或财物损害是由于自然原因(如地震、海啸等)引起的;或是存在某种侵权行为,但该行为与损害事实间不存在因果关系,则不会产生侵权责任,上述损害后果也由受害人自己承担。

过错是通过侵权行为人实施的侵权行为所表现出来的在法律上应受非难的故意和过失状态。在法律上,只要是行为人做了法律上禁止或是不允许做的事情,即可认定为具有过错。自驾游中,各种侵权法律关系中的侵权行为主体的过错表现不同,如旅游服务经营者违反安全保障义务,造成旅游者人身、财产损害;自驾游客违反安全注意义务,碾压他人饲养动物等。自驾游侵权责任构成中,过错在绝大多数情形下都是不可或缺的要件之一,但在有的责任构成情形中,如饲养动物之人损害、购买商品致人损害等,是不考虑过错的。这一点需要引起注意。

(三)自驾游行政法律关系

旅游业,又称旅游产业,是凭借旅游资源和设施,专门或者主要从事招揽、接待游客,为其提供交通、游览、住宿、餐饮、购物、文娱等服务的综合性行业。旅游业除专门从事旅游业务的机构以外,还包括与旅游相关的各行各业,从业人员和组织机构多种多样,纷繁复杂。任何一种产业发展,都离不开国家管理与干预,因此行政管理机构就成为旅游产业发展不可或缺的指导、干预或参与主体。行政管理机构对旅游产业发展进行指导、干预,就会与提供交通、游览、住宿、餐饮、购物、文娱等各种具体旅游服务的经营者、游客间,形成各种行政法律关系。自驾游行政法律关系,是指自驾游过程中,因行政法律规范调控和干预,在行政主体与行政相对人之间形成的权利义务关系。自驾游行政法律关系主体一方是旅游行政主管部门(目前为各级文化和旅游管理部门),或其他相关机构(如公安、边防、环保、交通、市场管理、海关、园林、文物、城市建设、物价、出入境检验检疫、卫生等);另一方是提供交通、游览、住宿、餐饮、购物、文娱等具体旅游服务的各类经营者和自驾游客。自驾游行政法律关系客体包括三类:一是与自驾游相关的物(如土地、房屋、森林、交通工具等);二是与自驾游相关的智力成果(如著作、专利、发明等);三是与自驾游相关的行为(如纳税、征地、交通肇事、打架斗殴等)。自驾游行政法律关系内容是行政主体与行政相对人之间针对客体所形成的权利义务,主体不同权利义务也不同。

1.调整自驾游行政法律关系的法律法规

法律规范是法律关系产生的前提,无法律规范就无法律关系,我国调整自驾游法律关系的法律法规统称为旅游法。"旅游法是一个法律规范体系,它是由国家制定或认可的调整旅游活动中所产生的各种社会关系的法律规范的总称。"①旅游行政管理法律法规是旅游法的重要组成部分,"是由国家制定或认可的调整旅游活动中所产生的行政法律关系的法律规范的总称"②。旅游行政管理法律法规通过规范旅游行政管理机关、旅游企业、旅游者等相关主体的权利和义务,引导旅游参与者在旅游行政法律制度允许的范围内行事,保障旅游业持续、健康、快速发展,维护旅游者消费权益。

我国目前与自驾游相关的行政管理法律法规主要分为两类:一类是专门的旅游行政管理法律法规;另一类是与旅游管理相关的其他行政管理法律法规。目前专门的旅游行政管理法律法规中,还没有关于自驾游的专门法律法规,其他旅游行政管理法律法规主要包括《旅游法》《旅游安全管理办法》《旅行社条例》《旅行社责任保险管理办法》《旅游行政处罚办法》《导游管理办法》《边境旅游暂行管理办法》《风景名胜区管理暂行条例》《国家旅游局关于游客不文明行为记录管理暂行办法》《最高人民法院关于审理旅游纠纷案件适用法律若干问题的规定》等,此外还包括国务院办公厅发布的《国务院办公厅关于促进全域旅游发展的指导意见》(国办发〔2018〕15号),文化和旅游部等十七部门共同发布的《关于促进乡村旅游可持续发展的指导意见》(文旅资源〔2018〕98号),交通运输部等六部、局、司行共同发布的《关于促进交通运输与旅游融合发展的若干意见》(交规划发〔2017〕24号),国家旅游局和国家发展改革委等七部委共同出台的《关于促进自驾车旅居车旅游发展的若干意见》(旅发〔2016〕148号),以及由中国旅游车船协会、北京同和时代旅游规划设计院、北京联合大学旅游学院、乌兰察布市旅游局共同起草,国家旅游局发布的《自驾游目的地基础设施和公共服务指南》(LB/T 061-2017)等。另外,还包括各级地方人大和政府制定的旅游法规及规章,如《四川省旅游条例》,但其效力仅及于相对应的行政区域。与旅游管理相关的其他行政管理法律法规很多,也很庞杂,与自驾游游客相关度较大的主要包括《道路交通安全法》《环境保护法》《食品安全法》《文物保护法》《风景名胜区条例》《边境管理区通行证管理办

---

① 陈远生.旅游质量监督执法全书[M].北京:海潮出版社,2001:89.

② 刘洁.论旅游行政法律制度[D].武汉:中共湖北省委党校,2013:3.

法》等。

2.与自驾游客相关的主要行政法律关系

如前所述,自驾游行政法律关系,是指自驾游过程中,因行政法律规范调控和干预,在行政主体与行政相对人之间形成的权利义务关系。由于自驾游行政法律关系主体双方都具有多样化特点,尤其行政相对人一方更是纷繁复杂,致使自驾游行政法律关系也复杂、多样。本书的着眼点与落脚点皆是以自驾游客为中心,因此下文将以自驾游客为核心,对行政管理机构与其形成的主要行政法律关系进行论述。行政管理部门与自驾旅游者之间的行政法律关系,主要包括自驾游客与交通主管部门之间,就自驾车辆、道路交通安全管理而形成的行政法律关系;自驾游客与文明旅游相关行政主管部门之间,就文明旅游管理而形成的行政法律关系;自驾游客与边境管理行政主管部门之间,就边境旅游管理而形成的行政法律关系。

交通安全管理行政法律关系,是交通安全主管部门与自驾游客之间,就自驾车辆、道路交通安全管理而形成的行政法律关系。自驾是自驾游的核心与灵魂,车辆是自驾游的前提和必备要素,因此车辆状况及其行驶状态、自驾人驾驶技术与驾驶行为不仅关系到自驾游客、其他相关人员的人身与财产安全,也是影响自驾行程能否完成实现的关键。据统计,2014年,全国民用汽车保有量达到15447万辆,其中私人汽车保有量12584万辆;民用轿车保有量8307万辆,其中私人轿车7590万辆;道路交通事故万车死亡人数为2.22人。2015年,全国民用汽车保有量达到17228万辆,其中私人汽车保有量14399万辆;民用轿车保有量9508万辆,其中私人轿车8793万辆;道路交通事故万车死亡人数2.1人。2016年,全国民用汽车保有量19440万辆,其中私人汽车保有量16559万辆;民用轿车保有量10876万辆,其中私人轿车10152万辆;道路交通事故万车死亡人数2.1人。2017年,全国民用汽车保有量21743万辆,其中私人汽车保有量18695万辆;民用轿车保有量12185万辆,其中私人轿车11416万辆;道路交通事故万车死亡人数2.06人。① 从以上述据可以看出,从2014—2017年,随着我国汽车尤其是私人轿车保有量持续上升,道路交通事故万车死亡人数虽说逐年略有下降或持平,但始终保持在2人以上,这仅仅是死亡人数,还不包括受伤人数。另有数据表明,交通事故目前已成为我国致人意外伤亡的"头号杀手"。

现实中,自驾游客驾驶车辆行驶在各种道路上,有时候道路状况还很危

① 数据分别引自2014年、2015年、2016年、2017年《国民经济和社会发展统计公报》。

险,车辆性能、驾驶员身体状况、驾驶技术和驾驶行为都会影响车辆行驶状态,稍不小心就有可能造成交通事故,导致自身或他人人身伤亡或财产损害。因此,交通行政主管部门对车辆、道路及人员进行相应的管理,就成为必要和必需之举。目前,我国道路交通安全主管部门是公安机关,专设了交通警察机构,对车辆驾驶人、行人、乘车人、车辆以及与道路交通活动有关的单位和个人,进行专门集中管理。为了维护道路交通秩序,预防和减少交通事故,保护人身安全,保护公民、法人和其他组织的财产安全及其他合法权益,提高通行效率,我国制定了《道路交通安全法》,对车辆和驾驶人、道路通行条件、高速公路、交通事故处理和执法监督等内容作出了明确规定。《道路交通安全法》第2条明确规定"中华人民共和国境内的车辆驾驶人、行人、乘车人以及与道路交通活动有关的单位和个人,都应当遵守本法"。因此,自驾游游客驾驶过程中,必须遵守《道路交通安全法》等法律法规,服从交通安全管理,预防和减少交通事故,维护人身与财产安全,提高通行效率。

文明旅游行政法律关系,是旅游行政主管或其他部门与自驾游客之间,就文明旅游管理而形成的行政法律关系。对文明旅游的理解,有广义与狭义之分。广义的文明旅游,是指"旅游发展过程中符合文明规范的旅游利益相关者群体行为特征和行为结果的总体表现";狭义的文明旅游"是指旅游活动中旅游者符合文明规范的旅游个体行为"。[①] 本书着眼点与落脚点皆是以自驾游游客为中心,故对文明旅游的理解取狭义。目前,我国已进入"大众旅游"时代,无论是旅游移动的空间广度,还是旅游消费的时间频度、旅游行为的影响深度,都较以往发生了巨大的变化。"大众旅游"的显著特征是,旅游群体广泛性和旅游消费常态化特征与旅游的异地性和暂时性特征叠加,强化旅游行为失范的负面效应,其中不文明旅游行为尤为突出。2015年4月,中央文明办、国家旅游局公布了经归纳整理的、民众反映比较普遍的十种不文明行为表现,包括随处抛丢垃圾、废弃物,随地吐痰、擤鼻涕、吐口香糖,上厕所不冲水,不讲卫生留脏迹;无视禁烟标志想吸就吸,污染公共空间,危害他人健康;乘坐公共交通工具时争抢拥挤,购物、参观时插队加塞,排队等候时跨越黄线;在车船、飞机、餐厅、宾馆、景点等公共场所高声接打电话、呼朋唤友、猜拳行令、扎堆吵闹;在教堂、寺庙等宗教场所嬉戏、玩笑,不尊重当地居民风俗;大庭广众之下脱去鞋袜、赤膊袒胸,把裤腿卷到膝盖以上,翘"二郎腿",酒足饭饱后毫不掩饰地剔牙,卧室以外穿睡衣或衣冠不整,有碍观瞻等。说话脏字连篇,举止粗鲁

---

① 罗文斌.中国文明旅游的演化历程与多视角解读[N].中国旅游报,2016-11-22.

专横,遇到纠纷或不顺心的事大发脾气,恶语相向,缺乏基本社交修养;在不打折扣的店铺讨价还价,强行拉外国人拍照、合影;涉足色情场所、参加赌博活动;不消费却长时间占据消费区域,吃自助餐时多拿浪费,离开宾馆饭店时带走非赠品,享受服务后不付小费,贪占小便宜等。

为了治理不文明旅游现象,我国政府部门也相继出台了一系列对策。2006 年,中央文明办和国家旅游局向全国征集"提升中国公民旅游文明素质十大建议";同年 8 月,中央精神文明建设指导委员会发出通知,部署在全国实施"提升中国公民旅游文明素质行动";同年 10 月,国家旅游局和中央文明办联合颁布《中国公民出境旅游文明行为指南》和《中国公民国内旅游文明行为公约》。2013 年,我国颁布的《中华人民共和国旅游法》中包含了一些关于文明旅游的相关规定。2014 年 11 月,中央文明委下发了《关于进一步加强文明旅游工作的意见》(文明委〔2014〕9 号)。2015 年 4 月,国家旅游局下发了《关于进一步加强旅游行业文明旅游工作的指导意见》(旅办〔2015〕42 号)。2015 年 3 月,国家旅游局制定了《游客不文明行为记录管理暂行办法》,2016 年 5 月,根据实施情况将其修订为《旅游不文明行为记录管理暂行办法》(简称《办法》)。该《办法》进一步将中国游客在境内外旅游过程中发生旅游不文明行为归纳为 9 种,即扰乱航空器、车船或者其他公共交通工具秩序;破坏公共环境卫生、公共设施;违反旅游目的地社会风俗、民族生活习惯;损毁、破坏旅游目的地文物古迹;参与赌博、色情、涉毒活动;不顾劝阻、警示从事危及自身以及他人人身财产安全的活动;破坏生态环境,违反野生动植物保护规定;违反旅游场所规定,严重扰乱旅游秩序;国务院旅游主管部门认定的造成严重社会不良影响的其他行为。因此,自驾游游客必须认识文明旅游的重要性,遵守《旅游不文明行为记录管理暂行办法》等法律法规,服从文明旅游管理,维护自身形象,保护旅游设施,保持良好的旅游秩序。

边境旅游行政法律关系,是指自驾游客与边境旅游管理主管部门之间,就边境旅游管理而形成的行政法律关系。边境,又称边境地区,不仅指边境线,而且指地理上邻近他国(或地区)边界或国界的一定区域范围。对于边境地区的具体范围没有统一的认识与规定,国际上一般将边境区确定为边界(边境线)两侧 15～20 公里的一条带状区域。2011 年 6 月,国务院办公厅发布《关于印发兴边富民行动规划(2011—2015 年)》(国办发〔2011〕28 号),其中对边境地区范围确定为内蒙古、辽宁、吉林、黑龙江、广西、云南、西藏、甘肃、新疆等 9 个省、自治区的 136 个陆地边境县、旗、市、市辖区,新疆生产建设兵团的 58 个边境团场。由于边境地区是国家(或地区)之间缓冲地带,比较容易受到国家间关系、边境地区稳定、邻国战争、汇率变化、文化冲突等方面影响,加之人员、民族状况复杂,因此各国都会严格管理,一般不允许人员随便进入。边境旅游,是指"旅游者通过边境口岸在他国规定区域和时间内所进行的跨境旅游活动或在边境地区进行的旅游活动,边境旅游一般包含边境地区游和沿边跨境游两个方面"①。本书开篇即明确,对自驾游的研究仅限于国内,不涉及境外自驾游,因此对边境旅游也仅论及边境地区游,不涉及沿边跨境游。边境地区受到国境两边不同社会、经济、制度环境影响,形成了整体环境的差异性与异域性,因此边境旅游因其具有边界、边城、边贸、边民、边关、边景和边地等旅游文化特征,深受旅游者青睐。

目前,我国边境地区除一些经济较发达的边贸城区外,多属于老区、少数民族聚居区和贫困地区。这些地方经济不发达,旅游设施不完善,道路交通不畅,一般情况下传统旅行社组团旅游不会,也不愿意到达此处,而自驾游却恰恰更适合边境旅游。旅游活动本身即具有综合性、敏感性特征,极易受自然、人文、社会安全等因素影响,加之边境地区较之于国内其他地区,更容易受到国家间关系、边境地区稳定、邻国战争、汇率变化和文化冲突等因素影响,因此国家一般对边境旅游管理相对较严格。1996 年,国务院颁布了《边境旅游暂行管理办法》;1999 年,公安部发布《中华人民共和国边境管理区通行证管理办法》。此外,国务院《关于支持沿边重点地区开发开放若干政策措施的意见》(国发〔2015〕72 号)、《关于印发兴边富民行动规划(2011—2015 年)》(国办发〔2011〕28 号)对鼓励、推进、激励边境地区旅游发展都作出了相关规定。值得注意的是,公安部《边境管理区通行证管理办法》中明确规定,"国家在陆地边境地区划定边境管理区(含深圳、珠海经济特区),实行《中华人民共和国边境管理区通行证》验查管理制度";"凡居住在非边境管理区年满 16 周岁的中国公民,前往边境管理区(包括旅游),须持《边境通行证》"。因此,自驾进入边境地区旅游,自驾游旅行者必须遵守边境管理(不仅限于旅游管理)的相关规定,尊重少数民族与异域风土人情,遵从当地风俗习惯,保护民族与地方文化,维护边境地区秩序,实现民族特色村寨、休闲度假、生态、探险和特色农业等旅游目的。

(四)自驾游刑事法律关系

刑事法律关系,是刑事法律所调整的国家与自然人或法人之间的一种社

---

① 韦国兆.广西崇左市边境旅游开发对策研究[D].昆明:云南大学,2008:9.

会关系。在刑事法律关系中,权利与义务的主体一方是国家(以公、检、法等机构为代表),另一方是自然人或法人。当公民或法人触犯了刑事法律或为刑事侵害行为所侵害,或者依法参与刑事诉讼活动时,就会进入刑事法律关系的领域。"刑事法律关系分为刑事实体法律关系、刑事程序法律关系和罪犯改造法律关系"①,本书是以自驾游游客为中心,以法律风险防范为主题,因此只会涉及刑事实体法律关系,故对刑事程序法律关系和罪犯改造法律关系不做论述。刑事实体法律关系,"是指国家的刑法典、单行及附属刑事法规所概括的国家与公民之间的一种权利与义务关系。这种关系中,国家既要求公民严守刑事法律规范,又严格保护公民不受刑事侵害,而且对于触犯刑律的犯罪人,国家在要求他们必须接受刑事制裁的同时,对他们依法享有的刑事权利也给予充分保护。应当指出,刑事法律关系是一个有机系统,刑事实体法只是以文字表达了国家与公民之间的这种权利义务,这种权利与义务在定罪与量刑的过程中得以反映,在刑事程序法律关系中最终得以实现"②。"实施犯罪行为是行为人与国家之间产生刑事法律关系的一个充足、必要的前提;实施犯罪行为是刑事法律关系产生的唯一的事实前提。"③游客在自驾游中,只要实施了我国刑事法律规范所认定的犯罪行为,即构成犯罪,并应承担刑事责任,就会与国家(以公、检、法等机构为代表)间产生刑事法律关系。

1.调整自驾游刑事法律关系的法律法规

"刑事法律关系依据刑法规范规定的模式而产生,而且只能依据刑法规范规定的模式而产生。这是'罪刑法定原则'之刑法保障价值的应有之义。"④目前,我国并不存在调整自驾游刑事法律关系的单独法律法规,也没有必要单独存在,主要体现在《刑法》及其他刑事法律规范之中。除《刑法》外,其他刑事法律规范主要有《刑法修正案(一)》(1999年)、《刑法修正案(二)》(2001年)、《刑法修正案(三)》(2001年)、《刑法修正案(四)》(2002年)、《刑法修正案(五)》(2005年)、《刑法修正案(六)》(2006年)、《刑法修正案(七)》(2009年)、《刑法修正案(八)》(2011年)、《刑法修正案(九)》(2015年)、最高人民法院《关于适用刑法第十二条几个问题的解释》、最高人民法院《关于审理交通肇事刑事案件具体应用法律若干问题的解释》、最高人民法院《关于醉酒驾车犯罪法律适

---

① 谢望原.论刑事法律关系[J].山东法学,1992(2):12.

② 谢望原.论刑事法律关系[J].山东法学,1992(2):12-13.

③ 张小虎.论刑事法律关系的产生[J].河南省政法管理干部学院学报,1999(2):58.

④ 张小虎.论刑事法律关系的产生[J].河南省政法管理干部学院学报,1999(2):57.

用问题的意见》、最高人民法院和最高人民检察院《关于办理盗窃案件具体应用法律的若干问题的解释》等。对自驾游客而言,其严重违法行为可构成上述刑事法律规范中的多种犯罪,如危险驾驶罪;破坏广播电视设施、公用电信设施罪;交通肇事罪;故意杀人罪;过失致人死亡罪;故意伤害罪;抢劫罪;盗窃罪;聚众哄抢罪;故意毁坏财物罪;聚众斗殴罪;寻衅滋事罪;聚众扰乱公共场所秩序、交通秩序罪;赌博罪;偷越国(边)境罪;破坏界碑、界桩罪;破坏永久性测量标志罪;故意损毁文物罪;故意损毁名胜古迹罪;过失损毁文物罪;非法猎捕、杀害珍贵、濒危野生动物罪;非法收购、运输、出售珍贵、濒危野生动物、珍贵、濒危野生动物制品罪;非法采伐、毁坏国家重点保护植物罪;走私、贩卖、运输、制造毒品罪;破坏武器装备、军事设施、军事通信罪等。

2.与自驾游客相关的主要刑事法律关系

如前所述,自驾游客的严重违法行为,可能会构成刑事法律规范中确定的多种犯罪。只要自驾游客实施了刑事法律规范所认定的犯罪行为,符合相应犯罪构成要件,就会与国家(以公、检、法等机构为代表)间产生刑事法律关系,并应承担相应的刑事责任。也就是说,刑事法律关系就是自然人或法人在客观上实施了某种危害行为,并且在这种行为构成某种及其应承担相应的刑事责任的前提下产生的。因此,本书以自驾游客的犯罪行为是否有自驾车辆参与因素作为划分依据,将自驾游客可能发生的主要刑事法律关系分为两类:一类是有自驾车辆参与因素的刑事法律关系;另一类是无自驾车辆参与因素的刑事法律关系。

有自驾车辆参与因素的刑事法律关系,是指自驾游客可能构成犯罪的某种犯罪行为中,自驾车辆是必不可少的构成要素或必备条件的刑事法律关系,如在危险驾驶、交通肇事、运输毒品、非法运输珍贵、濒危野生动物、珍贵、濒危野生动物制品等犯罪构成的犯罪行为中,自驾车辆均是不可或缺的必备条件。除上述犯罪行为之外,故意杀人、故意伤害、盗窃、聚众扰乱公共场所秩序或交通秩序、偷越国(边)境等犯罪行为中,也可以自驾车实施或作为犯罪工具。交通肇事、危险驾驶是自驾游中,自驾游客可能触犯较多的犯罪类型,本书以这两种罪名为例,论述该类刑事法律关系。

(1)交通肇事刑事法律关系。交通肇事罪,是指违反道路交通管理法规,发生重大交通事故,致人重伤、死亡或者使公私财产遭受重大损失,依法被追究刑事责任的犯罪行为。自驾游中,有的自驾人员驾龄较短,驾驶经验不丰富,对交通法规不熟悉;有的对自驾车辆不熟悉,对路况不熟悉;有的疏忽大意等,都可能导致交通肇事。据我国相关法律规定,凡年满16周岁、具有刑事责任能力的自然人均可构成交通肇事罪的犯罪主体,包括一切交通工具驾车人员和为直接从事交通运输业务和保证交通运输的人员以及非交通运输人员。这里特指自驾游游客,即自驾车辆驾驶人员。交通肇事犯罪行为本质上是危害公共安全犯罪,犯罪主观方面表现为过失,具体表现为在交通运输活动中违反交通运输管理法规,因而发生重大事故,致人重伤、死亡或者使公私财产遭受重大损失的行为。自驾游客构成交通肇事犯罪,即与以公、检、法等机构为代表的国家间产生刑事法律关系,其犯罪行为将受到法律追究,并承担相应的刑事责任。犯交通肇事罪的,处 3 年以下有期徒刑或者拘役;交通运输肇事后逃逸或者有其他特别恶劣情节的,处 3 年以上 7 年以下有期徒刑;因逃逸致人死亡的,处 7 年以上有期徒刑。

(2)危险驾驶刑事法律关系。危险驾驶罪,是指在道路上追逐竞驶,情节恶劣的;醉酒驾驶机动车的;从事校车业务或者旅客运输,严重超过定额乘员载客,或者严重超过规定时速行驶的;违反危险化学品安全管理规定运输危险化学品,危害公共安全的行为。自驾游中导致危险驾驶罪成立的行为,主要指前两种即在道路上追逐竞驶,情节恶劣的;醉酒驾驶机动车的。自驾游的核心和意义在于追求旅游活动的随意、自主和无拘无束,因此自驾游客在驾驶中,有时会出现追逐竞驶行为;有时也会出现醉酒驾驶行为,这些都是十分危险的。据我国相关法律规定,凡已满 16 周岁且具有刑事责任能力的自然人均可以成为危险驾驶罪的犯罪主体,实践中主要是机动车驾驶员。危险驾驶罪的主观方面表现为故意,即明知自己在道路上醉酒驾驶机动车,或在道路上驾驶机动车追逐竞驶的行为,会危害到公共安全而希望或放任这种状态的发生;侵害客体为公共安全,即危险驾驶的行为危及公共安全,给公共安全带来了潜在的危险,即对不特定且多数人的生命、身体或者财产的危险。客观方面表现为在道路上醉酒驾驶机动车,或者在道路上驾驶机动车追逐竞驶,且情节恶劣。只要行为人在道路上驾驶机动车追逐竞驶,或者在道路上醉酒驾驶机动车,即构成犯罪。自驾游客构成危险驾驶犯罪,即与以公、检、法等机构为代表的国家间产生刑事法律关系,其犯罪行为将受到法律追究,并应承担相应的刑事责任。犯危险驾驶罪的,处拘役,并处罚金;危险驾驶行为同时构成交通肇事罪或者以危险方法危害公共安全罪等犯罪的,依照处罚较重的规定定罪处罚。

无自驾车辆参与因素的刑事法律关系,是指自驾游游客可能构成犯罪的某种犯罪行为中,自驾车辆是不是必不可少的构成要素或必备条件的刑事法律关系。例如在故意伤害、盗窃、故意毁坏财物、聚众扰乱公共场所秩序或交通秩序、故意损毁文物或名胜古迹等犯罪行为中,自驾车辆也有可能成为犯罪工具,但多数情况下与自驾车辆无关。自驾游中,此类刑事法律关系的发生情形较多,以下将以故意毁坏财物罪、故意损毁名胜古迹罪为例,论述该类刑事法律关系。

(1)故意毁坏财物刑事法律关系。故意毁坏财物罪,是指故意毁灭或者损坏公私财物,数额较大或者有其他严重情节的行为。自驾游中,自驾游客在缺乏外界监督与束缚情形下,可能会放松对自己的要求,放松对自己行为的控制,也就有可能会发生毁坏公私财物的行为。毁坏公私财物行为严重,或者数额较大的,就有可能构成故意毁坏财物罪。据我国相关法律规定,故意毁坏财物罪的犯罪主体是一般主体,即凡达到刑事责任年龄且具备刑事责任能力的自然人均能构成本罪;犯罪主观方面表现为故意,一般是出于个人报复或妒忌等心理。犯罪客体是公私财物的所有权;犯罪的客观方面表现为毁灭或者损坏公私财物数额较大或者有其他严重情节的行为。自驾游客构成故意毁坏财物罪,即与以公、检、法等机构为代表的国家间产生刑事法律关系,其犯罪行为将受到法律追究,并承担相应的刑事责任。犯故意破坏财物罪,数额较大或者有其他严重情节的,处3年以下有期徒刑、拘役或者罚金;数额巨大或者有其他特别严重情节的,处3年以上7年以下有期徒刑。情节特别严重,是指毁坏个人财物,导致他人精神失常的;破坏生产、经营设备设施,造成停产或经营停止,引起重大损失;破坏手段极其恶劣等。

(2)故意损毁名胜古迹刑事法律关系。故意损毁名胜古迹罪,是指违反文物保护法规,明知是国家保护的名胜古迹而予以损毁,情节严重的行为。自驾游中,有的自驾人员随性散漫、自私自利,为拍照攀爬文物;为取乐对古迹进行刻画等行为时有发生。对名胜古迹进行损毁,既是一种不文明旅游行为,情节严重的亦可构成故意损毁名胜古迹罪。据我国相关法律规定,故意损毁名胜古迹罪的犯罪主体是一般主体,即凡年满16周岁且具备刑事责任能力的自然人均能构成本罪;犯罪的主观方面表现为直接故意,即明知是国家保护的名胜古迹而加以损毁;犯罪行为侵害的客体是国家有关名胜古迹的管理秩序,对象则为国家保护的名胜古迹。所谓名胜古迹,包括风景名胜及文物古迹。其中,风景名胜,是指具有观赏、文化或科学价值,自然景物、人文景物比较集中,环境优雅、具有一定规模和范围,可供人们游览、休息或进行科学文化活动的地区;文物古迹,是指与名人事迹、历史大事有关而值得后人登临凭吊的胜地、建筑物以及文物保护单位。犯罪行为的客观方面表现为故意损毁国家保护的名胜古迹,情节严重的行为,如损毁景物、建筑物;破坏园林植物;在名胜古迹区盖违章建筑等。情节严重,主要是指多次损毁国家保护的名胜古迹的;因其行为造成国家保护的名胜古迹严重损坏的;造成名胜古迹大面积损毁的;造成恶劣影响的;出于卑鄙动机损毁的;抗拒他人制止的等。自驾游客构成故意毁坏财物罪,即与以公、检、法等机构为代表的国家间产生刑事法律关系,其犯罪行为将受到法律追究,并承担相应的刑事责任。犯故意损毁名胜古迹罪的,处 5年以下有期徒刑或者拘役,并处或者单处罚金。

三、自驾游法律风险

(一)风险

"前现代社会中,没有风险观念,其原因在于,人们把危险当作命中注定。危险要么来自于上帝,要么仅仅来源于人们认为是理所当然地存在着的世界。风险理念与实施控制的抱负,特别是与控制未来的观念密切相关。虽然风险社会概念或许使人想到一个危险性增大的世界,但是情况并不一定是这样。实际上,这是一个越来越一心关注未来还有安全的社会,风险观念由此产生。"①

1.风险定义

相传,在西方远古时期,出海打鱼的渔民,在长期捕捞实践中,深深体会到"风"会给他们带来无法预测、无法确定的危险。在出海打鱼生活中,"风"即意味着"险",这是"风险"一词来源的最普遍说法。另据学者考证,"风险"一词来自阿拉伯语,被理解为客观的危险,体现为自然现象或者航海遇到礁石、风暴等事件。总之,风险最初一般被理解为,来源于自然力量可能带来的,不确定性的危险或损害。英国《牛津大辞典》认为,"risk"(风险)一词最早可以追溯到 1621 年,并可以被理解为是一种可能面对的损失、伤害或其他不利的情况。20 世纪 80 年代,以德国著名社会学家 Ulrich Beck 教授为代表的学者提出了"风险社会"的概念,认为"风险社会是一种社会的发展阶段或社会的发展状态,在这一阶段,根源于人类实践活动的各种全球性风险和危机对整个人类生活,对人类的生存和发展构成了根本性的严重威胁"②。他们认为,在现代社会中,"'风险'是指将来可能遇到的各种各样的不确定性"③。

---

① 安东尼・吉登斯,克里斯多弗・皮尔森.现代性:吉登斯访谈录[M].尹宏毅,译.北京:新华出版社,2000:221.

② 郝艳兵.风险刑法:以危险犯为中心的展开[M].北京:中国政法大学出版社,2012:24.

③ ULRICH B. Risk society: towards a new modernity [M]. London: Sage Publication,1992:21-22.

最早给"风险"下定义的是美国学者海恩斯扭。他在 1895 年发表的《风险作为一种经济因素》一文中指出,"风险一词在经济学中和其他学术领域中并无任何技术上的内容,它意味着损害的可能性"①;1901 年,美国学者 A.H.威雷特在他的博士论文《风险与保险的经济理论》中指出,"风险是关于不愿发生的事件发生的不确定性之客观体现"②;美国流行的保险学教科书,把风险定义为"发生损失的可能性"。我国《辞海》将风险定义为"人们在生产建设和日常生活中遭遇能导致人身伤亡、财产受到损失及其他经济损失的自然灾害、意外事故和其他不测事件的可能性"③。综上,风险可理解为"围绕相对于预期而可能出现的种种不同结果的变化,是在一定条件下某种自然现象、生理现象或社会现象是否发生,及其对人类的社会财富和生命安全是否造成损失和损失程度的客观不确定性"④。也就是说,风险一般意味着"未来结果的不确定性或损失"。

"危险与风险密切相关但又不尽相同。这种区别并不取决于个人在考虑或采取一种特殊的行为方式时是否会有意识地权衡各种选择。准确地说,风险意味着危险但并不一定已经意识到了这种危险。当某人冒险做某一件事情时,在这里,危险被看成是对预期结果的一种威胁";"危险存在于风险环境之中,实际上它也与确定究竟什么是风险有关。例如,乘坐一条小船跨越大西洋所冒的风险远比乘坐一艘远洋客轮要大,因为前者所包含的危险因素要多得多"。⑤ 因此,风险与危险不同,英文"risk"(风险)一词,本身即含"冒着……的危险"之意,是具有一定危险的可能性或是有可能发生危险;危险是自然界或人类社会普遍客观存在的可能造成人员伤亡,或财产损害的一种潜在状态。

2.风险的特点

风险有客观性、不确定性、可预测性、损害性和可控制性等特点。客观性,体现风险内生于自然界或人类社会,是客观存在的,没有人可以拒绝或否定它的存在;不确定性,意味风险发生的可能性,反映人类对自然界、人类社会以及自身行为控制力的不足;可预测性,指随着人类改造自然的能力逐步提高,实践经验积累增多,可以对风险进行一定评估与预测;损害性,体现潜在危险的

① 顾镜清.风险管理[M].北京:中国国际广播出版社,1993:12.
② 王巍.国家风险:开放时代的不测风云[M].沈阳:辽宁人民出版社,1988:103.
③ 辞海[M].上海:上海辞书出版社,2002:462.
④ 马步云.现代化风险初探[D].上海:复旦大学,2006:29.
⑤ 安东尼·吉登斯.现代性的后果[M].田禾,译.南京:译林出版社,2000:29,31.

现实威胁,预示风险随时会引发损害结果发生;可控制性,是指随着人类对风险防控能力越来越强,对风险的控制力也就越强,是人类对自然界、人类社会以及自身行为控制力增强的表现。

3.风险的分类

按不同标准,可将风险进行不同分类。按照风险不同性质,可将风险分为纯粹风险和投机风险。纯粹风险,是指只有损失机会而无获利可能的风险,如房屋所有者面临的火灾风险,汽车主人面临的碰撞风险等;投机风险是相对于纯粹风险而言的,是指既有损失机会又有获利可能的风险,如买卖股票就存在赚钱或赔钱的可能。按照风险标的不同,可将风险分为财产风险、人身风险、责任风险与信用风险。财产风险,是指导致一切有形财产的损毁、灭失或贬值的风险,以及经济或金钱上的损失风险,如车辆会遭受火灾、地震、爆炸等风险;人身风险,是指导致人伤残、死亡、丧失劳动能力以及增加医疗费用支出的风险,如车祸导致人伤残、工作能力丧失等;责任风险,是指由于个人或组织的过错或非过错行为,侵害某种法律客体,而应当承担一定法律责任的风险;信用风险,是指在经济交往中,权利人与义务人之间,由于一方违约或违法致使对方遭受经济损失的风险。按照风险产生原因不同,可将风险分为自然风险、社会风险、政治风险、经济风险和技术风险等。自然风险,是指因自然力的不规则变化使社会生产和社会生活等遭受威胁的风险;社会风险,是指由于个人或组织的行为或不行为使社会生产以及人们生活遭受损失的风险;经济风险,是指在生产和销售等经营活动中,由于受各种市场供求关系、经济贸易条件等因素变化的影响或经营者决策失误,对前景预期出现偏差等导致经营失败的风险;技术风险,是指伴随着科学技术发展、生产方式改变而产生的,威胁人们生产与生活的风险,如核辐射、空气污染和噪声等。

上述对风险不同分类中,财产风险、人身风险、责任风险、自然风险和社会风险,尤其是责任风险,对研究、探讨自驾游法律风险防范意义较大。

(二)法律风险

风险"这个显然非常简单的概念却能说明我们生活其中的这个世界的一些最基本的特征"[①],即风险是现代社会的基本特征。在现代社会中,风险无处不在,既有科技发展带来的新技术应用风险,也有政治、文化和法律风险。

---

① 安东尼·吉登斯.失控的世界[M].周红云,译.南昌:江西人民出版社,2001:17.

1.法律风险定义

无论国外还是国内,对法律风险的界定与研究都比较晚,而且最初大多指向企业法律风险。例如国际巴塞尔银行监管委员会 2004 年公布了《统一资本计量和资本标准的国际协议:修订框架》,首次将法律风险纳入银行资本监管框架,并对其作了一个尝试性的规定,即"法律风险包括但不限于因监管措施和解决民商事争议而支付的罚款、罚金或者惩罚性赔偿所导致的风险敞口"。同一年,我国国资委颁布实施了《国有企业法律顾问管理办法》,其中第 1 条规定,"为进一步建立健全国有企业法律风险防范机制,规范企业法律顾问工作,保障企业法律顾问依法执业,促进企业依法经营,进一步加强企业国有资产的监督管理,依法维护企业国有资产所有者和企业的合法权益,根据《企业国有资产监督管理暂行条例》和国家有关规定,制定本办法"。首次在国内提出了"法律风险"概念,但未作出界定。国内很多学者分别从产生不利后果可能性,承担法律责任等视角,试图对法律风险概念进行界定。笔者较认同将法律风险界定为"法律实施过程中由于行为人作出的具体法律行为不规范导致的,与其所期望达到的目标相违背的法律不利后果发生的可能性"[①]。

法律风险是以法律规范为基础的风险,若无法律规范为前提或基础,法律风险就无从产生。法律规范实施过程中,通过对社会关系调整,形成不同主体间法律关系,确立了各法律关系中不同主体间权利和义务内容。法律关系主体之法律行为应当依法或依约规范进行,需恰当行使权利、谨慎履行义务,这样才能达到法律行为预期目标,实现预期法律后果(效果);反之,就存在不利法律后果产生的可能性,即存在法律风险。所谓不利法律后果,就是法律关系主体需要为其不规范法律行为承当相应的法律责任。法律风险是责任风险之一种,其中的"责任"就是法律责任。"法律责任是由特定法律事实所引起的对损害予以补偿、强利履行或接受惩罚的特殊义务,亦即由于违反第一性义务而引起的第二性义务。"[②]第一性义务(原有义务)与第一性权利(原有权利)相对,是由法律直接规定的,或由法律关系主体依法通过其积极活动而设定的义务,其内容是不许侵害他人权利,或适应权利主体要求而作出一定行为的义务。第二性义务(补救义务)与第二性权利(补救权利)相对应,其内容是法律关系主体的违反或违约行为发生后,所应承担的法律责任,如违约责任、侵权责任、行政责任或刑事责任等。也就是说,法律关系主体违反了第一性义务,

---

① 向飞,陈友春.企业法律风险评估[M].北京:法律出版社,2006:21.

② 张文显.法理学[M].北京:高等教育出版社、北京大学出版社,2011:122.

就产生了第二性义务,也就是产生了其所应承担的相应法律责任。

2.法律风险特点

风险所具有的客观性、不确定性、可预测性、损害性和可控制性等一般性特征,在法律风险中均体现明显。

(1)法律风险的客观性源于法律客观性与风险客观性的二者融合。现代社会中,法律的客观性是显而易见的,客观存在的法律规范催生了各式法律关系。法律关系作为现实社会的客观存在,其中蕴含的主体、客体与内容要素,无不依附着自然人、组织或物品,并依赖于人的客观行为或客观现象等法律事实,随时处于发生、发展、变化和消亡运动状态之中。风险源于危险,危险是自然界与人类社会内生的固有本质。只要人类生存,风险就无处不客观存在。因此,法律的客观实在性和人类活动风险的客观实在性,共同成就了法律风险客观性。

(2)法律风险的不确定性,就是指法律风险发生的可能性。法律风险既源于法律规范本身,也来源于法律规范的实施运用操作,更来源于法律关系主体对法律规范的认知与法律行为方式。法律规范本身具有抽象性、滞后性等特点,在适用具体法律事件,或调整具体法律关系时,难免会产生无法适用、不合时宜等问题,继而出现法律适用的漏洞风险。法律规范在实际运用操作过程中,由于具体实施执行者不同、具体实施操作时间点不同等原因,也会产生法律适用效果的不同,继而产生法律适用风险。法律关系主体由于对法律规范认知水平与能力不同,对自我行为规范约束强度不同,就会发生违法或违约行为,不管其行为是否为故意,均可能产生行为人可预见或无法预见的法律风险。

(3)对法律风险的可预测性,需要从两个方面来理解。一是从法律功能角度出发,法律本身具有指引、评价、教育、预测和强制等社会作用。法律作为一种行为规范,为人们提供某种行为模式,人们可以根据法律规范,事先估计到自己行为及行为法律后果,从而对自己行为作出合理安排。人们依据法律规范,能够判断、衡量行为是否合法或有效;国家运用强制力制裁、惩罚违法行为,法律规范对人们行为会发生直接或间接的诱导影响。法律通过其指引、评价、教育和强制等作用发挥,让人们能够预测自己行为后果和蕴含法律风险,让社会能够预判法律整体实施效果与法律风险。二是从社会个体,即具体法律关系主体角度出发,法律风险的可预测性存在差异性。社会个体对法律法规认知、理解和接纳程度不同,有时会导致其对具体行为的法律性质认识不同,继而对行为的法律风险理解与预判不同。如果法律关系主体对法律法规认知、理解和接纳程度较高，其对具体行为的法律性质认识就较清晰，对行为的法律效果和法律风险理解与预判较准确；反之，则较模糊，甚至会形成截然相反的认知与判断。

（4）法律风险的损害性，是指法律风险存在潜在的损害危险。当法律关系主体行为适当，就会出现与其所期望达到的目标相一致的法律后果，不会产生法律责任问题；当法律关系主体行为不当，就会出现与其所期望达到的目标相违背的不利法律后果，即法律责任。所谓不利法律后果，就是在法律强制功能发挥下，通过不当行为人法律责任的强制承担，为行为人带来的不利益。例如国家通过对不当行为人适用支付违约金、赔偿损失、罚金、没收财产、罚款、没收违法所得、没收非法财物和责令停产停业等具体责任方式时，会致使不当行为人遭受财产损失；通过适用管制、拘役、有期徒刑、无期徒刑和拘留等责任方式时，会致使不当行为人遭受人身自由损失；通过适用赔礼道歉、警告、记过等责任方式时，会致使不当行为人遭受精神人格利益损失；甚至通过适用死刑责任方式，会剥夺不当行为人生命权利等。

（5）风险的可控性是以可预测性为基础的。任何风险都具有可控性，人们对风险的可预测性越强，对风险的可控性也就越强。法律风险的可控制性如何，取决于立法、司法（执法）和守法三个环节。如果立法领域能够提高立法效率和技术，增强立法科学化，就会大大降低法律规范本身蕴含的法律风险；反之，如果立法粗陋，效率低下，那么法律规范本身蕴含的风险可控性将大大降低。如果司法（执法）领域的具体法律操作者法律知识扎实，法律理解与运用能力强，自觉践行法律职业伦理与操守，就会大大降低法律实操领域法律风险；反之，如果司法（执法）领域的具体法律操作者法律知识浅薄，法律理解与运用能力较弱，毫无法律职业伦理与操守理念，则会大大降低法律实操领域法律风险的可控性。如果社会成员都能够提高法治理念，增加法律知识，增强遵法守法自觉性，就会大大减少行为的不当性，从而降低法律风险；反之，如果社会成员的法治理念不强，法律知识不多，遵法守法自觉性不够，则会大大增加行为的不当性与不确定性，就会导致法律风险的可控性大大降低。

3.法律风险分类

采用不同标准与视角，可以对法律风险分类进行不同分类。无论使用何种方法进行分类，都会促使我们加深对法律风险的认识与理解。

法律风险是法律实施过程中由于行为人作出的具体法律行为不规范导致的，与其所期望达到的目标相违背的法律不利后果发生的可能性。引起法律风险发生的风险因素是法律关系主体的法律行为；法律风险的实质是不利法律后果,是潜在的利益损失,即法律责任。因此,法律行为与法律责任是法律风险中的两个关键要素。此外,法律行为,尤其是侵权行为的侵害对象不同,权利人利益受损的范围、影响等就不同,责任承担方式亦不同,对权利人的利益补偿或赔偿力度亦不同。因此,本文将以法律行为、法律责任与受损利益三个标准为依据,对法律风险进行分类解读。

(1)以法律责任为依据,法律风险可分为合同法律风险、侵权法律风险、行政法律风险和刑事法律风险。合同法律关系是民事法律关系之一种,是由合同法律规范调整的当事人之间在合同的订立、履行等过程中所形成的一系列权利义务关系。合同任何一方均应依法、依约行使权利或承担义务,否则就存在合同法律风险,就有可能会承担违约责任。侵权法律关系是民事法律关系之另外一种,是由侵权法律规范调整的,当事人之间以侵权责任承担为主要内容的权利义务关系。任何主体的侵权行为都存在侵权法律风险,都有可能会引起侵权人(或侵权责任人)与受害人之间的侵权关系,其核心内容是侵权人(或侵权责任人)依法应承担侵权责任。行政法律关系,是受行政法律规范调控的因行政活动(权利活动和非权利活动)而形成或产生(引发)的各种权利义务关系。行政主体的行政行为主要表现为依据行政管理法律法规,行使行政职能,依法对行政相对人进行行政管理,或对违法人进行处罚。一旦行政相对人违反行政管理法规,就存在行政法律风险,就有可能会承担行政法律责任。刑事法律关系是自然人或法人在客观上实施了某种危害行为,并且在这种行为构成某种及其应承担相应的刑事责任的前提下产生的。自然人或法人违反刑事法律法规,就存在刑事法律风险,就有可能会承担刑事法律责任。

(2)以引发法律风险发生的法律行为为依据,法律风险可分为自甘性法律风险和外来性法律风险。自甘性法律风险和外来性法律风险,是以受害人为核心,对侵权法律风险的进一步分类。自甘性法律风险源于侵权法自甘风险规则。自甘风险规则又称自冒风险、风险自负、自甘风险、自甘冒险、自愿承担风险等,是指"受害人在为某行为之前已知道或至少应该知道不确定危险的存在,却仍愿意为之,在该危险实现时加害人能以此对抗受害人的权利主张,减免自身的民事责任"①。自甘性法律风险,是指法律风险是由受害人自身不当行为引发的,依据自甘风险规则,应由受害人自担相应法律责任。受害人自身不当行为可分两种:一是不当行使权利之行为;二是不当履行义务之行为。不当行使权利之行为,是指没有依法、依约行使权利,致使本人或权利相对人

---

① 陈湘渝.论自甘风险[D].济南:山东大学,2011:5.

利益受损之行为，该行为会导致本人承担一定不利法律后果。权利人对自身权利放弃，或怠于行使，会导致自身权益受损，如明知自己驾车技术生疏，参加自驾游危险较大，仍执意参加，发生人身或财产损害，就应自担一定责任等；权利人扩大权利行使范围，或权利行使方式不等，会导致权利相对人利益受损，权利人将承担相应的不利法律后果，如权利人超速开车发生交通事故，造成自身人身财产损害，就需自担责任等。不当履行义务是指义务人没有依法、依约履行义务，给自身造成损害，自身就需承担一定不利法律后果，如车辆所有人不及时对车辆进行维护、保养，车辆刹车失灵，致使事故发生，车毁人亡，就需自担责任等。外来性法律风险，是指来自受害人之外的他人不当行为引发的法律风险。来自于受害人之外的他人侵权行为，所造成的损害后果，应当由侵权人或责任人承担相应责任，但在侵权人逃逸，或无责任承担人时，也可能会导致受害人自担损失。例如行人遭遇交通事故，肇事人逃逸，则只能责任自担；或在自助游中，某人出现人身伤亡，自己在没有任何不当行为情况下而分担责任等。

（3）以受损利益为依据，法律风险可分为人身法律风险和财产法律风险。人身法律风险，是指不当行为人的行为可能会导致权利人伤残、死亡或丧失劳动能力等损害，如车祸导致人伤残、工作能力丧失等；财产风险，是指不当行为人的行为可能会导致财产的损毁、灭失或贬值等损害，以及经济或金钱上的损失等，如车辆会遭受火灾、地震、爆炸等。受害人利益受损的对象不同，不当行为人承担不利法律后果的责任方式就不同。给他人造成人身损害的，更多时候将适用消除影响、恢复名誉、赔礼道歉、拘留、管制、拘役、有期徒刑、无期徒刑，甚至死刑等非财产责任方式，当然必要时也可以适用赔偿损失等财产责任方式；给他人造成人身损害的，更多时候将适用支付违约金、赔偿损失、罚金、没收财产、罚款、没收违法所得、没收非法财物等财产责任方式。受害人利益受损的对象程度不同，不当行为人承担不利法律后果的法律责任形式也不同。给他人人身或财产造成损害较轻的，一般仅需承担民事责任或行政责任即可；如果给他人人身或财产造成损害较重或后果极其严重，则有可能承担刑事责任。

4.法律风险的重合与叠加

法律是法律风险的基础和前提，若无法律规范，则无法律风险。"法律作为一种抽象的行为规范，往往从不同的角度对各种具体社会生活关系进行多元、多维、多层次的综合调整"①。因此,就会产生各种法律风险的重合或叠加。法律风险的重合与叠加,又称法律风险的综合或综合法律风险,是指行为人的不规范行为受到不同法律部门的法律规范调整,而有可能产生的多种不利法律后果重合叠加在一起。不利法律后果就是指法律责任,因此法律风险的重合与叠加,源于法律责任重合。法律责任重合,"是指同一法律事实分别违反了不同法律部门的规定,将导致多种性质的法律责任并存的现象"②。实践中,行为人的不当、不规范行为受到民法、行政法或刑法等不同法律部门法律法规调整,满足不同法律责任构成要件后,有可能会产生民事责任、行政责任或刑事责任的重合与叠加。也就是说,一个不当、不法或是不规范法律行为,不仅意味着单个法律风险,还有可能面临多重法律风险。

法律责任重合不同于法律责任竞合。责任竞合,一般是指行为人不当、不规范行为,同时受到民法中的合同和侵权法律规范的分别调整,导致违约责任和侵权责任的竞合。根据我国法律规定,责任竞合状况下,受损害方有权选择要求侵权人、责任人承担违约责任或侵权责任,选择的责任实现后,其他形式的责任归于消灭。因此,在法律责任竞合状况下,不当行为人面临的将是单一法律风险,不存在法律风险的重合与叠加问题。

(三)自驾游隐含的法律风险

旅游一般包含食、住、行、游、购、娱等六大要素,通俗讲旅游就是吃喝玩乐,人们进行旅游活动,主要也是以休闲、娱乐为主要目的。自驾游的出现,是人们旅游自主性、体验性、个性化和深度游的全新旅游需求驱动结果。简单来说,传统的旅游活动已经不能满足一般游客需求了,人们在传统旅游的吃喝玩乐基础上,要吃更好、玩更好,希望实现更高的旅游意愿,要有更个性化、更丰富的旅游体验。然而,在幸福快乐的旅游行程中,多数人在追求旅游体验的时候,忘记,或忽视旅游中的各种风险,以至于旅游中险象环生,或身处险境无法脱身,或人身财物受损,甚至生命丧失等,令人唏嘘不已。

1.自驾游风险

有学者研究认为,自驾游可能出现的风险,包括"自然风险、社会风险、经济风险、责任风险、文化风险和违约风险。自然风险指自驾游过程中可能遭受自然灾害影响,导致自身受到损伤的风险;社会风险指自驾游过程中可能受社会因素影响(如盗窃、车祸、当地治安等)所带来的风险;经济风险指自驾游过

---

① 蓝承烈.民事责任竞合论[J].中国法学,1992(3):55.

② 王利明.民法总则研究[M].北京:中国人民大学出版社,2003:287.

程中预算可能发生变化或财产遭受损失的风险;责任风险指因个人的疏忽或过失行为,造成他人的财产损失或人身伤亡,按照法律、契约应负法律责任或契约责任的风险;文化风险指由于旅游者与当地居民之间文化、习俗差异所带来的风险;违约风险指交易中一方或双方未能履行约定契约中的义务而造成损失的风险"。该学者通过进一步调查研究,得出"居民自驾游整体风险认知水平较低。具体为居民对经济风险关注较多,而对于违约风险、文化风险关注较少,自然风险、社会风险及违约风险认知水平居中"的结论①。

2.自驾游隐含的法律风险

本书对自驾游风险的研讨主要集中于法律风险,因此,自然风险不在本书研究之列。但值得注意的是,自驾游所面临的自然风险是显而易见的,也是多发的,会造成自驾游客人身或财产各种损害,甚至会带来灭顶之灾,值得重视与关注。上述学者研究中提出的自驾游存在六种风险,其本身也是析分自驾游的六种维度与视角,并非具体分类,因此彼此间自然就具有交叉性,如社会风险与责任风险、文化风险与社会风险、经济风险与责任风险、责任风险与违约风险间都存在多种形式的交叉或重叠。因此,不能以此来确定自驾游法律风险种类。

法律风险是以法律规范为基础的风险,若无法律规范为前提或基础,法律风险就无从产生。具体法律规范实施过程中,通过对社会关系的调整,形成不同主体间法律关系,确立了各法律关系中不同主体的权利和义务内容。法律关系主体之法律行为应当依法或依约规范进行,需恰当行使权利、谨慎履行义务,这样才能达到法律行为预期目标,实现预期法律后果(效果);反之,就存在不利法律后果产生的可能性,即存在法律风险。法律风险的实质是不利法律后果,是潜在的利益损失,即法律责任。如前所述,采用不同标准与视角,可以对法律风险进行不同分类,这些分类对自驾游法律风险研究均具有重要意义。

本书中对自驾游法律风险的研讨,是以自驾游客为中心展开的。自驾游中,自驾游客与各方主体间会形成旅游服务、车辆借用(互换、租赁)、住宿、餐饮、保管、游览、买卖、旅客和货物运输等各类合同关系,合同任何一方违约,均有可能构成违约责任,就会给自驾游游客带来合同法律风险。自驾游客的侵权行为会侵害他人利益,并与受害人间形成侵权法律关系,需承担一定侵权责任,就有可能会遭遇侵权法律风险。自驾游客与行政管理机构形成行政法律

---

① 孙滢悦,杨青山,陈鹏.居民自驾游风险认知研究[J].干旱区资源与环境,2017(12):203-208.

关系,如自驾游客不服从行政管理,就有可能承担行政法律责任,即存在行政法律风险;如果自驾游客作出严重的违法行为,就构成犯罪,与国家(以公、检、法等机构为代表)间产生刑事法律关系,则要承担刑事责任,将面临刑事法律风险。由自驾游客不当、不规范或不法行为引发的责任自担法律风险,即为自甘性法律风险;由自驾游客之外的他人不当、不规范或不法行为引发的,由自驾游客自担责任的法律风险,就是外来性法律风险。这些法律风险都有可能导致自驾游客人身伤残、丧失劳动能力,或财产损毁、灭失,或失去人身自由,甚至生命。总之,自驾游客较之于传统组团旅游游客,可能面临的法律风险更大,风险发生的概率也会更高。这些法律风险有时也会重合或叠加在一起,呈现多重的复杂性。

需要说明的是,我国《旅游法》《旅行社条例》《旅行社责任保险管理办法》等法律法规中,均要求旅行社对因其组织旅游活动,对旅游者依法应当承担的赔偿责任进行保险。但此种责任保险对于自驾游客规避法律风险来讲,是非常有限的。因为自驾游中,自驾游客可能面临的法律风险来自于多方面,并且具有叠加性,很多时候自驾游客所形成的法律关系中,并没有旅行社参与,因此上述责任保险对于自驾游客法律风险的防范意义不大。自驾游客应当对旅游风险有足够的重视,自驾前做好各种准备,制定好风险防范预案,做好各种防范措施,尽量减少风险发生概率,避免旅游风险发生。

综上,在后文中,本书将以自驾游客为中心,结合法律风险一般分类,对自驾游中自驾游客可能面临的合同法律风险、侵权法律风险、交通管理法律风险、文明旅游法律风险和边防管理法律风险分章进行论述。合同法律风险和侵权法律风险属于民事法律风险;交通管理法律风险、文明旅游法律风险和边防管理法律风险属于行政法律风险。文明旅游涉及公共交通工具、公共环境卫生和旅游场所秩序维护;公共设施、名胜文物古迹、生态环境和野生动植物保护;对旅游目的地社会风俗和民族生活习惯尊重;对自身及他人人身财产安全危及,以及禁止赌博、色情和涉毒等多项内容,均属于旅游行政管理范畴,故也属于行政法律风险。另外,自驾游中上述法律风险经常会综合发生,风险重合或叠加现象普遍,如合同法律风险、侵权法律风险、交通管理法律风险、文明旅游法律风险和边防管理法律风险中,均潜藏犯罪法律风险,后文将一一论述。

第三章 自驾游合同法律风险防范

　　旅游是人们出于移民和就业任职以外的其他原因,离开长住地,前往异地的旅行和暂时逗留活动,是一种较高层次的、以追求精神愉悦和满足为目的的消费行为。旅游的基本出发点、整个过程和最终目的都是以获取精神享受为指向,这种精神生活是通过美感享受而获得的。人们在旅游期间,身心全面放松,真正是一种精神上的享受,因此旅游是一种综合性审美实践。自驾游是旅游者以私有或租借汽车为主要交通工具,以休闲体验为主要目的,以自发组织为主体的前往目的地旅行的连续过程。自驾游反映了旅游者不再满足于传统旅游集行、游、住、吃、购、娱等内容为一体,集体统一的综合性活动,其体现了自主性、体验性、个性化和深度游的全新旅游需求,是旅游发展的新趋势,是旅游业走向成熟的重要标志。

　　随着依法治国理念逐渐深入,法律日渐成为人们日常生活的主要行为规范,人与人之间也越来越依赖于法律行为,对外开展相互交往,形成各种法律关系。无论传统旅游活动,还是自驾游,旅行者都会与各种组织或个人,通过双方合同行为,形成各种性质不一的旅游合同关系(包括旅游服务合同及其他食、宿、交通等合同)。传统旅行社组团旅游,可以通过游客与旅行社签订包价旅游合同,旅行社作为合同一方,与合同履行辅助人一并对游客履行义务,因此很多不同性质的旅游合同关系被暗含在包价旅游合同之中。自驾游一般情况下没有组织者(有时会有组织者),自驾游客需要与不同组织或个人间,通过双方合同行为,形成各种性质不同的合同关系,才能完成旅游活动。因此,自驾游较之于传统旅行社组团旅游,其中包含的合同关系更加复杂。

　　如前所述,合同法律关系在自驾游中,是普遍存在的基础法律关系,参与主体多,内容复杂,涉及客体广泛。以自驾游客为合同一方,通常会存在与相约自驾者间的无偿自助(互助)旅游合同;与旅游经营者之间的旅游服务合同;与车辆出借人、互换人或出租人之间的借用、互换与租赁合同;与宾馆酒店、饭店、停车场、景区等各方之间的住宿、餐饮、保管和游览等服务合同;与购物商店之间的买卖合同;等等。此外,在组合自驾游中还会与运输企业间,形成旅客运输合同或货物运输合同。只要有法律关系存在,其中就蕴含着法律风险,并且法律关系越复杂,法律风险就越高,风险发生概率就越大,合同法律关系亦是如此。自驾游普遍存在的复杂合同关系,更蕴含了随处不在、变化多样的法律风险,本书将以上述合同法律关系为索引,全面分析其中蕴含的法律风险,并提出相应的防范措施。需要说明的是,由于无偿自助(互助)旅游合同缺少合同具体有效要件,自驾互助旅游者之间实质上并不产生具体权利义务关系,其仅具合同之名,并无合同之实。因此,对其所蕴含的法律风险,应属侵权法律风险。

一、自驾游合同法律风险

如前所述,自驾游中存在各种合同关系,尽管合同的性质与内容不尽相同,但其运行轨迹均始于合同订立,终于权利义务终止。因此,本书将以合同生效为时间界点,将合同运行过程分为订立与履行两个阶段,再结合自驾游中的具体合同类型,分阶段论述合同中所蕴含的法律风险。"合同订立,是指两个或两个以上的当事人为意思表示,并达成合意的状态和过程。"[1]"合同的订立由'订'和'立'两个阶段组成。'订'强调缔约的行为和过程,是缔约各方接触、洽商过程,包括缔约各方的接触、洽商并最终达成协议前的整个讨价还价过程。此阶段由要约邀请、要约、反要约诸制度加以规范和约束,产生先合同义务及缔约过失责任。而'立'强调缔约的结果,指的是双方合意的达成,即双方当事人就合同条款,至少是合同的主要条款已经形成一致意见,各方当事人享有的权利和承担的义务得以确定,简言之,合同成立了。"[2]通常情况下,合同订立过程会蕴含着主体风险、内容风险和效力风险。此外还包括缔约过失法律风险。"合同是一种单纯的协议是不够的,还应当突出合同是一种能够发生法律拘束力的合意。"[3]合同成立后,除不符合生效条件外,一般会生效,合同订立并生效后,即对合同双方产生了法律约束力,任何一方均应依法、依约履行合同义务,否则将面临承担违约责任的法律风险。因此,合同履行阶段所蕴含的法律风险主要是违约风险,此种风险是由于义务人没有履行,或没有依法、依约履行义务导致的。

需要指出的是,自驾游客的旅游行为是复杂的,其在自驾游中形成的法律关系也是复杂的。合同法律关系无论在形成、运行或终止阶段,都会与其他法律关系交叉在一起,产生法律责任竞合或重合问题,因此面临多重法律风险的

① 王利明.合同法研究(第1卷)[M].北京:中国人民大学出版社,2003:198.
② 柳经纬.合同法:原理·图解·案例·司考[M].北京:中国民主法制出版社,2014:89.
③ 王利明.合同法研究(第一卷)[M].北京:中国人民大学出版社,2003:3.

重合与叠加,其中较重要的是合同犯罪法律风险。关于此问题,下文论述中也会提及。

(一)合同主体风险

1.合同主体

(1)合同主体与签约主体。合同主体,是在合同法律关系中,独立享有民事权利和承担民事义务的人。需要注意的是,要将合同主体与签约主体区分开来。合同签约主体既可以是合同主体,也可以不是合同主体。合同主体是在合同法律关系中,实际承担合同权利义务的民事主体,是合同权利义务的实际承担者;签约主体是实际签署合同的人,只是签署者,合同中具体权利义务内容与其无关。大多情况下,合同签约主体即是合同主体,二者是一致的。实践中,签约主体如果仅是代理人或代表人,而非合同主体本人,则合同权利义务的实际承担者即为合同主体本人,而非代理人或代表人。当然在特殊情况下,如本人对代理人或代表人授权不明,或代理人与代表人超越授权范围时,对第三人造成损失,代理人或代表人有可能与合同主体共同承担责任。

(2)合同主体缔约能力。作为法律上"人"的合同主体,包括自然权人、法人和其他组织。就自驾游合同法律风险探讨,是以自驾游客为核心,因此此处对合同主体探讨仅限于自然人。合同主体要想通过合同行为,取得民事权利或承担民事义务,前提必须具有相应的缔约能力。缔约能力,是指自然人按照自己意志,独立订立合同,并使之有效的能力。我国《合同法》第9条规定,"当事人订立合同,应当具有相应的民事权利能力和民事行为能力"。民事权利能力,"是能够充任民事法律关系主体的法律资格"[①]。民事权利能力是自然人享有民事权利,承担义务的前提资格或可能性。我国《民法总则》第14条规定,"自然人的民事权利能力一律平等"。也就是说,所有自然人无论民族、种族、性别、年龄、职业、政治态度、宗教信仰、教育程度、职务高低、财产状况和居住年限等方面有何差异,他们都有资格参加民事法律关系,在民事权利能力方面是平等和无区别的。

"行为能力问题是合同主体资格确认的关键问题,如果当事人没有相应的行为能力,或者事后没有得到法定代理人的追认,就可能导致合同无效。"[②]。影响合同主体行为能力的因素是多方面的,包括年龄、智力和合同类型等,据此可将合同主体行为能力分为一般行为能力和特殊行为能力。关于合同主体

---

① 张俊浩.民法学原理[M].北京:中国政法大学出版社,1991:78.
② 王利明,崔建远.合同法新论[M].北京:中国政法大学出版社,2004:240.

的一般行为能力,我国《民法总则》第 17 条至第 22 条有专门规定:18 周岁以上的自然人为成年人,不满 18 周岁的自然人为未成年人。成年人为完全民事行为能力人,可以独立实施民事法律行为;16 周岁以上的未成年人,以自己的劳动收入为主要生活来源的,视为完全民事行为能力人。8 周岁以上的未成年人为限制民事行为能力人,实施民事法律行为由其法定代理人代理或者经其法定代理人同意、追认,但是可以独立实施纯获利益的民事法律行为或者与其年龄、智力相适应的民事法律行为。不满 8 周岁的未成年人为无民事行为能力人,由其法定代理人代理实施民事法律行为。不能辨认自己行为的成年人为无民事行为能力人,由其法定代理人代理实施民事法律行为。不能完全辨认自己行为的成年人为限制民事行为能力人,实施民事法律行为由其法定代理人代理或者经其法定代理人同意、追认,但是可以独立实施纯获利益的民事法律行为或者与其智力、精神健康状况相适应的民事法律行为。合同主体特殊行为能力,是指合同主体在具备一般行为能力基础上,因合同性质不同而应具备的特殊能力要求。例如对合同主体法律、医疗或车辆驾驶等特殊知识或技术性要求很强的合同,就需要合同主体必须具备相应的资质,如律师资格、驾驶员资格或执业医师资格等;否则,就有可能因为合同主体不具备特殊行为能力,而导致合同无效。

2.合同主体风险

自驾游中,自驾游客作为合同一方主体,可与不同合同主体间订立旅游服务、车辆借用(互换或租赁)、住宿(餐饮、保管或游览)、买卖、旅客或货物运输等各式合同,都有可能因其不具备或缺少合同缔约能力,而引发法律风险。如前所述,合同主体缔约能力,包括民事权利能力和民事行为能力。合同主体的权利能力都是平等的,不存在差异性,因此权利能力不存在欠缺问题,也不会引发法律风险。能够引发法律风险的,主要源于合同主体行为能力欠缺,其中既包括一般行为能力,也包括特殊行为能力。

(1)合同主体不具备一般行为能力的法律风险。根据我国相关法律规定,成年人可以独立订立合同;8 周岁以上的未成年人,或不能完全辨认自己行为的成年人,订立合同需由其法定代理人代理,或者经其法定代理人同意、追认;不满 8 周岁的未成年人,或不能辨认自己行为的成年人,由其法定代理人代为订立合同。据此,自驾游客订立上述合同,需满足法律对合同缔约能力的年龄或智力的基本要求,如不满足则需由其法定代理人代为订立合同,或自己订立合同后经其法定代理人同意、追认;否则,则可能导致合同无效。例如 15 岁的自驾游客利用伪造身份证明,预订宾馆房间住宿,事后也未经其法定代理人同意或追认,就因不具合同缔约能力,导致其与宾馆间形成住宿合同关系无效,其也并不会享有相应的合同权利,或承担合同义务。我国《合同法》第58条规定,"合同无效或者被撤销后,因该合同取得的财产,应当予以返还;不能返还或者没有必要返还的,应当折价补偿。有过错的一方应当赔偿对方因此所受到的损失,双方都有过错的,应当各自承担相应的责任"。据此,自驾游客因欠缺合同订立一般行为能力,就可能存在承担返还原物、折价补偿或赔偿损失等民事责任法律风险。

(2)合同主体不具备特殊行为能力的法律风险。对合同主体要求具备一定的特殊行为能力,源于自驾旅游行为本身的特殊性。如果没有驾照,或伪造驾照进行自驾,其与旅行社签订自驾旅游服务合同是无效的;明知自己患有心脏病、肺病、哮喘病、高血压等不能从事水上、高空等刺激性活动的疾病,仍隐瞒并进行上述游玩活动,其与游乐设施经营人或机构间的合同关系也是无效的。因此自驾游客可能因不具备某种特殊行为能力,存在自担一定民事责任法律风险。

(3)代理人引发的合同主体法律风险。"代理,即指代理人于代理权限内,以本人(被代理人)名义向第三人所为意思表示或由第三人受意思表示,而对本人直接发生效力的行为。"[①]代理包括委托代理和法定代理。代理人是以本人(被代理人)名义进行代理活动的人。代理人在代理权限内,以被代理人名义所为的符合代理行为要件的行为,其法律后果直接由被代理人承担。实践中,大量自驾游客会携带未成年等无行为能力人、限制行为能力人、行为能力人,进行自驾游,其与未成年等无、限制行为能力人间就形成法定代理关系。因法定代理人一定是完全行为能力人,符合合同主体资格,并具备缔约能力,因此不会产生合同主体法律风险,故此处主要介绍委托代理。委托代理,是指代理人的代理权是根据被代理人的委托授权行为,而产生的代理关系。自驾游中,自驾游客可能会委托代理人订立各种合同,但代理人是否具有合同缔约能力?其行为是否适当?直接影响自驾游客合同订立的法律风险。根据相关法律规定,代理人不具备合同订立一般缔约能力,则所签订的合同无效,自驾游客也不会享有合同权利,承担合同义务。如果(行为人)没有代理权、超越代理权或者代理权终止后,仍然实施代理行为,相对人有理由相信行为人有代理权的,代理行为有效。此时合同订立行为虽与自驾游客本人意愿相背离,但其仍应享受合同权利,履行合同义务。如果被代理人知道或者应当知道代理人

---

① 　王泽鉴.民法总则[M].北京:中国政法大学出版社,2001:440.

的代理行为违法但未作反对表示的,被代理人和代理人应当承担连带责任。因此,上述几种合同订立情形中,由于自驾游客在选任代理人不适当,或是代理人行为不适当,都可能存在承担一定民事责任法律风险。

(二)合同内容风险

我国《合同法》规定,合同内容由当事人约定,一般包括当事人的名称或者姓名和住所、标的、数量、质量、价款或者报酬、履行期限(地点和方式)、违约责任和解决争议的方法等。同时还规定,当事人可以参照各类合同的示范文本订立合同。自驾游客可能面临各种形式合同,不同形式合同其内容的差异性也很大。合同内容,是指在合同法律关系中当事人双方的权利义务之总和,合同内容经常表现为文本合同条款。合同条款是合同内容的表现和固定化,是确定合同当事人权利和义务的根据。合同条款应当确定、肯定、完整、细致、合法,否则将影响合同成立、生效或履行,以及合同目的的实现。因此,自驾游客主要应注意因合同内容不确定、不全面、不细致,以及格式合同,尤其是内容违法所引发的法律风险。

1.合同内容不确定的法律风险

"在传统的合同法理论中,当事人有决定合同内容的充分自由,通过合意而确定的合同内容不受限制,这是合同内容自由的基本思想。国家对当事人通过合意而确定的合同内容,除要求遵守法律的一般规定外,一般不予干涉和限制。"①合同内容确定,合同双方主体的权利与义务才能够明确,便于履行和监督,也有利于对其中蕴含的法律风险予以预判与评估。如果合同内容不确定,合同双方主体对各自权利与义务都是模糊不清的,不仅不利于合同履行,更不利于合同纠纷解决,其中所蕴含的法律风险将是无限的。自驾游中,由于自驾游客法律意识不强,不重视合同,对合同内容不认真、不细究,甚至不看,自己有时都不知道合同具体内容;有时使用口头形式订立合同,一旦发生合同纠纷,对权利义务各执一词,双方都难以举证,法律责任也很难确定和划分。因此,对自驾游客来讲,合同具体内容不确定,会引发多种法律风险。

2.合同内容不全的法律风险

我国《合同法》中所确定的合同内容,仅是一般合同所应具备的普通条款,自驾游中所涉及的合同往往是以旅游为核心,各种合同内容不尽相同,纷繁复杂,因此需要根据合同主体意愿,适当增加一些特有内容。我国《合同法》规

---

① 陈涤.试论合同内容的确定[J].中南政法学院学报,1992(4):55.

定,"当事人可以参照各类合同的示范文本订立合同",其意义就在于提高合同内容的全面性。合同示范文本,又被称为示范合同,是指为规范当事人的签约行为,由行政机关、行业协会、法律组织或个人,根据法律法规、行业交易惯例,经过长期实践、反复调研、评审等,按照法定程序制定、公布的具有合同主要条款和规范式样的指导性合同文本。合同示范文本大致有四类,"一是国际组织特别是国际贸易组织发布的有关国际贸易的合同文本;二是我国工商管理系统独立或联合其他行业主管部门发布的合同文本;三是民间组织或人士发布的建议型合同文本;四是企业组织为了方便交易、规范管理而发布并要求企业对外签署合同时统一使用的合同文本。这些示范合同都不强制当事人使用,只是因为合同文本的规范或权威而往往由当事人直接使用"①。对一般自驾游客来讲,参照使用合同示范文本,既可以节省时间成本,又可以保证合同内容的全面性,以实现合同权利义务的周延性,降低法律风险。但实践中,许多自驾游客法律知识欠缺,不重视合同具体内容;只关注旅游快感与体验,选择性忽视合同义务或责任约定等内容,这些都会导致合同内容缺失,不全面,从而引发法律风险。

3.合同内容不细致的法律风险

合同内容不细致,是指合同基本内容都具备了,但因为条款粗陋,表达含糊等原因,对合同双方具体权利义务没有进行细化。例如在自驾游住宿合同中,自驾游客在预订房间时,仅提及"预定标间一个",对于价款、楼层、房间设施、退房时间,以及有无免费早餐、停车等内容均无进一步细化。再如在旅游服务合同中,对导游的性别、年龄和人品等没有细化;对餐标有约定,但对具体菜品等内容没有细化;等等。总之,合同内容不细致,给合同履行带来了不确定性,也极易产生合同纠纷,其中蕴含了极大的法律风险。

4.格式合同的法律风险

格式合同,亦称格式条款、合同格式条款,"是一方当事人为了重复使用而预先拟定,并在合同订立过程中双方当事人对此不能协商更改的条款"②。自驾游旅游服务、车辆借用(互换或租赁)、住宿(餐饮、保管或游览)、买卖、旅客或货物运输等各式合同中,都有可能出现格式合同。我国《合同法》规定,采用格式条款订立合同的,提供格式条款的一方应当遵循公平原则确定当事人之间的权利和义务,并采取合理的方式提请对方注意免除或者限制其责任的条

---

① 何远琼.示范合同的制度考察[J].北大法律评论,2008,9(2):379.

② 王素芬.论格式合同[D].北京:中国社会科学院,2001:2.

款,按照对方的要求,对该条款予以说明;提供格式条款一方免除其责任、加重对方责任、排除对方主要权利的,该条款无效;对格式条款的理解发生争议的,应当按照通常理解予以解释。对格式条款有两种以上解释的,应当作出不利于提供格式条款一方的解释。格式条款和非格式条款不一致的,应当采用非格式条款。虽然这些规定从法律层面,最大限度地保护了格式条款相对方利益(自驾游客一般是格式条款相对方),但实践中由于自驾游客在订立合同过程中,由于不谨慎、不懂得,加之格式条款提供方有意采取回避方式,将不利于自驾游客的内容渗入其中,很容易被套路,从而产生法律风险。

5.合同内容违法或违背公序良俗的法律风险

"合同违法并非仅指违反合同法上的规定,也不限于违反民事法律规范,而是泛指违反法律的禁止规范或强行规范";"合同违法划分合同当事人无主体资格,合同的形式不符合法律规定,合同内容违法;合同的履行违法和合同规避法律"。[①] 合同内容违法或违背公序良俗,是指合同条款规定的权利和义务违反了法律或违背公序良俗,从而导致合同无效的情形。"公序良俗,即遵循公共秩序与善良风俗原则,指民事主体的民事活动,特别是民事法律行为的内容和目的不得违反社会公共秩序与善良风俗习惯的基本准则性法律规范。"[②]"公共秩序即是指包括以一国法律的基本原则以及国家的主权与安全为核心所构成的制度体系。"[③]"善良风俗谓为社会国家之存在及其发展所必要之一般道德。"[④]我国台湾地区学者史尚宽先生以列举方式来阐释了公序良俗原则,凡"违反人伦关系;违反正义观念;剥夺或极端限制个人自由者;侥幸行为;违反现代社会制度或妨害国家公共团体之政治作用"[⑤]等,即为违背公序良俗。自驾游客有时因为缺少法律知识,有时因为马虎、不细心,在合同中出现了违法内容,从而导致合同无效。例如住宿或游览合同中,出现赌博、淫秽表演等内容;车辆借用(互换或租赁)合同中,车辆没有经过年审或已经报废;货物运输合同中,出现违禁物品;等等。合同违法将导致无效,同样会导致相关法律责任产生,有时甚至会产生刑事责任。因此,合同内容违法对自驾游客来讲,蕴含极大的法律风险。

---

①　李金生.论合同违法[J].石家庄经济学院学报,1998;587,588.

②　寇志新.民法总论[M].北京:中国政法大学出版社,2000:64.

③　袁坚.论公序良俗原则[D].重庆:西南政法大学,2003:8.

④　史尚宽.民法总论[M].北京:中国政法大学出版社,2000:40.

⑤　史尚宽.民法总论[M].北京:中国政法大学出版社,2000:40.

（三）合同效力风险

1.合同效力及效力状态

法律效力，是法律所具有或者赋予的约束力。合同效力，又称合同法律效力，"是指法律赋予依法成立的合同具有拘束当事人各方及至第三人的强制力"①。合同的效力状态可分为有效合同、无效合同、效力待定合同和可变更、可撤销合同四类。

（1）有效合同。有效合同，是指依照法律规定成立，并在当事人之间产生法律约束力的合同。我国《民法总则》第143条规定，"具备下列条件的民事法律行为有效：（一）行为人具有相应的民事行为能力；（二）意思表示真实；（三）不违反法律、行政法规的强制性规定，不违背公序良俗"。《合同法》第44条规定，"依法成立的合同，自成立时生效。法律、行政法规规定应当办理批准、登记等手续生效的，依照其规定"；第119条规定，"依法成立的合同，对当事人具有法律约束力"。也就是说，自驾游客与合同各方签订的各式合同，只要满足上述条件，就是有效合同或合同已经生效。合同生效意味着该合同得到法律认可与保护，即对合同主体产生，规范行使权利，适当履行义务，不得擅自变更或解除合同的法律拘束力，即法律效力；否则，将强制合同义务人承担违约责任。此种合同效力状态下，双方主体合同订立的主观意愿与效果，同法律规范的客观法律效果是一致的，因此不存在合同订立法律风险。

（2）无效合同。无效合同，"是指合同已经成立，但不具备合同根本性有效要件，不能发生当事人预期法律效力的合同"②。值得注意的是，无效合同是"不能发生当事人预期法律效力的合同"，也就是双方主体合同订立的主观意愿与效果，同法律规范的客观法律效果是不一致的。此种状态下的合同，不会产生合同主体预期的合同法律效果，但会出现其他法律后果，如侵权法律关系等。因此，无效合同对自驾游客来讲，蕴含着极大的合同订立风险。我国《合同法》第52条规定，"有下列情形之一的，合同无效：（一）一方以欺诈、胁迫的手段订立合同，损害国家利益；（二）恶意串通，损害国家、集体或者第三人利益；（三）以合法形式掩盖非法目的；（四）损害社会公共利益；（五）违反法律、行政法规的强制性规定"；第53条规定，"合同中的下列免责条款无效：（一）造成对方人身伤害的；（二）因故意或者重大过失造成对方财产损失的"。但我国《民法总则》第144条规定，"无民事行为能力人实施的民事法律行为无效"；第

① 崔建远.合同法[M].北京：法律出版社，1999：77.

② 翟云岭.合同法总论[M].北京：中国人民公安大学出版社，2003：110.

146 条规定,"行为人与相对人以虚假的意思表示实施的民事法律行为无效。以虚假的意思表示隐藏的民事法律行为的效力,依照有关法律规定处理";第 153 条规定,"违反法律、行政法规的强制性规定的民事法律行为无效,但是该强制性规定不导致该民事法律行为无效的除外。违背公序良俗的民事法律行为无效";第 154 条规定,"行为人与相对人恶意串通,损害他人合法权益的民事法律行为无效"。合同行为是民事法律行为之一种,很明显我国《合同法》与《民法总则》,关于合同行为(民事法律行为)无效状态的认定是不同的。此种情形下,应根据"新法优于旧法"(《合同法》与《民法总则》分别于 1999 年、2017年通过并实施)原则,应该按照《民法总则》,来确认合同行为(民事法律行为)是否无效。按照《民法总则》规定理解,无效合同产生原因包括无民事行为能力人订立合同;合同双方主体以虚假的意思表示订立合同;订立的合同违法或违背公序良俗;合同双方主体恶意串通,损害他人合法权益的合同等。因合同主体不具备或欠缺行为能力,订立合同违法或违背公序良俗可能产生的法律风险,前文已经论述,这里主要论述因合同双方主体以虚假意思表示,和恶意串通损害他人合法权益订立合同所产生的法律风险。

　　意思表示,"是行为人把要求进行法律行为的意志(愿望)以一定方式表现于外部的行为"[①]。意思表示是民事法律行为的核心要素。虚假意思表示,又称双方虚伪意思表示,也称伪装行为,是指表意人对于表示非真意有认识,而且与相对人通谋所为的意思表示。实践中,汽车租赁公司经常使用他人汽车开展租赁业务,如果双方约定非车辆租赁人不得使用车辆,但租赁公司违反约定使用了该车辆,并发生事故给车辆造成损害。租赁公司为避免车辆所有人解除合同,而与自驾游客同谋订立虚假租赁合同,谎称自驾游客驾驶车辆不慎发生事故,此即为双方虚假意思表示。恶意串通,"是指订立合同的行为人故意的非法勾结,损害他人的合法权益"[②]。例如自驾游客与旅行社双方相互通谋,订立合同,损害了旅行辅助人利益等。自驾游中,无论合同双方主体以虚假意思表示,还是恶意串通损害他人合法权益订立的合同,均属无效,因这其中自驾游客存在一定过错,其要面临可能承担一定法律责任风险。

　　(3)效力待定合同。效力待定合同,"是指合同成立之后,是否已经发生效力尚不确定,有待于其他行为或事实使之确定的合同"[③]。目前,我国《合同

①　佟柔.民法原理[M].北京:法律出版社,1985:76.

②　郭明瑞,房绍坤.新合同法原理[M].北京:中国人民大学出版社,2000:167.

③　王利明.合同法新问题研究[M].北京:中国社会科学出版社,2003:223.

法》与《民法总则》对效力待定合同（法律行为）的规定是一致的，包括三类，即限制民事行为能力人订立的合同；无权代理人以本人名义订立的合同；无处分权人处分他人财产而订立的合同。这些效力待定合同生效的条件是经法定代理人或被代理人追认，或经财产权利人追认，无处分权的人订立合同后取得处分权。否则，即是无效合同。上述三种情形，自驾游客在自驾游中都可能遇到，限制民事行为能力人与无权代理人订立的合同法律风险，前文已论述，这里主要论述第三种情形。我国《合同法》第 51 条规定，"无处分权的人处分他人财产，经权利人追认或者无处分权的人订立合同后取得处分权的，该合同有效"。例如自驾游客未经权利人同意或许可，擅自将车辆出借给他人使用，事后又未得到权利人追认，也未取得该车辆处分权的，则该合同车辆出借无效。由此，自驾游旅客可能要面临承担一定法律责任风险。

（4）可变更、可撤销合同。可变更、可撤销合同，"是指对于合同中一方当事人在订立合同时违背对方真实意思表示，造成对方较大损失，法律赋予受损害一方当事人变更或者撤销合同的权利，以维护自身合法权益的制度"①。目前，我国《合同法》与《民法总则》对可变更、可撤销合同（法律行为）的规定是一致的，均包括重大误解、欺诈、胁迫、乘人之危和显失公平等情形。重大误解，指的是一方当事人因自己的过错导致对合同的内容等发生误解而订立的合同；欺诈，是指由于一方当事人故意错误陈述，另一方当事人发生认识上错误而订立的合同；胁迫，是指一方当事人以人身或者造成损害为要挟，迫使另一方当事人违反意愿而订立的合同；乘人之危，是指当事人一方利用对方的危难处境或者紧迫需要，为牟取不正当利益，迫使对方违背自己的真实意愿而订立的合同；显失公平，是指一方当事人利用优势或对方缺乏经验，在订立合同时致使双方的权利和义务明显违反公平原则的合同。

自驾游中，自驾游客在合同订立过程中，如果存在欺诈、胁迫、乘人之危等不当行为；或是因己方行为导致合同相对人重大误解；或是己方行为导致合同内容显失公平的，合同相对人有权撤销合同。合同被撤销后，将产生与无效合同同样法律后果，自驾游客将自食恶果，可能面临承担责任的法律风险。如果自驾游客是欺诈、胁迫、乘人之危等不当行为，或是重大误解、显失公平等情形的不利合同相对人，其有撤销合同的权利。但撤销权的行使是有时间限制的，如果当事人自知道或者应当知道撤销事由之日起 1 年内、重大误解的当事人自知道或者应当知道撤销事由之日起 3 个月内没有行使撤销权；当事人受胁

---

① 王利明.合同法研究[M].北京：中国人民大学出版社,2002:663.

迫,自胁迫行为终止之日起1年内没有行使撤销权;当事人知道撤销事由后明确表示或者以自己的行为表明放弃撤销权,则撤销权消灭。另外,当事人自民事法律行为发生之日起5年内没有行使撤销权的,撤销权消灭。因此,如果自驾游旅客未在规定时间行使撤销权,或放弃撤销权的,则合同仍然是有效合同,合同就具有法律约束力,自驾游客就需按照合同约定内容行使权利,履行义务,其将面临自担损失的法律风险。如果不履行,或不适当履行合同义务,其将面临承担违约责任法律风险。自驾游客即便是及时行使了撤销权,使合同产生无效合同法律后果,合同相对人需返还从己方获得的财产,或折价补偿,或赔偿损失,但仍存在原物无法返还,或补偿、赔偿无法实现的潜在风险。此外,还应当注意的是,合同即使存在可撤销法定情形,如果合同履行完毕,则拥有撤销权一方不得再主张撤销合同,那只能是权利人自担其中风险。

　　2.合同效力风险

　　合同效力风险,是指合同主体(或签约主体)的一方或双方在合同订立过程中,因不规范的缔约行为,而导致与合同主体所期望目标相违背的法律责任发生的可能性。合同的效力状态可分为有效合同、无效合同、效力待定合同和可变更、可撤销合同四类。其中有效合同状态下,双方主体缔约行为是规范的,不存在不当之处;合同订立的主观意愿与效果,同法律规范的客观法律效果是一致的,因此不存在合同订立法律风险。无效合同、效力待定合同和可变更、可撤销合同在三种效力状态下,因为合同一方或双方的不当缔约行为,导致合同无效,合同效力待定或不确定状态产生,这些状态下隐含着诸多法律风险。我国《民法总则》第157条规定,"民事法律行为无效、被撤销或者确定不发生效力后,行为人因该行为取得的财产,应当予以返还;不能返还或者没有必要返还的,应当折价补偿。有过错的一方应当赔偿对方由此所受到的损失"。《合同法》第58条规定,"合同无效或者被撤销后,因该合同取得的财产,应当予以返还;不能返还或者没有必要返还的,应当折价补偿。有过错的一方应当赔偿对方因此所受到的损失,双方都有过错的,应当各自承担相应的责任";第59条规定,"当事人恶意串通,损害国家、集体或者第三人利益的,因此取得的财产收归国家所有或者返还集体、第三人"。

　　据此,合同效力法律风险主要存在承担民事法律责任的可能性,其责任方式分别为返还财产、折价补偿和赔偿损失。"返还财产、折价补偿与赔偿损失共同构架起了合同无效后财产返还的三种主要方式。其中,返还财产与折价补偿是一个维度的方式,而赔偿损失是另一个维度的方式。在返还财产与折价补偿内部,返还财产是主要方式,折价补偿是对返还财产的补充或例外方式。""在因合同无效而产生的财产处理中,首先应考虑返还财产;如果返还财产不能或没有必要,则原受领人善意且无过失,则适用折价补偿规则;如原受领人恶意或有过错,则使用赔偿损失规则。"①

(1)返还财产。返还财产,是合同当事人在合同无效、被撤销或者确定不发生效力后,对于已交付给对方的财产享有返还请求权,而已经接受财产的当事人则有返还财产的义务。"返还财产旨在使双方当事人的财产关系回复到合同订立前的状态,而不是使当事人处于合同被履行后的状态,即不可能满足当事人订立合同所欲达到的目的,仅是使当事人回复到合同订立前的原始状态。"②返还财产是广泛适用于合同责任、侵权责任与不当得利返还责任的责任方式。合同责任中的返还财产分为两种情况,即单方返还财产和双方返还财产。如果合同一方履行了合同,另一方还没有履行,则在合同被确认无效或者被撤销后,只存在单方返还情形;如果合同双方都已经履行了义务,则双方均应返还从对方所获得财产。返还财产的范围应以对方交付的财产数额为标准予以确定,即使当事人所取得的财产已经减少甚至不存在了,也仍然要承担返还责任。如果当事人接受的财产是实物或者货币时,原则上应返还原物或者货币,不能以货币代替实物,或者以实物代替货币。如果原物已经毁损灭失,不能返还原物的,如果原物是可替代的物,应以同一种类物返还;如果原物已经毁损或灭失,并且是不可替代物,或者没有必要返还,那只能根据损毁情况折价补偿了。

(2)折价补偿。折价补偿,是合同无效、被撤销或者确定不发生效力后,无法返还财产状态下的补充形式,是返还财产的例外形式。"折价"是手段,"补偿"是目的。补偿是一种损害的救济方式,并非一般意义上的赔偿制度,其是基于公平正义与人道主义的理念,对受害者的损失给予一定填补的方式。我国《合同法》与《民法总则》对折价补偿的适用前提都规定为,"原物不能返还或者没有必要返还"。"不能返还",包括事实上不能返还和法律上不能返还。事实上的不能,主要是指标的物灭失造成不能返还原物,并且原物又是不可替代的。在这种情况下,取得该财产的当事人应当依据该原物当时的市价进行折价补偿。法律上的不能返还,主要是受善意取得制度的限制。即当一方将受领的财产转让给第三人,而第三人取得该项财产时在主观上没有过错,不知道

---

① 付一耀.民商事责任认定中的折价补偿研究[J].安徽理工大学学报(社会科学版),2017(6):24.

② 林旭霞.债权法[M].厦门:厦门大学出版社,2017:142.

或者没有责任知道该当事人与另一方当事人的合同无效或者被撤销,善意第三人就可以不返还该原物,并且该原物也是不可替代的,此时,该当事人就不能返还财产,他就必须依该物在当时的市价折价补偿给另一方当事人。"没有必要返还作为折价补偿的兜底性概念,同样作为体现折价补偿性质即维护各方当事人利益公平的设置,其适用的情形至少应该包括以下几个方面:第一,连续给付的合同;第二,受让、使用知识产权的合同;其三,直接返还财产将导致合同一方或几方当事人重大利益失衡,而该方当事人又不能请求对方赔偿损失的情形。"①有的自驾游合同中涉及的财产价值比较高,如车辆出借、租赁或互换合同中的自驾车,有的价值比较小(几万元或十几万元),有的则价值比较高(几十万元、上百万元甚至几百万元);其他合同中有时涉及的摄影、探险等设备也价值不菲。这就意味着一旦出现合同无效、被撤销或者确定不发生效力情形,自驾游客可能要承担返还财产的法律风险是十分巨大的。因此,自驾游客在订立合同时一定要慎之又慎。

(3)赔偿损失。赔偿损失,又称损害赔偿,是指民事责任人以支付金钱的方式,弥补受害方因违约、侵权或其他行为所造成的财产或者利益减少的一种责任形式。它不仅适用于违约责任,也适用于侵权行为及其他一些民事违法行为所造成的损失;不仅适用于合同违约行为,也适用于无效合同,或合同被撤销、确定不发生效力时所造成的损害赔偿。我国《合同法》不仅在合同无效、被撤销或者确定不发生效力等状态下,规定"有过错的一方应当赔偿对方因此所受到的损失",在缔约过失责任、违约责任等处,也规定了赔偿损失。因此,赔偿损失是应用性非常广泛的合同责任方式。

赔偿损失一般可分为约定赔偿与法定赔偿。约定赔偿是当事人在约定赔偿合同中约定赔偿损失的计算方法,在一方当事人违约给另一方当事人造成损失时,则按约定进行赔偿;法定赔偿,是法律直接规定损害赔偿的数额或者赔偿损害的计算方法。对于赔偿,有约定从约定,无约定从法定。损害赔偿的范围包括实际损失、可得利益损失和信赖利益损失。实际损失是违法(违约)行为给受害人(守约人)造成的直接损失,又可以分为财产性损害和人身性损害。根据我国相关法律规定,造成他人财产损害的,按照损失发生时的市场价格或者其他方式计算。如果损失难以确定,过错方因此获得利益的,按照其获得的利益赔偿;如果过错方获得的利益难以确定,双方就赔偿数额协商不一

---

① 付一耀.民商事责任认定中的折价补偿研究[J].安徽理工大学学报(社会科学版),2017(6):25.

致,向人民法院提起诉讼的,由人民法院根据实际情况确定赔偿数额。造成他人人身损害的,应当赔偿医疗费、护理费、交通费等为治疗和康复支出的合理费用,以及因误工减少的收入;造成残疾的,还应当赔偿残疾生活辅助器具费和残疾赔偿金;造成死亡的,还应当赔偿丧葬费和死亡赔偿金。此外,损害他人人身权益,造成严重精神损害的,无过错方还可以请求精神损害赔偿,但合同责任中不得请求精神损害赔偿。可得利益损失,又称间接损失,是侵权人(违约人)行为导致受害人(守约人)应当增加的财产而没有增加的损失,如失去签约机会等。信赖利益损害将在"缔约过失责任"中进行论述。

赔偿损失的基本属性在于补偿,即守约人(受害人)期望通过违约人或侵权人责任承担,使自己受到的财产或人身损害得以恢复原来状态。但"法律责任应当具有其固有的惩罚性,违约当事人应向受害人赔偿损失,正是法律对违约行为人的财产制裁,体现了法律责任的惩罚性质,如果损害赔偿兼具补偿性和惩罚性,就把对受害人的赔偿和对违约行为人的制裁两种作用有机地结合起来了"①。由此,赔偿损失还可分为一般性赔偿与惩罚性赔偿。民事责任赔偿损失多是补偿性的,即造成多少损失赔偿多少损失,因此属于一般性赔偿;惩罚性赔偿,是对当事人实施欺诈等违约行为的惩治,可由当事人约定,也可由法律规定,如《消费者权益保护法》规定的增加赔偿。

在合同无效、被撤销或者确定不发生效力情形下,合同主体承担赔偿损失责任的前提是"有过错或恶意",不仅限于"返还财产不能"情形,还包括需要承担缔约过失责任情形下的损害赔偿。因此,在合同无效、被撤销或者确定不发生效力情形,合同主体面临的赔偿损失法律风险发端于多种原因,具有复杂多样性。

(四)缔约过失风险

我国《民法总则》与《合同法》均规定,在民事法律行为(合同)无效、被撤销或者确定不发生效力后,"有过错的一方应当赔偿对方因此所受到的损失"。此处的"赔偿损失"责任承担,即来源于缔约过失责任。

1.缔约过失责任

缔约过失责任,"是指在合同订立过程中,一方因违背其依据诚实信用原则所产生的义务,而致另一方的信赖利益损失,就应承担损害赔偿责任"②。合同订立过程中,合同订立主体相互间必须进行一定缔约行为,要保持某种缔

---

① 梁慧星.民法[M].重庆:四川人民出版社,1989:417.
② 王利明.违约责任论[M].北京:中国政法大学出版社,1996:598.

约上的联系,此时双方就由普通关系进入一种特殊联系阶段,主体之间就形成了"类似的契约关系"或"缔约行为的法律关系"。① 在此种法律关系中,双方均应依诚实信用原则,互负相互协助、照顾、保护等义务,违反此义务就要承担缔约过失责任。缔约过失责任构成需要满足以下要件:

(1)缔约过失责任发生于合同订立阶段,并仅适用于合同不成立、无效、被撤销或确定不发生法律效力情形。从字面理解,"缔约"乃缔结、订立条约之意。缔结、订立合同行为的发生时间,即是合同当事人双方为了准备缔结合同而进行的磋商、接洽阶段,也即合同缔结阶段或合同订立阶段。因此,缔约过失责任只能存在于缔约阶段(合同订立阶段),而不能存在于合同运行的其他阶段。缔约过失责任的发生是基于合同不成立,无效、被撤销或者确定不发生效力等原因,也就是说不以合同的有效为前提。在合同有效成立时,当事人的行为受合同的约束,过错一方当事人对其不当行为应承担违约责任。在合同不成立,无效、被撤销或者确定不发生效力时,合同对双方不产生法律拘束力,一方就无法要求另一方对不当合同订立行为承担违约责任,此时有过错的当事人就要承担缔约过失责任。这是缔约过失责任与违约责任的重要区别。如果合同已经生效,不管是否已实际履行,此时发现合同一方在合同订立时已构成缔约过失责任,而此时缔约过失责任已被违约责任所吸纳,不再存在单独的缔约过失责任,这时就只能要求其承担违约责任了。

(2)缔约过失责任源于缔约人违反附随义务。附随义务,"是为履行给付义务或保护当事人人身或财产上利益,于契约发展过程中基于诚信原则而产生的义务"②。我国《合同法》第 60 条对附随义务规定为,"当事人应当遵循诚实信用原则,根据合同的性质、目的和交易习惯履行通知、协助、保密等义务"。违反附随义务行为具体表现为假借订立合同,恶意进行磋商;故意隐瞒与订立合同有关的重要事实或者提供虚假情况;缔约过程中未尽保护义务,致使合同对方当事人人身或财产遭受损害;订立合同过程中泄露或不正当使用知悉的对方商业秘密,以及有其他违背诚实信用原则的行为等。

(3)缔约人信赖利益遭受损失。信赖利益,"是指当事人相信法律行为有效成立,而因某种事实之发生,该法律行为(尤其是契约行为)不成立或无效之

①　王利明.论缔约过失责任[M]//民商法研究(第 3 册).北京:法律出版社,1998:661.

②　王泽鉴.契约上的不作为义务[M]//民法学说与判例研究(第 8 册).北京:中国政法大学出版社,1998:120.

损失,又称消极利益之损害。于此情形,被害人得请求赔偿者,系赔偿义务人在经济上应使其恢复到未信赖法律行为(尤其是契约)成立或有效时之状态"①。信赖利益,又称消极利益,与债权人就契约履行时所可获得的履行利益或积极利益不同,信赖利益赔偿的结果是使当事人达到合同未曾发生时的状态,而履行利益赔偿的结果是使当事人达到合同完全履行时的状态。信赖利益的损失包括因过失方的行为致信赖人的直接财产的减少,如支付各种费用;也包括信赖人的财产应增加而未增加的利益,如信赖合同有效而失去某种应该得到的机会。

(4)缔约人有过错。缔约人在缔约之际,其承担的首要义务就是必要的注意义务。缔约之际的当事人之间,互以利益信赖为基础,相互负有以必要注意,保护对方利益安全义务。如果合同一方主体违反对相对方利益保护的注意义务,就构成缔约过失责任构成中的过错要件。如假借订立合同,恶意进行磋商;隐瞒与订立合同有关的重要事实或者提供虚假情况,即为缔约人故意之行为。缔约过程中未尽保护义务,致使合同对方当事人人身或财产遭受损害;订立合同过程中泄露或不正当使用知悉的对方商业秘密,大多是在缔约人存在过失情况下产生的,有时也是缔约人故意而为之。此外,即使没有上述行为,只要缔约人因过错产生其他违背诚实信用原则行为,导致合同无效、被撤销或者确定不发生效力的,都应承担缔约过失责任。由此可见,在合同订立过程中,如果出现了合同无效、被撤销或者确定不发生效力状态,即使没有从对方取得某些财产,或造成一定实际物品损失,只要行为有过错,仍然存在责任承担法律风险。

2.缔约过失风险

缔约过失风险,就是可能承担缔约过失责任的可能性。在合同订立阶段,一方主体违反义务附随,会导致另一方主体信赖利益损失。信赖利益损失,是当事人相信法律行为有效成立时,某种事实的发生导致该法律行为不成立、无效所造成的损失。信赖利益损失分为两种,即直接损失和间接损失。直接损失,是指当事人为缔结契约所耗费的各种现有利益,如为缔结契约所耗费的劳务费、差旅费、邮电费等各项合理费用;间接损失,又称可得利益损失,是指基于缔结当事人一方的过错,应当增加的财产而没有增加的损失,主要表现为合同一方违反附随义务,导致另一方本可以获得的,因对方当事人的过错而未能

---

① 王泽鉴.信赖利益之损害赔偿[M]//民法学说与判例研究(第5册),北京:中国政法大学出版社,1979:229.

获得之损失。信赖利益的损害后果分为两种，即财产性损害和人身性损害。根据我国相关法律规定，侵害他人财产的，财产损失按照损失发生时的市场价格或者其他方式计算。如果损失难以确定，过错方因此获得利益的，按照其获得的利益赔偿；如果过错方获得的利益难以确定，双方就赔偿数额协商不一致，向人民法院提起诉讼的，由人民法院根据实际情况确定赔偿数额。侵害他人造成人身损害的，应当赔偿医疗费、护理费、交通费等为治疗和康复支出的合理费用，以及因误工减少的收入；造成残疾的，还应当赔偿残疾生活辅助器具费和残疾赔偿金；造成死亡的，还应当赔偿丧葬费和死亡赔偿金。另外，损害他人人身权益，造成严重精神损害的，无过错方还可以请求精神损害赔偿。

自驾游中，自驾游客会与不同主体缔结旅游服务、车辆借用（互换或租赁）、住宿（餐饮、保管或游览）、买卖、旅客或货物运输等各式合同。自驾游客在各类合同缔结过程中，不管是故意，还是过失违反附随义务，如自驾游客为了解、套取旅游经营者的旅游线路、履行辅助人等信息，恶意与旅行社工作人员进行缔约洽谈；故意隐瞒自驾车辆没有定期年检信息，或提供虚假驾驶证件，致使自驾旅游服务合同无效；车辆进入景区停车场，忘记熄火或熄火后忘记刹车，车辆溜坡，致使停车场设施受损等，都有可能承担损害赔偿责任。因此，提醒自驾游客，在订立合同时一定要谨慎、细心，不仅要重视自身权利，更应履行附随义务，避免给对方主体造成人身或财产损害。否则，随时将有可能面临缔约过失法律风险。

（五）合同违约风险

1.违约责任

"违约责任，又称合同责任，是当事人不履行合同债务时依法产生的法律责任。"①我国《合同法》第 8 条规定，"依法成立的合同，对当事人具有法律约束力。当事人应当按照约定履行自己的义务，不得擅自变更或者解除合同。依法成立的合同，受法律保护"；第 107 条规定，"当事人一方不履行合同义务或者履行合同义务不符合约定的，应当承担继续履行、采取补救措施或者赔偿损失等违约责任"。合同主体双方通过缔约，意思表示达成一致，形成具有法律效力的合同法律关系。合同法律关系任何一方均需按照合同约定和法律规定，全面、严格、适当履行合同义务。唯有如此，合同双方主体才能够实现合同订立的目的。任何一方违反合同义务，都会给对方带来一定的损失，致使其合

---

① 崔建远.违约责任论[J].吉林大学社会科学学报,1991(4):12-13.

同目的无法实现,此时就需违约方承担一定责任,来弥补或补偿对方所受损失。因此,从此角度讲,违约责任是合同制度中的核心问题。

2.违约行为

违约责任是合同主体违反合同义务,所需承担的民事法律责任。因此,合同义务违反,是违约责任的构成前提,没有违约行为,就没有违约责任。违约行为,是指当事人一方不履行合同义务,或履行合同义务不符合约定条件的行为。根据违约行为发生的时间不同,违约行为可分为预期违约和实际违约两类。实际违约又可分为不履行(包括主观不履行或客观不履行)、迟延履行和不完全履行(包括部分履行和瑕疵履行)。违约行为不同,给守约方造成损害的结果与范围不同,具体责任方式的适用选择也不同,因此对违约行为应认真理解、分析。下面将以自驾游客作为一方合同主体,结合自驾游中的各类合同,对违约行为进行论述。

(1)预期违约。"预期违约是指履行期届至前,一方当事人明示拒绝履行且无免责事由,或者守约方能够证明对方在履行期届至时将不履行合同,而对方又不能提供适当的履约担保。"[①]预期违约分为明示预期违约和默示预期违约两类。预期违约发生在履行期届满前,是当事人在合同履行期届满前,将不履行合同义务的一种实在危险。理论上讲,预期违约仅仅是一种违约的可能性,但这种可能性却极大地接近现实性,如果任其发展,对守约方十分不利,有违公平原则。因此,预期违约制度是基于诚实信用和公平原则产生的,目的是平衡合同双方当事人之间的利益及当事人与社会整体间的利益。我国《合同法》第108条规定,"当事人一方明确表示或者以自己的行为表明不履行合同义务的,对方可以在履行期限届满之前要求其承担违约责任"。当然,守约方也可以不接受预期违约,而坚持合同效力。如果合同履行期届至后,对方仍不履行,则构成对合同义务的实际违反,守约方即可以要求对方承担实际违约责任。

实践中,需要区分预期违约与合同履行中的不安抗辩权。不安抗辩权,是指在异时履行的合同中,应当先履行的一方有确切的证据证明对方在履行期限到来后,将不能或不会履行债务,则在对方没有履行或提供担保以前,有权暂时中止债务的履行。不安抗辩权与默示预期违约非常相似,它们都是解决对方当事人在合同履行期限届满之后,可能不履行义务的危险而设立的。二者都发生在合同签订之后,合同履行期限届满之前,同时违约方对是否继续履

---

① 王利明.预期违约制度若干问题研究[J].政法论坛,1995(2):18.

约没有明确表示的情况下,而且两项规定都赋予债权人在对方为履行提供足够的担保前中止履行自己的义务的权利。但需要注意二者间的区别。不安抗辩权的行使以双方履行债务时间有先后之别为前提,并且只有先履行的一方才能行使;预期违约则没有此前提条件。我国《合同法》对不安抗辩权发生的原因规定了经营状况严重恶化;转移财产、抽逃资金,以逃避债务;丧失商业信誉;以及有丧失或者可能丧失履行债务能力的其他情形,而预期违约的理由则不限于此。不安抗辩权的行使与债务人是否有过错并无关联,而预期违约一般是以过错为构成要件。预期违约会导致合同解除或守约方要求对方承担违约责任,而不安抗辩权只是一种延期抗辩权,并不能要求违约方承担违约责任。

自驾游中,自驾游客作为合同一方主体,可与不同合同主体间订立旅游服务、车辆借用(互换或租赁)、住宿(餐饮、保管或游览)、买卖、旅客或货物运输等合同。在这些合同中,由于自驾游客过错行为,都会引发法律风险,从而导致缔约过失责任产生。在旅游服务合同中,合同生效后且没有届至履行期前,自驾游客毁约,或单方取消或改变行程路线等,即为预期违约行为,此时就会产生担责法律风险。但在包价旅游合同中,如果是旅行社招揽自驾者组团旅游,因未达到约定人数不能出团的,自驾游客有权解除合同。此种情形不属自驾游客预期违约,旅行社应退还已收取的全部费用,当然也不存在担责法律风险。如果包价旅游合同已生效,但旅游行程尚未开始,自驾者可以将合同中自身权利义务转让给第三人,也不是预期违约行为,不存在法律风险,但因此增加的费用应由自驾游客和第三人承担。在车辆借用、互换或租赁合同中,合同生效后且没有届至履行期前,自驾游客明确表示毁约,或已经借用、租用他人车辆出行,即为预期违约,要承担法律风险。住宿合同中,合同生效后且没有届至履行期前,自驾游客预订房间后,又改定他处住宿;车辆保管合同中,自驾游客在旅游高峰期已经预定车位,但又改停他处等,都是预期违约行为,都会产生担责法律风险。在上述合同生效后且没有届至履行期前,如果自驾游客是先履行合同义务一方,并且有确切证据证明旅游服务组织者、车辆借用人(互换人或租赁人)、拟住宿酒店、就餐餐厅、车辆保管方、景区、商品出卖人或旅客、货物运输方等存在经营状况严重恶化;转移财产、抽逃资金,以逃避债务;丧失商业信誉;或有丧失或者可能丧失履行债务能力的其他情形,可以暂时中止履行合同义务。自驾游客中止履行后,应及时通知对方。如果对方提前履行义务,或提供适当担保时,自驾游客应当恢复履行;如果对方在合理期限内未恢复履行能力,也未提前履行义务或提供适当担保,自驾游客可以拒绝履行己方义务,并可解除合同。此时就不属预期违约行为,也不存在法律风险。

(2)不履行。不履行分为主观不履行和客观不履行两类。主观不履行,又称相对不履行或拒绝履行,是指合法生效的合同已届履行期,但义务人表示拒绝履行合同。拒绝履行合同的义务人一般具有履行能力而故意不履行,其拒绝履行合同的表示既可以明示作出,也可默示作出。我国《合同法》规定,依法成立的合同,对当事人具有法律约束力;当事人应当按照约定履行自己的义务,不得擅自变更或者解除合同。也就是说,一般情况下合同义务人拒绝履行合同义务,即构成违约。但如前所述,如果先履行合同义务人行使不安抗辩权,暂时拒绝履行己方义务,不属违约行为。如果义务人不享有不安抗辩权,但在履行期限之前拒绝履行合同义务,即为预期违约。如果合同义务人在履行期限届临后,暂时拒绝履行合同义务,后又依照合同内容履行了义务,其拒绝履行即转化为迟延履行违约行为。客观不履行,又称绝对不履行或不能履行,是指合法生效的合同已届履行期,但合同义务人在客观上已经没有履行能力,或者法律禁止该义务履行。此时,义务人就构成了根本违约,权利人无法实现合同目的,权利人只能解除合同并要求义务人承担违约责任,以弥补损失。

自驾游中,自驾游客因不履行合同义务构成违约,是比较常见的。例如旅游服务合同中,自驾游客不缴纳相关旅游费用、不按时出行等行为;车辆租赁合同中,自驾游客不归还车辆、不缴纳租车费用等行为;住宿服务合同中,自驾游客无正当理由不入住、将违禁物品带入房间等行为;餐饮服务合同中,自驾游客就餐后跑单等行为;车辆保管服务合同中,自驾游客没有按规定缴纳车辆保管费等行为;景区游览合同中,自驾游客非法进入游览区、对景区设施进行破坏等行为;买卖合同中,自驾游客未经允许试用、试吃商品等行为。自驾游客的这些行为不管是有意而为之,还是无意之举,都是不履行合同义务之表现,都存在法律风险。

(3)迟延履行。迟延履行包括义务人迟延和权利人迟延两种。义务人迟延,又称逾期履行,是指义务人在合同履行期限届满时,未按时履行义务,经权利人催告后才履行合同义务的行为。如果合同未明确约定履行期限,权利人有权催告义务人履行义务,义务人未在指定期限内及时履行的,则构成迟延履行,但此种情况下,权利人应给予义务人必要准备时间。如果义务人迟延履行,经催告后仍不履行义务,则视为拒绝履行。权利人迟延,又称受领迟延,是指权利人对义务人已提供的义务给付,未及时受领的违约行为。对于义务人提前履行、部分履行或瑕疵履行义务,权利人均可拒绝受领,且不属于违约行为,但提前履行、部分履行不损害权利人利益除外。

自驾游中,自驾游客因迟延履行合同义务构成违约,也是比较常见的。迟延履行合同义务违约行为,既可因自驾游客逾期履行构成,也可因迟延受领构成。例如旅游服务合同中,自驾游客逾期缴纳旅游费用、未按规定时间到达集合地点等行为;车辆租赁合同中,自驾游客不按时归还车辆、逾期缴纳租车费用等行为;住宿服务合同中,自驾游客不按时入住、不及时退房、不及时付费等行为;车辆保管服务合同中,自驾游客没有按时撤离停车位等行为;买卖合同中,自驾游客未及时受领并检查购买商品等行为;货物运输合同中,自驾游客不及时领取快递货物等行为。自驾游客这些行为大多是因逾期履行构成,少数会因迟延受领构成,不管是故意还是过失之行为,都是迟延履行之违约表现,都存在法律风险。

(4)不完全履行。不完全履行,又称不完全给付或不适当给付,是指义务人虽然履行了义务,但是履行行为不符合合同义务本旨和权利人目的。不完全履行包括部分履行和瑕疵履行两类。部分履行,是指义务履行在内容或数量上不完整,达不到合同规定的要求。如果义务人部分履行,损害了权利人利益,则权利人可不受领,并有权要求义务人一次性全部履行义务;如果义务人无法做到,将构成不履行违约行为。如果义务人部分履行,不损害权利人利益,则权利人应当受领,并有权要求义务人继续履行义务;如果义务人无法继续履行,将对无法履行之义务构成不履行违约行为。瑕疵履行,是指义务履行标的物品种、型号、规格等不符合合同约定或者存在缺陷,或义务履行行为对权利人具有加害性,或履行方式不符合合同约定、目的,或义务履行违反附随义务等。对瑕疵履行,权利人可拒绝受领,且不属于违约行为;也可以受领,并要求义务人限期消除瑕疵。

自驾游合同履行中,自驾游客均存在部分履行、瑕疵履行违约行为。例如旅游服务合同中,自驾游客仅缴纳部分旅游费用、驾驶车辆不符合约定车型等行为;车辆租赁合同中,自驾游客将车辆损害、缴纳租车费用不足等行为;住宿服务合同中,自驾游客缩短入住时间、在房间吸烟引发火灾等行为;车辆保管服务合同中,自驾游客停车时不慎将停车场设施损坏等行为。自驾游客这些行为既可以由部分履行构成,也可以由瑕疵履行构成,都存在法律风险。

3.违约法律风险

合同成立并生效后,对合同双方产生了法律约束力,任何一方均应依法、依约履行合同义务,否则将面临违约法律风险。我国《合同法》第107条规定,

"当事人一方不履行合同义务或者履行合同义务不符合约定的,应当承担继续履行、采取补救措施或者赔偿损失等违约责任"。据此,违约法律风险主要存在承担违约责任的可能性,违约责任的承担方式分别为继续履行、采取补救措施和赔偿损失。此外,合同双方还可以约定,以违约金来承担违约责任。本书在"合同效力风险和缔约过失风险"部分,已对赔偿损失作了介绍,下面主要论述继续履行、采取补救措施和违约金。

(1)继续履行。继续履行,又称强制履行或实际履行,是指违约方根据对方当事人请求,继续履行合同规定义务的违约责任形式。合同主体间缔结合同法律关系后,双方只有按照合同约定履行各自义务,才能实现彼此合同目的,否则合同订立毫无意义。因此,合同义务的实际履行对双方合同目的的实现意义重大。当合同义务没有依约履行,合同一方或双方目的将很难实现,而此时还想实现合同目的,继续或实际履行合同就成为必要。因此,"实际履行应当为违约责任之首选,此也应为我国合同法中违约责任的首要形式"[①]。

一般情况下,金钱债务大多都可适用继续履行责任方式,但人身债务和有些金钱债务是不能适用的。继续履行责任方式适用要满足两个条件:一是守约方要明确要求违约方继续履行合同义务,即主动权掌握在守约方;二是违约方能够继续履行合同义务,如果合同义务不能继续履行,或是法律上、事实上无法继续履行,都不可适用继续履行责任方式。此处"不能继续履行,或是法律上、事实上无法继续履行",是指客观不能履行的合同义务。债务标的不适合继续履行或者继续履行的费用过高;法律明文规定不得使用继续履行的,而责令违约方承担违约金责任或者损害赔偿责任的;因不可归责于当事人双方的原因导致合同履行实在困难的等情形。继续履行责任方式在拒绝履行、迟延履行和不完全履行等违约状态下均可适用。适用流程一般是守约方向违约方提出继续履行要求时,同时约定履行限期,要求违约方在该期限内履行合同义务。如果义务人在限期内按要求履行了合同义务,则合同履行完毕;如果守约方仍有其他损害后果,则违约方还应承担赔偿损失责任。如果义务人在限期内没有按要求履行合同义务,则守约方只能要求违约方承担赔偿损失责任。

自驾游中,在自驾游客承担的合同义务一般都是金钱义务,只要守约方要求继续履行的,在拒绝履行、迟延履行和不完全履行等违约情形中,都可以适用继续履行责任方式。例如旅游服务合同中,被要求限期缴纳旅游费用;车辆租赁合同中,被要求限期归还车辆或缴纳租车费用;住宿服务合同中,被要求

---

① 王卫国.论合同的强制实际履行[J].法学研究,1984(3):65.

及时入住房间、及时付费;车辆保管服务合同中,被要求限时撤离停车位;景区游览合同中,被要求补交门票费用;买卖合同中,对未经允许试用、试吃商品补交货款;货物运输合同中,被提醒及时领取快递货物等。总之,继续履行责任方式的适用,不仅有利于守约方实现合同目的,更有利于合同制度与交易安全维护。

(2)采取补救措施。采取补救措施,是指在义务人不完全履行(即部分履行和瑕疵履行)合同义务状态下,为矫正合同履行的不完全性而适用的一种责任方式。对补救措施的具体方式,我国现有法律规定略有差异,但大同小异,如《合同法》规定为修理、更换、重作、退货、减少价款或者报酬等;《消费者权益保护法》规定为修理、重作、更换、退货、补足商品数量、退还货款和服务费用等;《产品质量法》规定为修理、更换、退货等。在合同义务不完全履行状态下,采取补救措施可以弥补合同履行缺陷,其仍是为实现合同目的,因此采取补救措施实际上是一种特殊的继续履行责任方式。采取补救措施的适用也要满足两个条件:一是守约方提出要求,并限定时间;二是违约方能够补救、弥补合同履行的不完全性。此处"能够补救、弥补合同履行的不完全性"的判断标准有两个:一是合同约定的义务内容;二是守约方是否首肯。如果采取补救措施后,达到合同约定要求,或虽未达到合同要求,但得到守约方首肯,则将视为合同义务内容变更,都可认定为合同义务履行完毕。此时如果守约方仍有其他损害后果,则违约方还应承担赔偿损失责任。如果采取补救措施后,未达到合同约定要求,也未得到守约方首肯,违约方就要承担赔偿损失责任。

自驾游中,在自驾游客不完全履行合同义务状态下,一般都可以适用采取补救措施责任方式。如在相关合同中,被要求更换车驾车辆,将车辆归还至约定的地点,对损坏车辆进行修理,将移动的床铺归位,对非法带入宾馆的违禁物品及时进行处理,维修、更换毁坏的停车设施或旅游设施等。

(3)违约金。"违约金是合同当事人在合同订立时预先约定的,当一方违约时向对方支付的一定数额的金钱。"[①]我国《合同法》第 114 条第 1 款规定,"当事人可以约定一方违约时应当根据违约情况向对方支付一定数额的违约金,也可以约定因违约产生的损失赔偿额的计算方法"。支付违约金需满足两个条件:一是要以合同有效为前提,合同无效,则不存在违约,因而也不存在支付违约金问题;二是要合同双方主体事先约定,确定在何种违约情形下由违约方承担违约金支付责任,且明确约定违约金数额,具体数额既可以是固定的,

---

① 谢怀栻.合同法原理[M].北京:法律出版社,2000:684.

也可以约定一定比例。违约金责任方式体现了合同订立的意思自治原则,既免去了守约方在另一方违约后,其就遭受损失所负的举证责任,又可使守约方不必担心违约方承担强制履行违约责任的后续履行问题。因此,违约金在合同订立时经常会被列入合同内容条款。自驾游客在各种合同订立过程中,根据合同性质,与对方协商,都可在合同内容中列入违约金条款,将各方违约责任固定下来,可以起到对合同履行担保作用。

4.违约法律风险叠加

如前所述,违约责任的承担方式包括继续履行、采取补救措施、赔偿损失和违约金,其中继续履行、采取补救措施和赔偿损失是法定承担方式;违约金是约定承担方式。违约金只有合同双方在合同中事先约定,才能适用,没有约定则不能适用。由于违约行为的多样性与复杂性,致使守约方遭受的损害后果也呈现出多样化、复杂化,因此单一责任方式无法实现对守约方损害的补偿或赔偿。为贯彻全面赔偿原则,实践中多种责任承担方式的叠加适用就成为常态。多种责任承担方式的叠加适用,会加大违约法律风险,同时也有利于督促合同各方依约履行合同义务,实现合同目的,维持合同制度正常运行秩序。

采取补救措施实际上是一种特殊的继续履行责任方式,因此多种违约责任承担方式叠加,经常发生于继续履行、赔偿损失和违约金之间,或采取补救措施、赔偿损失和违约金之间。下面着重论述继续履行、采取补救措施和违约金,赔偿损失和违约金的叠加适用问题。

我国《合同法》规定,"当事人就迟延履行约定违约金的,违约方支付违约金后,还应当履行债务"。据此,自驾游客如果在合同中与对方约定了违约金条款,在己方出现迟延履行违约行为时,支付违约金不能替代履行合同。违约金是独立于履约行为之外的给付责任,违约方不得在支付违约金后而免除履行合同义务。例如自驾游客与旅游组织者签订了旅游服务合同,其中约定了违约金,如果由于自驾游客原因,导致团队行程拖延两天,则自驾游客可能不仅要参团继续行程,还要支付违约金,并且要承担由此造成的其他损失。继续履行、采取补救措施和违约金责任的叠加适用,不仅发生在迟延履行违约之中,针对不完全履行违约行为,同样可叠加适用。例如自驾游客与汽车租赁公司签订了汽车租赁合同,其中约定了违约金,如果由于自驾游客驾驶不慎,致使车辆损坏,则自驾游客可能不仅要负责对车辆进行修理,还要支付违约金,并且要承担由此造成的其他损失。

我国《合同法》规定,"当事人一方不履行合同义务或者履行合同义务不符合约定的,应当承担继续履行、采取补救措施或者赔偿损失等违约责任";"约定的违约金低于造成的损失的,当事人可以请求人民法院或者仲裁机构予以增加;约定的违约金过分高于造成的损失的,当事人可以请求人民法院或者仲裁机构予以适当减少"。据此,我国理论与实务界对同一违约行为的责任承担,一般否认赔偿损失和违约金的叠加适用。因为违约金本质上是对损害赔偿总额的预定,既然违约金是用来替代损害赔偿的,那么就应优先适用,两者当然不能并用。如果存在违约金数额低于实际损失的情形,守约方对于违约金与实际损失的那部分差额,不能行使损害赔偿请求权,而只能行使违约金增额请求权。那是不是赔偿损失和违约金就完全不能叠加适用了呢?当然也不完全是这样。如果违约金请求权与损害赔偿请求权所指向的违约行为和损害后果不是同一的,如一个指向迟延履行损害,另一指向瑕疵履行损害,这时二者目的不同,叠加适用将相得益彰,是没有问题的。因此,实践中对赔偿损失和违约金的叠加适用,应针对具体案件,具体分析责任方式适用问题,这也是由违约行为与违约责任承担问题的多样性与复杂性决定的。

(六)合同犯罪风险

合同犯罪,是指合同订立或履行主体在合同订立或履行过程中,其行为不仅违法或违约,而且违反刑事法律规范,并有可能承担刑事责任。对合同犯罪问题的研究,学界一般称为"民刑交叉"、"民刑交织"、"刑民交错"或"民刑结合"问题。"'民刑交叉'并非规范的法律用语,一般指单一行为同时涉及民商事或是刑事法律关系,从而难以确定地适用民商事或刑事法律予以评价;或者该行为可以同时适用刑事或民商事法律予以双重评价。"[①]目前,学界与实务界普遍主张对"民刑交叉"应同时适用刑事或民商事法律予以双重评价。因此,无论在合同订立还是履行过程中,不仅存在违约与侵权法律风险叠加现象,还会存在违约与犯罪,甚至违约、侵权与犯罪三种风险叠加情形,非常复杂。

根据我国《刑法》规定,与合同直接相关的犯罪主要包括合同诈骗罪;贷款诈骗罪;签订、履行合同失职被骗罪;国家机关工作人员签订、履行合同失职被骗罪;侵犯商业秘密罪;拒不支付劳动报酬罪和信用卡诈骗罪等罪名。其中与自驾游和自驾游客直接相关的是合同诈骗罪和侵犯商业秘密罪,以下将主要围绕这两个罪名来论述合同犯罪风险。

---

① 姚辉.涉犯罪合同效力问题研究[J].法学杂志,2017(3):11.

1.合同诈骗罪和侵犯商业秘密罪的犯罪构成

"犯罪构成是指我国刑法所规定的、决定某一具体行为的社会危害性及其程度而为该行为构成犯罪所必需的一切客观和主观要件的有机统一。"①我国刑法通说认为,犯罪构成由犯罪客体、犯罪客观方面、犯罪主体和犯罪主观方面四要件组成,犯罪构成是犯罪成立的构成,是追究行为人刑事责任的唯一根据。犯罪构成是我国刑法理论的基础和核心,是定罪量刑的法律标准,是承担刑事责任的根据,无论对司法实践还是刑法理论,都具有重大意义。

(1)合同诈骗犯罪构成。根据我国《刑法》第224条规定,合同诈骗罪是指以非法占有为目的,在签订、履行合同过程中,采取虚构事实或者隐瞒真相等欺骗手段,骗取对方当事人的财物,数额较大的行为。合同诈骗罪的犯罪对象是公私财物,侵害客体是国家对经济合同的管理秩序和公私财产所有权。犯罪客观方面,表现为在签订、履行合同过程中,以虚构事实或者隐瞒真相的方法,骗取对方当事人财物,数额较大的行为,具体包括以虚构单位或者冒用他人的名义签订合同的;以伪造、变造、作废的票据或者其他虚假的产权证明作担保的;没有实际履行能力,以先履行小额合同或者部分履行合同的方法,诱骗对方当事人继续签订和履行合同的;收受对方当事人给付的货物、货款、预付款或者担保财产后逃匿的;以其他方法骗取对方当事人财物的;等等。所谓"数额较大",是指个人诈骗公私财物,数额在5000元至20000元以上;单位直接负责的主管人员和其他直接责任人员以单位名义实施诈骗,诈骗所得归单位所有的,数额在5万至20万元以上。犯罪主体是一般主体,个人或单位均可构成。犯罪主观方面,表现为直接故意,并且具有非法占有对方当事人财物的目的。

合同诈骗犯罪与之前论述的合同欺诈行为有很多相似之处,甚至有学者认为,合同诈骗犯罪只是情节严重的合同欺诈行为,二者的故意内容、行为手段都没有实质性的区别。② 实质上,合同诈骗犯罪与合同欺诈行为存在本质区别,"因为许多合同民事欺诈行为只是故意陈述虚假事实或者隐瞒真实情况,而并没有触犯刑事法律,构成犯罪"③。首先,二者主观目的内容不同。合

---

① 高铭暄,马克昌,赵秉志.刑法学[M].北京:北京大学出版社、高等教育出版社,2000:52.

② 黄华平.论合同诈骗罪的几个问题[M]//新刑法施行疑难问题研究与适用.北京:中国检察出版社,1999:245.

③ 王利明,崔建远.合同法新论(修订本)[M].北京:中国政法大学出版社,2000:268.

同诈骗犯罪的非法占有目的是行为人意图永久地排除对方当事人的财产所有权,使对方当事人的财物处于自己的非法所有状态。合同欺诈行为人虽然也侵犯对方当事人的财产权利,但其不具有非法占有对方当事人财物的故意,而是为了使合同得以签订,在骗得货物或钱财后,并未揣入个人腰包,占为己有,而是用于生产经营,获利后再履行合同义务。其次,二者客观方面表现不同。合同诈骗行为人的目的是非法占有对方当事人的财物,因此行为人在客观上没有基本的履约行为;而合同欺诈行为因为不具有非法占有目的,所以行为人在客观条件允许的情况下,会有履行合同行为。合同诈骗犯罪是一种财产型犯罪,只是客观上诈骗对方当事人的财物,达到数额较大时才能构成犯罪;而合同欺诈行为因为没有非法占有目的,合同标的物的数额大小并不影响合同民事欺诈行为的构成。合同诈骗犯罪从行为人取得财产角度,不能由不作为构成;而合同民事欺诈行为既可是作为,也可表现为不作为。自驾游客在自驾游服务、车辆借用(互换或租赁)、住宿(餐饮、保管或游览)、买卖、旅客或货物运输等合同订立、履行过程中,如果以非法占有为目的,采取虚构事实或者隐瞒真相等欺骗手段,骗取对方财物且数额较大,即可构成本罪。同时也要区分合同诈骗犯罪与合同欺诈行为,不要将合同诈骗犯罪误认为合同欺诈行为,否则会出现法律风险预判与评估错误。这里需要指出的是,如果自驾游客的不当行为构成了合同诈骗罪,其将面临合同与犯罪双重法律风险。

　　(2)侵犯商业秘密罪犯罪构成。根据我国《刑法》第 219 条规定,侵犯商业秘密罪,是指以盗窃、利诱、胁迫或者其他不正当手段获取权利人的商业秘密,或者非法披露、使用或者允许他人使用其所掌握的或获取的商业秘密,给商业秘密的权利人造成重大损失的行为。犯罪侵犯客体是商业秘密权以及受国家保护的正常有序的市场经济秩序。犯罪客观方面实施了侵犯商业秘密行为,并且给权利人造成了重大损失。侵犯商业秘密的行为表现为以盗窃、利诱、胁迫或者其他不正当手段获取权利人的商业秘密;披露、使用或者允许他人使用前述手段获取的权利人的商业秘密;违反约定或者违反权利人有关保守商业秘密的要求,披露、使用或者允许他人使用其所掌握的商业秘密;明知或应知前述第一种至第三种违法行为,而获取、使用或者披露他人商业秘密。重大损失是指经济方面的重大损失,包括减少盈利、增加亏损、引起破产、在竞争中处于不利地位等,一般要达到造成直接经济损失数额 50 万元以上。犯罪主体是一般主体,凡达到刑事责任年龄且具备责任能力的自然人均能构成此罪。犯罪主观方面只能是故意,即行为人有意识地通过多种手段侵犯商业秘密,过失不构成此罪。

本书在"缔约过失法律风险"部分曾论述,合同当事人订立合同过程中泄露或不正当使用知悉的对方商业秘密,即是违反附随义务之行为,将面临缔约过失法律风险。这里的"泄露或不正当使用知悉的对方商业秘密"与侵犯商业秘密罪"违反约定或者违反权利人有关保守商业秘密的要求,披露、使用或者允许他人使用其所掌握的商业秘密"的行为表现具有一致性。"因同一侵犯商业秘密的法律事实同时侵犯了刑事和民事法律关系,从而构成'刑民交叉'。"[①]为更好协调民法与刑法各自保护界限,解决"刑民交叉"问题,我国刑法将"造成重大经济损失"(即造成直接经济损失数额50万元以上)作为区分"侵犯商业秘密罪"与"侵犯商业秘密行为"分界线,以界定区分侵犯商业秘密犯罪行为与一般民事侵权行为。自驾游客在自驾游服务、车辆借用(互换或租赁)、住宿(餐饮、保管或游览)、买卖、旅客或货物运输等合同订立、履行过程中,有时可能会知悉合同对方一些商业秘密。如果以盗窃、利诱、胁迫或者其他不正当手段获取合同相对人的商业秘密,或者非法披露、使用或者允许他人使用其所掌握的或获取的商业秘密,给商业秘密的权利人造成重大损失,即可构成本罪。因此,也要注意侵犯商业秘密犯罪行为与一般民事侵权行为二者间的界限与区别,不要相互混淆,否则将会面临更大、更严重法律风险。这里需要指出的是,如果自驾游客的不当行为构成了侵犯商业秘密罪,其将面临侵权与犯罪双重法律风险。

2.合同犯罪风险

法律风险,是法律实施过程中由于行为人作出的具体法律行为不规范导致的,与其所期望达到的目标相违背的法律不利后果发生的可能性。合同犯罪法律风险就是由于合同主体在合同订立、履行中极其严重的不当行为,从而可能产生的刑事责任(即刑罚)承担。我国刑法对合同诈骗罪和侵犯商业秘密罪的刑罚均作出了明确规定。

我国《刑法》第224条规定,构成合同诈骗罪,数额较大的,处3年以下有期徒刑或者拘役,并处或者单处罚金;数额巨大或者有其他严重情节的,处3年以上10年以下有期徒刑,并处罚金;数额特别巨大或者有其他特别严重情节的,处10年以上有期徒刑或者无期徒刑,并处罚金或者没收财产。我国《刑法》第219条规定,构成侵犯商业秘密罪,给商业秘密的权利人造成重大损失的,处3年以下有期徒刑或者拘役,并处或者单处罚金;造成特别严重后果的,处3年以上7年以下有期徒刑,并处罚金。

---

① 胡良荣.侵犯商业秘密刑民交叉案件处理的困惑与出路[J].知识产权,2011(6):49.

此外,自驾游客构成犯罪并被处以刑罚的,还将面临开除等行政处罚;如果是党员,还将面临党纪处分;构成犯罪将会形成犯罪记录档案,影响自己今后职业发展,出国(境)访学、旅游,进行商务活动以及子女境外留学等多方面。

二、自驾游合同法律风险防范

通过前述内容,我们了解自驾游客从合同订立到合同履行,均隐含着合同主体、合同内容、合同效力、缔约过失和违约法律风险,其合同行为稍有不慎,即有可能承担缔约过失或违约责任。因此,如何提高防范措施,规避合同法律风险,对自驾游客来讲,是一个及其重要的问题。

(一)自驾游合同法律风险产生原因

法律风险,是法律实施过程中由于行为人作出的具体法律行为不规范导致的,与其所期望达到的目标相违背的法律责任发生的可能性。就自驾游客而言,其合同法律风险来源于自身不规范的合同行为,即缔约行为与履约行为不规范。人的行为是在意识指挥下发生和进行的,意识是人的行为先导。人的意识是人体行为表现出来的规定性和本质,是人脑产生和发出的指挥人体行为的意向、意念、欲望、理想、方案和命令。因此,找寻自驾游客法律风险产生原因,应从其不规范合同行为和决定其行为的意识分析入手。

1.自驾游客风险意识普遍不强,欠缺或漠视风险

风险,是围绕相对于预期而可能出现的种种不同结果的变化,是在一定条件下某种自然现象、生理现象或社会现象是否发生,及其对人类的社会财富和生命安全是否造成损失和损失程度的客观不确定性。"风险意识是一种对人的自身行为的不确定性后果的意识,这种意识是通过各种渠道进入人们的脑海,进而积累接受一些风险知识,形成一种普遍的思想认识,并在日常生活中以风险的视角观察和解决问题。"[①]风险意识是一种理性意识,它提醒人们对风险要有正确态度,要有科学认知与理解,并且掌握一些应对风险的手段与措施;风险意识是一种责任意识,社会公众应关注共同利益,约束自己可能导致风险发生的行为;风险意识还是一种忧患意识,人们应随时以风险角度去反思过去,规划未来。培育风险意识,可强化人们对风险的正确认识,有利于防范风险;可增强人们对风险的心理承受能力,可减轻风险来临时的心理恐慌;可促使人们关注社会各种风险,并对一些潜在的风险保持警觉性,有助于人们反

---

① 李玉华.论社会转型期中国社会的风险意识[D].东北师范大学,2007:6.

省自身行为,约束自身行为,防范风险,减少风险所带来的损失、减轻各种风险不良后果。

那么,自驾游客在出行之前,其法律风险意识状况如何呢?有学者通过调查得出"居民自驾游整体风险认知水平较低。对经济风险关注较多,而对于违约风险、文化风险关注较少,自然风险、社会风险及违约风险认知水平居中"①结论。还有学者用经济学"风险偏好理论"②来研究自驾游客行为,并通过问卷调查得出"将近50%的自驾游客属于风险中立型,他们在自驾游中,既不回避风险,也不主动追求风险";"自驾游客风险偏好水平与非自驾游客风险偏好水平并无明显差异"。③ 总之,自驾游客风险意识整体上不容乐观。

自驾游客风险意识不强主要表现为两个方面:一是无风险意识;二是漠视风险。旅游,作为一项可以让人放松身心、开阔眼界、感悟人生的活动,已成为越来越多人追求精神享受的首选。随着私家车普及,自驾游以其自由化与个性化相结合、灵活性与舒适性相匹配的特有属性,越来越受到人们青睐。由于自驾游组织者、自驾游客构成比较复杂,部分自驾游客缺乏风险意识或漠视风险、驾驶经验不足,旅途未知性较大等因素,自驾游往往存在一定的自然风险、社会风险、经济风险、法律风险和文化风险。因此,一般情况下自驾旅游风险要高于传统组团旅游。但实践中,大多旅游者选择自驾旅游,却对其中蕴含的较高风险没有意识到,或没有给予足够重视。有的自驾游客仅看中自驾游可以增加乐趣,以车会友,分享自驾经历,队友间可各取所需,相互交换,还可以节省开支。有的自驾游客认为可以将一切琐事交给组织者,自己可以尽情去欣赏一路风景;有的认为自驾不需要有什么经验,也不必考虑太多,只要整理好心情跟着队友一起上路,在团队中新手会得到来自各方面的照顾;有的认为

---

① 孙滢悦,杨青山,陈鹏.居民自驾游风险认知研究[J].干旱区资源与环境,2017(12):208.

② 风险偏好是指个体在充分评估自己的风险可承受度的基础上,表现出的对于风险的可容忍度,是个人制定行为决策的关键前提因素。通常认为,风险偏好分为风险回避、风险中立和风险追求三类。风险回避者选择资产的态度是:当预期收益率相同时,偏好于具有低风险的资产;而对于具有同样风险的资产,则钟情具有高预期收益率的资产。风险追求者通常主动追求风险,喜欢收益的动荡胜于喜欢收益的稳定。他们选择资产的原则是:当预期收益相同时,选择风险大的,因为这会给他们带来更大的效用。风险中立者通常既不回避风险,也不主动追求风险。他们选择资产的标准是预期收益的大小,而不管风险状况如何。

③ 李未然.自驾游客风险偏好与消费行为关系研究[D].成都:西华大学,2018:38,50.

自驾团体里不管谁出了状况,身边的队友都会挺身而出,排忧解难;有的认为自驾只要购买适当保险,就会规避很多风险。上述种种情形显示,自驾游客风险意识不强绝非个例,而是普遍现象。自驾旅途中风险意识欠缺,或漠视风险,都会导致各类风险发生概率急剧上升,随时都将会面临险情发生,以致自驾游客遭受人身或财产损害。

当然,自驾游客整体风险意识不强,并不意味着所有自驾游客都不具有,或漠视风险意识。据调查,一般情况下知识水平较高自驾游客,其风险意识高于知识水平比较低的;消费水平较高自驾游客,其风险意识高于消费水平比较低的;年纪较大的自驾游客,其风险意识高于年轻人;远途、长期自驾游客,其风险意识高于短途、节日自驾游客;女性自驾游客,其风险意识高于男性;等等。因此,自驾游客整体风险意识不强,是由于大多数人风险意识较弱导致的,而不是全部。

2.自驾游客缺乏法律知识和法律意识,忽视法律风险

如前所述,实践中在自驾游客整体风险意识和较弱状况下,对法律风险的关注更是微乎其微。其重要原因是源于法律知识匮乏,法律意识欠缺。

"法律意识是社会意识的一种特殊形式,反映的是法律现象,是人们关于法律现象的思想、观点和心理,比如人们对法律的评价,依据法律对判决是否公正的看法,对法、依法办事原则的信任程度等等。"①法律的存在及其实施,必然反映在人们的头脑中,并形成法律意识,而这种法律意识反过来又指导、调节人们行为,从而达到遵法、守法效果。社会公众会根据经验和对法律的了解,来认识、评价现行法律规范及其在现实社会中运用,并产生相应的情感、情绪,根据自己的理解和认识来指导、调节自己的行为,或评价他人行为,并提出各种法律上要求。由于公众对法律知识了解与掌握程度不同,导致社会个体的法律意识可能是极其简单的、直观经验的、零碎的、不系统的,甚至会出现冲突和矛盾现象,并表现出褊狭、残缺和不稳定的状态。社会公众法律意识水平越高,法律意识的调整作用就越大,就会促使人们行为更加符合法的目的和意志,更有利于法律秩序维护和社会法治实现。然而,现实中社会个体的法律意识是参差不齐的,一个国家或民族要人们具有较高法律意识,自觉遵守法律,按照法律的精神和具体规范来行为,必须使人们具备基本的法律知识,具备朴素无华的遵法思想,相信法律能够有效实现社会正义,保护其合法权益,对法律有一种信任感和近乎宗教信仰的感情。因此,对法律知识的学习与掌握,是

① 孙国华.法理学教程[M].北京:中国人民大学出版社,1994:248.

社会公众法律意识提高的前提与基础。

实践中,很多自驾游客对旅游知识了解甚少,对《旅游法》等基本旅游法律知识尤其欠缺,毫无法律知识准备,一时兴起就驾车上路;有的选择旅游组织者,很少考虑其是否符合法律规定的旅游行业准入条件,主体是否合法都不知道;有的只关注价格,对旅游经营者的旅游服务产品质量不太在意;有的不重视旅游合同的签订和履行,不明白也不清楚自己权利和义务,对自己是否违约,旅游组织者、经营者是否违约或侵权行为,毫不知情;有的漠视自身合法权益,对造成自身损害行为,选择隐忍或不知所措,维权意识淡薄。通常情况下,相对于旅行社组团自驾,单独自驾或散客组团自驾法律风险会更高。在旅行社组团自驾中,因为有强制性的旅行社责任保险制度,游客在入团时与旅行社签订合同,旅行社作为本次旅游活动的组织者,对游客在旅游过程中人身财产安全承担法律责任。当发生事故时,若是由旅行社或其他履行辅助人造成,则由旅行社或其他履行辅助人承担;若是由游客自身造成,由于游客在入团时,旅行社已为游客购买保险,如此风险便转嫁到了保险公司。这样,就一定程度上对法律风险进行了规避,自驾游客利益在很大程度上会得到保障。但在单独自驾或散客组团中,是否选择保险完全取决于自驾游客个人意愿,没有强制性要求。如果选择了保险,自驾游客所面临法律风险将一定程度转嫁给保险公司;如果没有保险,其将面临较大法律风险。此外,因为自驾游还是近些年出现的新事物,尽管其发展迅猛,但相关法律法规还不完善,还有所欠缺。例如散客组团自驾中,相互间签订的"免责条款"效力如何认定?活动发起者或组织者,对自驾同伴是否需要承担法律责任?如何承担?承担何种性质的责任?承担多少责任?等等。这些问题,目前我国法律法规还没有明确规定,司法实务中的处理结果也不尽相同。总之,法律知识缺乏和法律漏洞存在,导致自驾游客对自己行为的法律属性认识不清楚,甚至会产生与法律效果截然相反的理解与认识,更是增加了自驾游法律风险。

3.自驾游客合同行为不规范

就自驾游客而言,合同法律风险源于其自身不规范的缔约或履约行为。正是自驾游客自身缔约或履约行为的不规范,才可能导致违约(或侵权)责任承担,此即为合同法律风险。如前所述,自驾游客不规范的缔约行为包括不具备合同订立的一般或特殊行为能力;合同订立代理人选择存在失误或授权不明;由于不认真、不细心导致合同内容不确定、不全、不细致,甚至违法或违背公序良俗;与合同相对人以虚假意思表示或恶意串通,损害他人合法权益而订立合同;以无处分权的他人财产作为内容而订立合同;订立合同中存在重大误解、欺诈、胁迫、乘人之危和显失公平等虚假或错误意思表示;假借订立合同,恶意进行磋商;故意隐瞒与订立合同有关的重要事实或者提供虚假情况;缔约过程中未尽保护义务,致使合同对方当事人人身或财产遭受损害;订立合同过程中泄露或不正当使用知悉的对方商业秘密,以及有其他违背诚实信用原则行为;等等。不规范的履约行为包括预期违约、不履行、迟延履行和不完全履行等。总之,自驾游客上述不规范的缔约或履约行为,都会引发主体、内容、效力、缔约过失或违约法律风险。

自驾游客不规范缔约或履约行为的产生,源于客观与主观两个方面原因,主观方面又可分为语言和行为自我控制两个因素。

(1)客观因素。客观因素,是指引发合同主体不规范缔约或履约行为的原因,是自驾游客主观意志以外的因素。任何一个自驾旅游合同,从合同订立到合同全部履行完毕,除了即时清结的合同之外,大多数都要经过较长时间过程。在这个相对长的合同缔约、履行过程中,会出现一些客观上因素,导致整个合同不成立、无效、被撤销或引发违约行为,以致自驾游客可能面临合同法律风险。例如自驾游客因法律知识欠缺,不知道订立合同需要满足行为能力要求,或订立违法、违背公序良俗合同;因相关能力与知识欠缺,受到合同对方主体欺诈,或订立显示公平合同等。再如不可抗力、第三人原因等导致的违约行为等。

(2)语言因素。"合同其实可以被看作是一个有自己骨架,有血有肉,有自己独立意识的生命体,而这一切是通过合同中的语言表现的";"合同当中的语言重要性是不可被忽视的,任何的不审慎,都有可能或是必然地导致一系列争议的产生,从而酿成一个又一个浪费合同当事人大量金钱和时间的合同纠纷"。[①]

自驾游客在合同中,如果因为合同语言出现问题,也会引发法律风险,如合同订立代理授权不明;由于不认真、不细心导致合同内容不确定、不全、不细致,甚至违法或违背公序良俗;订立存在重大误解合同等。因此,自驾游客要准确小心地使用语言文字,去构建合同及其具体内容,不要给合同缔结与履行留下任何本可消除的风险隐患,哪怕是在这个预防消除过程中要花费些时间和金钱,也要比承担实际法律责任花费要少得多。

(3)行为自我控制因素。自我控制,"是个人对自身心理和行为的主动掌握,是个体自觉的选择目标,在没有外部限制的情况下克服困难,排除干扰,采

---

① 包双鲁.合同纠纷语言问题研究[D].北京:中国政法大学,2016:8.

取某种方式控制自己的行为,从而保证目标的实现"①。自我控制包括人对心理和行为的双重调整,人对心理的调整会通过行为控制表现出来。自我控制是人类从幼稚、依赖走向成熟、独立的标志,是人适应社会的重要功能。从法律角度理解行为自我控制,就是通过对心理与行为进行调整,以保持行为的适法性,否则即可能成为违约、违法,甚至是犯罪行为。自驾游客缔约、合同履行中的不认真、不细心导致合同内容不确定、不全、不细致,甚至违法或违背公序良俗;与合同相对人以虚假意思表示,或恶意串通,损害他人合法权益而订立合同;以无处分权的他人财产作为内容而订立合同;采取欺诈、胁迫、乘人之危等虚假意思表示订立合同;假借订立合同,恶意进行磋商;缔约过程中未尽保护义务,致使合同对方当事人人身或财产遭受损害;订立合同过程中泄露或不正当使用知悉的对方商业秘密等其他违背诚实信用原则行为,以及预期违约、不履行、迟延履行和不完全履行等违约行为,大多是合同主体对自身心理与行为控制不当产生的。因此,在合同缔结、履行不同阶段,合同主体的行为自我控制能力对合同效力状态,履行行为表现都具有极为重要意义,也会直接影响合同风险规避状态与结果。

(二)自驾游合同法律风险防范

"风险的不确定性揭示了风险只是有可能发生的,并不是必然会发生的,是可以通过建立一套有效的预防措施,增强自身的自律意识,去防止风险发生的可能性,或通过努力把它降到最低程度。"②既然法律风险行为是具体法律行为不规范导致法律责任发生的可能性,对法律风险防范当然也要从法律行为入手,即采取一定措施防止、减少不规范法律行为发生。对人的行为进行规范,可分为内在规范和外在规范两种。内在规范,即是行为的自我控制,是个人对自身心理和行为的主动掌握,是个体在没有外部限制情况下,采取某种方式控制自己行为,从而保证目标实现。外在规范,即是外部强制约束,即依照外部一些强制性行为规范,对人的行为进行规范约束,以维持其行为正当性。因此,要从这两方面入手,通过内外规范合并用力,减少自驾游客合同行为不规范性,以保证其行为的适法性、合约性,从而降低合同法律风险。

1.提高风险与法律意识,增强自驾游客合同法律风险防范自觉性

法律风险作为风险之一种,是可控可防的。只要我们具有一定法律知识

① 李文彦、史苏敏.自我控制理论对学生行为指导浅析[J].湖北经济学院学报(人文社会科学版),2009(8):140.

② 王健康.风险管理原理与实务操作[M].北京:电子工业出版社,2008:3.

与风险意识,时时注意风险,事事防范风险,就可以最大限度地规避风险。

(1)自驾游客要主动了解自驾游隐含的风险,学习相关法律知识。如前所述,自驾游风险源于多种原因,表现为其自然风险、社会风险、经济风险、法律风险和文化风险等。其中法律风险体现为合同法律风险、侵权法律风险、交通管理法律风险、文明旅游法律风险、边防管理法律风险和犯罪法律风险等多种形式。对这些风险,尤其是法律风险及相关法律知识的学习与掌握,不仅对风险防范与规避具有重要作用,也是前提和基础。通过法律知识积累和法律经验增加,自驾游客会逐步形成、提高法律意识,这种法律意识反过来又指导、调节人的行为,促使行为更加符合法的目的和意志,从而提高行为的适法性,降低法律风险。与每一种具体法律风险相关的法律法规知识,前文已详细论述,此处不再赘述。下面重点论述相关法律知识的获取途径与渠道。

现代社会已经进入媒体时代,获取法律知识的途径与方法很多。获取法律知识的传统途径与方法,包括购买、借阅法律书籍自学;通过学校学习;向法律专业人士请教;旁听法院审判;阅读报纸、杂志、法律宣传资料或法制宣传栏;收听广播、收看电视节目或观看法治文艺表演;参加法律讲座或培训等。获取法律知识的现代途径与方法,包括登录专业法律网站学习;利用微博、微信公众号、新闻客户端等新媒体学习;利用慕课(MOOC)专业网站进行法律网课学习等。这些现代的法律知识获取手段更具有知识更新快、信息量大、实现便捷性等特点,对自驾游客非常方便、实用。但需要提醒的是,现代传播手段与方式极其广泛,互联网上的各类法律资源也是鱼龙混杂、良莠不齐。查阅法律知识一定要选择正式、正规、专业的网站、网址,不要仅贪图网络资源的方便与便捷,期望利用网络搜索软件一搜即可。那样,搜索到的资料很可能是废止的,或是错误的。对大多数缺少法律鉴别力的自驾游客来说,用错误、废止的法律知识或法律规范指导、规范自己行为,不但不会规避法律风险,反而会增加法律风险。

(2)相关部门要做好法律宣传与风险预警。相关部门和机构的旅游法律宣传,尤其是旅游风险预警,对自驾游客获取相关法律知识,提高风险与法律意识,增强法律风险防范自觉性具有直接推动作用。旅游相关部门和机构应该定期开展旅游普法宣传,通过发放法律宣传资料,接受旅游咨询、投诉,提高旅游经营者、旅游者的法治意识和运用法律知识的能力水平,养成自觉守法、遇事找法、解决问题靠法的习惯。通过旅游法律宣传,能积极推进文明旅游,营造依法治旅、依法兴旅,在法治的轨道内妥善化解各项涉旅矛盾纠纷的良好社会氛围,共创文明、环保、健康、和谐的品质旅游环境。

　　风险预警,是通过收集相关资料信息,监控风险因素的变动趋势,评价各种风险状态偏离预警线的强弱程度,向决策者发出预警信号并提前采取预控对策。旅游风险预警目的,是为向旅游者提供旅游目的地准确信息及相关风险,引导、方便旅游企业开拓与经营旅游市场,做好旅游接待准备,及时转移和防范旅游风险,从而规避损失。我国《旅游安全管理办法》规定,国家建立旅游目的地安全风险提示制度。根据可能对旅游者造成的危害程度、紧急程度和发展态势,风险提示级别分为一级(特别严重)、二级(严重)、三级(较重)和四级(一般),分别用红色、橙色、黄色和蓝色标示。风险提示级别的划分标准,由国家旅游局会同外交、卫生、公安、国土、交通、气象、地震和海洋等有关部门制定或者确定。风险提示信息,应当包括风险类别、提示级别、可能影响的区域、起始时间、注意事项、应采取的措施和发布机关等内容。风险提示信息应当通过官方网站、手机短信及公众易查阅的媒体渠道对外发布。一级、二级风险提示应同时通报有关媒体。旅游经营者应当承担旅游安全的主体责任,加强安全管理,建立、健全安全管理制度,关注安全风险预警和提示,妥善应对旅游突发事件。

　　近些年,我国旅游产业和市场发展日益成熟,旅游行政管理部门、旅游企业和重点旅游景区都会不定期发布旅游信息、旅游风险预警通知,起到了很好的风险防范效果。尤其在春节、十一旅游黄金周等旅游旺季,旅游风险预警的防范作用尤其重要,更不可忽视。据统计,每年7月至9月,是国内自驾车出游高峰。正因为如此,2018年7月10日,文化和旅游部网站发布自驾游风险预警消息,提示广大自驾游客要做好行前充足准备,提前谋划旅游路线,了解旅游目的地和行程中的天气、卫生、路况、饮食、住宿情况及应急救援电话等情况,做到心中有数,不要冒险前往危险或者生僻的路段;提前对车辆进行全面检查,确保车况一切正常;提前备好药品、衣物、装备等相关用品,带齐驾驶证行驶证等证件及票据;去往海拔3000米以上的地区要量力而行,注意高原反应,条件允许可自备吸氧器具。要避免疲劳驾驶,切勿酒后驾车,长途驾车尽量配备副驾驶,如果感到倦困,就近选择服务区或者安全地带停车休息;不要超速行驶,不要冒险涉水行驶,尽量避免夜间赶路;旅途中时刻保持警惕,切勿鲁莽驾驶,防止意外发生。要尽量结伴出行,相互照应,新手最好不要单独自驾出游;如果选择参加车友会、俱乐部等组织的自驾游活动,尽量选择正规组织,提前考察其组织保障能力,签订正式合同,减少不必要的麻烦和安全隐患;建议出行前购买必要的安全险。自驾途中遇险,要理性冷静应对,切莫惊慌操作车辆,应就近寻求帮助,及时报警。相关机构与部门的这些自驾旅游风险提示非常重要,可以唤醒自驾游客风险意识,积极主动采取防范措施,从而减少、避免各类风险发生。

2.审慎进行合同行为,降低合同法律风险

审慎进行合同行为,可以增强行为的规范性、适法性与适约性,从而降低合同法律风险。如前所述,自驾游客的合同行为可分为缔约行为和履约行为,这两种行为法律性质与损害后果均存在差异,如何规范,并审慎进行? 还需要分别论述。

(1)自觉控制、规范缔约行为,确保合同有效或不被撤销

我国《民法总则》第143条规定,"具备下列条件的民事法律行为有效:(一)行为人具有相应的民事行为能力;(二)意思表示真实;(三)不违反法律、行政法规的强制性规定,不违背公序良俗"。据此,自驾游客在缔约阶段对自身合同行为的控制、规范,应以确保具有缔约能力与履约能力,确保意思表示真实、全面,确保不违反法律或违背公序良俗为目标和标准。

具有缔约能力是合同生效的前提。通常情况下,自驾游客的年龄、智力只要符合合同订立的一般能力要求,即可订立绝大多数合同并生效;特殊情况下,自驾游客还需符合少数合同的特殊能力要求,才能缔结合同并生效。因此,自驾游客应区分合同对缔约主体的不同要求,对照自己是否具备驾照、导游证等特殊资质;是否具有合同要求的无相关疾病等特定健康要求;是否具有适合高温、高海拔、高寒等极端旅游条件下的抗高风险能力等。如果不具有,或是缺乏特定能力要求,这样的合同建议就不要签订了。如果是委托代理人合同订立,对代理人选择一定要谨慎,一定要选择具有专业知识或能力,值得信任的人担任代理人。要与代理人签订委托合同,合同中要明确代理人的代理事项、权限、时间等具体内容,要避免授权不明情况发生。在缔约阶段,自驾游客不仅要关注缔约能力,还要对自己履约能力进行预判。对可能由于己方原因导致履约困难,或无法履行的合同,不要签订,或签订附条件、附期限合同①,以规避违约法律风险。

---

①　根据我国《合同法》规定,附条件合同,是指当事人在合同中特别规定一定条件,并以该条件是否成就来决定合同是否生效的合同。附条件合同可分为附生效条件合同和附解除条件合同。附生效条件合同,自条件成就时生效;附解除条件合同,自条件成就时失效。附期限合同,是指当事人在合同中设定一定期限,并将该期限的到来作为合同效力发生或消灭的依据。附期限合同可分为附延缓期限合同和附解除期限合同。附延缓期限合同,自期限到来之际,合同生效;附解除期限合同,自期限到来之际,合同失效。

意思表示是合同法律行为核心，意思表示是否真实、全面，不仅关系到合同效力问题，还关涉合同履行。自驾游客在缔约过程中，首先要清楚自己的真正目的与想法，不要跟风，人云亦云，更不要跟着感觉走，要确保缔约行为与意思表示完全一致，不存在虚假或错误意思表示。其次要摆正心态，清楚自驾游目的在于休闲，是体验与享受生活，是追求快乐与幸福，不得因贪图小利或为一己之私，在缔约时进行欺诈；不得恶意磋商，故意隐瞒与订立合同有关的重要事实或者提供虚假情况；尽量不要以无处分权的他人财产作为内容而订立合同；更不得与合同相对人以虚假意思表示或恶意串通，损害他人合法权益而订立合同。

违反法律或违背公序良俗，可导致合同绝对无效，是没有办法补救的。因此，自驾游客应熟悉相关法律法规，不签订在合同主体、内容等方面可能存在违反法律或违背公序良俗的合同。同时在缔约过程中，应对合同相对人尽到保护义务，要避免其人身或财产遭受损害。对缔约过程中知悉的对方商业秘密，不得泄露或不正当使用；不得有其他违背诚实信用原则行为。否则，即存在担责法律风险。

此外，强烈建议，在自驾出游前，自驾游客应购买相应的意外保险，转移风险，以达到规避风险之目的。自驾出游适合选择的旅游保险，主要有意外伤害险、紧急救援险和财产险三大类。意外伤害险是出游要准备的最基本保障，可给被保者在旅途过程中发生的意外受伤、残疾、身故、医疗费用提供保障；紧急救援险可向被保者提供 SOS 国际救援服务，其救援热线是 24 小时多语种的，送医、救护车、住院费垫付、就医信息、大使馆信息等服务都能提供给被保者；财产险可补偿被保者发生旅行延迟、个人财物丢失、航班延误等造成的经济损失。另外，考虑到自驾游很多时候车辆多停靠在野外或路边，是没有规定停车场所的，车内行李容易发生盗抢、损坏的事故，那么想要这种意外能有所保障的话，可额外配置一份"车上行李财产安全保险"，来给自己车内行李可能面临的损失提供足够的经济保障。自驾游保险购买，要避免两个认识误区：一是认为平时都配置有人身意外伤害保险了，自驾游保险没必要买。实际上我们平时给自己投保的人身意外伤害保险，绝大部分会把由于高风险运动导致的意外损失列入免责条款，也不会涵盖紧急医疗救援的保障。所以最好依据自身所拥有的保障状况以及保障需求，再买一份自驾游保险。二是旅行社都买有责任保险了，自己就不用再买旅游意外保险了。旅行社责任保险的保险标的通常是由于旅行社组织的旅游活动对游客造成的伤害或损失承担赔偿的责任，此范围外的原因导致游客发生的损失是不会赔偿的。所以想要自己的出游更加有保障,旅游意外险是一定要配置的。目前。我国大多数保险公司都有各类自驾游保险产品提供,自驾游客可根据个人具体情况,自己选择。

(2)依法、依约履行合同义务,确保不违约

任何人订立合同,都是为了能够实现合同内容,而合同内容实现,有赖于合同义务履行。合同履行是合同目的实现的根本条件,也是合同关系消灭的最正常的原因。因此,合同的履行是合同制度的中心内容。合同义务既可来源于合同当事人约定,也可来源于法定,但主要是合同双方主体约定的。因此,本书多次提到"依法、依约履行合同义务",即是此意。履行约定义务的标准和要求,应当高于法定义务,只有在合同双方没有约定,或约定不明确时,才需按照法律规定履行义务,这就是法律上经常讲的"有约定从约定,无约定从法定"。这是由合同订立的自愿原则和意思自治原则决定的。

自驾游客履行合同,首先要做好合同履行准备。准备行为是合同履行的基础和前提,没有准备即没有合同履行。合同履行准备,实际上在合同订立时就开始了。前文提到,缔约阶段自驾游客不仅要关注缔约能力,还要对自己履约能力进行预判,即是对合同履行的准备。当然,合同履行的准备行为并不仅限于此,更多的是指为履行合同义务,在履行期届临之前,就为履行准备金钱、物品、车辆等,以保证履行条件满足。其次,要遵循适当履行、协作履行、经济合理和情势变更等原则。适当履行,是指当事人应依合同约定的标的、质量、数量,由适当主体在适当的期限、地点,以适当的方式,全面完成合同义务;协作履行,是指在合同履行过程中,双方当事人应互助合作共同完成合同义务;经济合理,是指在合同履行过程中,应讲求经济效益,以最少的成本取得最佳的合同效益;情势变更,是指合同有效成立以后,若非因双方当事人的原因而构成合同基础的情势发生重大变更,致使继续履行合同将导致显失公平,则当事人可以请求变更和解除合同。情势变更原则体现了合同履行的原则性与灵活性相结合。

自驾游客应按照合同约定全面履行自己义务。如果合同双方就质量、价款或者报酬、履行地点等内容没有约定或者约定不明确的,可以协议补充;不能达成补充协议的,按照合同有关条款或者交易习惯确定。如果按照合同有关条款或者交易习惯仍不能确定,则依据《合同法》规定,质量要求不明确的,按照国家标准、行业标准履行;没有国家标准、行业标准的,按照通常标准或者符合合同目的的特定标准履行。价款或者报酬不明确的,按照订立合同时履行地的市场价格履行;依法应当执行政府定价或者政府指导价的,按照规定履行。履行地点不明确,给付货币的,在接受货币一方所在地履行;交付不动产

的,在不动产所在地履行;其他标的,在履行义务一方所在地履行。履行期限不明确的,债务人可以随时履行,债权人也可以随时要求履行,但应当给对方必要的准备时间。履行方式不明确的,按照有利于实现合同目的的方式履行。履行费用的负担不明确的,由履行义务一方负担。

此外,自驾游客依法、依约履行合同义务,还有以下两个问题需要注意:

一是履行抗辩权问题。合同履行中的抗辩权有三种,即同时履行抗辩权、先履行抗辩权和不安抗辩权。同时履行抗辩权,是指当事人双方互负债务但没约定先后履行顺序,一方在对方履行之前或对方履行债务不符合约定时,有权拒绝其相应履行要求。先履行抗辩权,是指当事人双方互负债务,并有先后履行顺序,先履行一方未履行,或不符合约定履行义务的,后履行一方有权拒绝其相应的履行要求。不安抗辩权,是指先履行债务的当事人,有确切证据证明对方存在经营状况严重恶化;转移财产、抽逃资金以逃避债务;丧失商业信誉;或有丧失或者可能丧失履行债务能力其他情形的,可以终止履行义务。合同义务履行人在履行义务前,或履行义务中,因行使上述抗辩权而暂停履行义务,或不履行义务,是合法行为,不属于违约行为。

二是附随义务问题。我国《合同法》第60条第2款规定,"当事人应当遵循诚实信用原则,根据合同的性质、目的和交易习惯履行通知、协助、保密等义务"。此法条规定的即是附随义务。附随义务在合同订立、履行和终止后的不同阶段都存在,分别对应称为先合同义务、合同履行中的附随义务和后合同义务。在缔约阶段,已经对先合同义务进行了论述,此处不再赘述。在合同履行中,合同义务人仍应承担通知、协助、保密等义务;在合同终止后,虽然合同法律关系已经消失,但双方主体还承担着彼此间的保密义务。如违反上述义务,违反者均应承担相应法律责任。

(3)依靠法律专业人员,弥补法律知识不足

合同订立、合同履行是法律行为,合同、法律责任、法律风险等又都是专业法律概念。对法律概念理解,或对法律行为进行规范,将这些专业性极强的法律事务交给毫无法律知识,或法律知识不多的自驾游客来完成,实在是勉为其难。市场经济的效率优先原则,催生了"由专业人做专业事"理念,自驾游客可以进行资源优化利用和组合,如找寻法律职业人员提供法律帮助或服务;或是在散客组团自驾中,吸纳法律职业人员加入等。这样,自驾游客就可以有效弥补自己法律知识不足,提升缔约、履约行为的规范性,以达到规避法律风险的目的。

法律职业是"由通晓法律专业人员从事的,与法律直接相关的职业";目

前,我国法律职业人员包括"立法人员、法官、审判辅助人员、检察官、检察辅助人员、律师、公证员、法律顾问、仲裁员、警察、司法鉴定人员、法学教育研究工作者、法律服务(宣传)人员和其他行政执法人员等"①。法律职业人员是具有专业法律教育和知识背景、专业法律技能、专业法律思维方式和专门法律职业伦理的法律专业人员。合同法律事务对于他们来讲,属于基础法律实务,一般法律职业人员都可以解决,其中律师又是处理合同法律事务更专业、专门提供法律服务的专业法律人员。自驾游客如遇到缔约、履约等合同法律问题,建议寻找律师帮助,这样可以更加有效防范法律风险。

3.加强对合同行为强制规范,防范合同法律风险

对行为的自我控制,通过个人对自身心理和行为的主动掌握,以保持行为的规范性、适法性或适约性,使合同行为的心理效果、行为效果与法律效果三者高度统一、一致,是预防法律风险最有效、最直接和最主动方法与途径。但对自身心理与行为的主动、自觉控制,是有条件的,不仅要以知悉或掌握相关法律知识,具备一定法律应用能力为前提,更需要行为人能够理性、全面看待或处理问题。对于自驾游客来讲,有些人的自驾行为本身就不够理性,或缺少相关法律知识和能力,因而很难真正实现对自己合同行为的良好控制,导致无法规避法律风险。因此,依照外部一些强制性行为规范,对人的行为进行规范约束,以维持其行为正当性,就成为必需和必要。

近些年,我国自驾游发展迅猛,目前法律法规也存在一些规范缺失情形,但值得高兴的是,我国旅游管理部门已经看到了这一点,在积极推动、引领自驾游发展的同时,也注重对自驾游客行为规范和权益保护。2014 年,国家旅游局发布《关于贯彻党的十八届四中全会精神全面推进依法兴旅、依法治旅的意见》,其中提到要"大力推进法治与改革决策的衔接";"努力完善以《旅游法》为核心的旅游法律规范体系"。2015 年,国家旅游局又先后出台了《关于打击旅游活动中欺骗、强制购物行为的意见》和《关于打击组织"不合理低价游"的意见》两个文件。2016 年,国家旅游局联合国家发改委等 11 个部委,共同下发了《关于促进自驾车旅居车旅游发展的若干意见》,其中指出要"参照旅馆业治安管理,严格落实自驾车旅居车营地住宿实名登记";"自驾游组织机构要对参与高风险项目的旅游者进行风险提示,并开展安全培训";"健全自驾游信息的统计、监测与预警系统,合理引导自驾游游客流量和流向";"加强对《关于规范旅居挂车通行管理工作的通知》落实情况的监督检查,督促旅居车驾驶人严

---

① 王凤民.法律职业新视域研究[M].吉林:吉林大学出版社,2018:7,34.

格遵守道路交通安全法律法规";"原则上,自驾游俱乐部纳入旅行社序列管理,自驾游领航员纳入导游序列管理,开展旅游经营的各类营地纳入景区序列登记管理";等等。

根据我国旅游法规改进与完善目标指向,结合自驾游实际,本书认为可从以下方面规范、约束自驾游客具体合同行为。

(1)对自驾组织者进行资质管理,严格控制,加强检查。目前,我国已经对旅行社、自驾俱乐部及领航员组织的自驾游进行了相应资质管理,但对于众多的个人组织者却还没有管理起来。因此,对这些个人组织者也应进行资质管理。要求其必须具有导游资格,并定期接受年检、考核,否则不得执业,不得组织自驾游活动。同时要对这些组织者附加对自驾游客严格把关义务,并要求组织自驾游必须与自驾游客签订书面合同。旅游管理等相关部门,要加强对上述机构与个人不定期进行资质检查、抽查,对不合规的组织者及行为要严加惩处。

(2)要尽快出台相关司法解释,明确自驾游组织者与参与者的权利义务。由于我国目前还没有关于自助游的专门规定,所以司法实践中,法院一般根据《民法总则》《合同法》和《侵权责任法》的基本规定来处理相关案件,就导致了实践中裁判标准不一致的问题。因此,建议最高人民法院应通过司法解释的方式,尽快明确自驾游中组织者的安全保障义务,并加重有偿组织者的损害赔偿责任;明确参加者的风险自负责任和互相救助义务。可喜的是,2018年年底,我国十三届全国人大常委会第七次会议审议通过了《民法典·侵权责任编(草案)》二审稿,其中确立了"自甘风险"原则,规定"自愿参加具有危险性的活动受到损害的,受害人不得请求他人承担侵权责任,但是他人对损害的发生有故意或者重大过失的除外"。我们期待上述规定能够尽快出台,这样不仅有利于司法裁判结果一致,也有利于自驾游客自我行为控制。

(3)完善自驾游中相关合同制度,尤其是旅游服务合同制度。如前所述,自驾游客在自驾游中会牵涉无偿自助旅游合同、旅游服务合同、车辆借用(互换或租赁)合同、住宿(餐饮、保管、游览)服务合同和买卖合同等,其中问题最大的是旅游服务合同。我国《旅游法》虽然有专门一章规定"旅游服务合同",但其仅指向以旅行社为合同一方的包价旅游合同或非包价旅游合同,自驾游客与其他组织者订立的旅游服务合同则被排除在外,可见其内容十分局限。因此,建议应完善我国旅游服务合同制度。要针对自驾旅游、自驾游客和不同组织者特点,对旅游服务合同主体资格及具体内容和不可或缺条款,危机事件下旅游合同的变更、转让、解除,旅游合同的格式化及"霸王条款",旅游合同中第三人侵犯债权,旅游违约行为与侵权行为竞合及其引起的赔偿(包括精神损害赔偿)等问题进行规制。这样就可以规范合同行为,减少合同法律风险,能更好维护自驾游客与组织者各自合法权益。

(4)对自驾游,尤其对高风险自驾游实行强制意外保险。应借鉴车辆强制责任保险和旅行社强制责任保险经验,对有组织者的自驾游,尤其对有组织的高风险自驾游实行强制意外伤害、紧急救援和财产意外保险;对无组织者的,也提倡自驾游客自行购买人身或财产意外险。可以通过对自驾游组织者的资质管理,来督促、促进此项工作开展。购买意外险后,一旦险情发生,自驾游客就可以转移一定风险,是规避法律风险的优佳选择。

第四章　自驾游侵权法律风险防范

如前所述,自驾游中,由于旅游过程和内容均存在各种不确定性,因此自驾旅游者可能会遭遇来自于各种侵权行为侵害,也可能会由于自身侵权行为构成对他人侵害,并与相对主体间形成内容各异的侵权法律关系。侵权法律关系是民事法律关系之一种,是由侵权法律规范调整的,侵权人与受害人之间由侵权行为产生的,以侵权责任承担为核心内容的权利义务关系。本书对自驾游法律风险的研讨视角,皆是以自驾游客为中心展开的,因此本章将假设自驾游客为可能的责任承担者,来论述自驾游侵权责任风险及其防范。

实践中,由于大量的侵权行为,或严重的侵权行为,在违反侵权法律规范的同时,也会触犯行政或刑事法规调整,有可能产生民事责任、行政责任或刑事责任的重合与叠加。也就是说,一个侵权行为不仅意味着侵权法律风险,也有可能将面临行政、犯罪等多重法律风险。现将结合具体情况,对自驾游中因侵权行为产生的一些犯罪风险进行论述。另外,可能产生的叠加行政法律风险将在后续章节中论述。

一、自驾游侵权法律风险

法律风险是法律实施过程中,由于行为人作出的具体法律行为不规范导致的,与其所期望达到的目标相违背的法律不利后果发生的可能性。从自驾游客角度出发,自驾游侵权法律风险即是由于自驾游客的侵权行为,导致与受害人之间产生侵权法律关系,从而产生可能承担的法律风险,即侵权责任。

（一）自驾游中的侵权行为与犯罪行为

1.侵权行为

侵权责任,是指行为人因其侵权行为而依法承担的民事法律责任。一般情况,侵权责任构成要满足四个要件,即侵权行为、损害事实、侵权行为与损害后果间的因果关系、主观过错。特殊情况下,只要满足三个要件即可,包括侵权行为、损害事实、侵权行为与损害后果间的因果关系。其中侵权行为,是指"因故意或过失不法侵害他人之权利或故意以背于善良风俗之方法,加损于他人之行为也"①,这是侵权责任构成之前提。"侵权行为可以分为三类:自己行为构成的侵权行为、自己所应负责之他人行为构成的侵权行为以及自己所应照管之物构成的侵权行为。"②

(1)自己行为构成的侵权行为。自己行为构成的侵权行为,是指自驾游客因自身不当,而致使他人权益受损之行为。此种侵权行为的特点是侵权人的行为或行动,直接作用于受害人的身体或物品等侵害对象之上,无须任何中间媒介或环节。这些行为既可以故意而为之,也可以由于过失而产生。"与古代社会个体不独立不同,现代社会每个人都是独立的个人,在法律上具有独立的地位,因此在归责问题上要求遵循责任自负原则。凡是实施了违法行为或违约行为的人,应当对自己的违法行为或违约行为负责,必须独立承担法律责任。"③自驾游中,自驾游客此种侵权行为十分普遍、常见,有时甚至不觉得,或不认为是一种侵权行为,这也正是侵权法律风险意识缺乏的具体体现,如旅游途中随手摘花、对他人进行推挤、不小心踩别人脚、偷窃他人财物等。自驾游客自己行为构成的侵权行为,一般应由自己来承担责任。

(2)自己所应负责之他人行为构成的侵权行为。自己所应负责之他人行为构成的侵权行为,是指他人行为侵犯第三人合法权益,但该他人行为应当由自己来负责,因此应当由自己来承担侵权责任的行为。此种侵权行为的特点是侵权行为人与责任人不是同一主体,即侵权行为不是由责任人作出,而是由他人作出,但依照法律规定,应当由责任人担责。"责任自负原则也不是绝对的,在某些特殊情况下,为了社会利益保护的需要,会产生责任的转移承担问题"④,即产生替代责任。"替代责任是由于双方当事人之间存在特定的关系,一方对另一方的侵权行为承担的责任。"⑤自驾游中,如自驾游客携带的未成年子女偷摘农户果园水果、盗窃游客财物等不当行为,造成他人损害,自驾游客通常要承担相应的侵权责任。因为自驾游客与其子女之间基于血缘,产生监护与被监护法律关系,被监护人致人损害的,无论监护人是否有过错,都应当承担赔偿责任。未成年人虽不具有相应的民事行为能力,但具有一定民事责任能力,因此如果被监护人有一定财产的,应首先从其财产中支付赔偿费

① 史尚宽.债法总论[M].北京:中国政法大学出版社,2000:234.
② 王成.法律关系的性质与侵权责任的正当性[J].中外法学,2009(5):752.
③ 张文显.法理学[M].北京:高等教育出版社,2011:129.
④ 张文显.法理学[M].北京:高等教育出版社,2011:129.
⑤ 张新宝.中国侵权行为法[M].北京:中国社会科学出版社,1995:267.

用;没有财产,或财产不足以承担责任的,再由监护人承担替代赔偿责任。

(3)自己所应照管之物构成的侵权行为。自己所应照管之物构成的侵权行为,是指由物件侵害他人合法权益,但本人对该物件负有照管义务,因此应当由本人来承担侵权责任的行为。这里的本人是指物件的所有者或实际使用人、管理人。此种侵权行为的特点是给他人造成损害行为人不是责任人作出的,而是应由其管理、照看物件导致的,但依照法律规定,应当由责任人担责。这里的"物件"包括随身携带物品,驾驶的车辆以及饲养动物等。无论是物品还是饲养之动物,它们都不具有法律人格,对他人造成侵害,也都无法承担责任。因此,从社会整体利益维护与公平原则出发,应当由物件的所有者或实际使用人、管理人来承担侵权责任,这是一种"对物的替代责任"[①]。自驾游中,如自驾游客车辆撞伤他人、携带宠物咬伤其他游客、背包脱落将展柜中的展品毁坏等,除存在其他免责事由外,自驾游客均应承担侵权责任。其中自驾车辆撞伤他人,或致使他人财物受损等在自驾游中较常见,应当引起足够重视。

2.犯罪行为

犯罪行为,是"严重危害社会的应受制裁的行为"[②]。世界上大多数国家的法律都经历了从民刑不分,到逐渐分离的过程。在民刑不分时期,侵权行为和犯罪行为实际上是不作区分的,许多在今天看来属于民事侵权的行为,在过去都被视为犯罪行为。因此,犯罪行为与侵权行为有密切的联系,许多严重的侵权行为一般都被法律界定为犯罪行为。虽然犯罪行为与侵权行为联系密切,但二者间区别还是很明显的。一是侵权行为与犯罪行为分属不同的法律调整。由于犯罪行为比侵权行为具有更大的社会危害性,因此侵权行为由民法调整,犯罪行为由刑法调整。二是侵权行为与犯罪行为侵害的利益不同。侵权行为是对个人利益或集团利益的侵犯,而犯罪行为是对公众利益的侵犯。三是侵权行为与犯罪行为的矫正方式不同。侵权行为的矫正方式主要是民事责任方式,具体包括停止侵害、排除妨碍、消除危险、返还财产、恢复原状、赔偿损失、赔礼道歉和消除影响、恢复名誉等;犯罪行为的矫正方式是刑罚,分为主刑与附加刑两类,其中主刑包括管制、拘役、有期徒刑、无期徒刑和死刑,附加刑包括罚金、剥夺政治权利和没收财产。四是侵权行为与犯罪行为矫正目的不同。对侵权行为的民事责任承担是为了恢复、平复、补偿受害人损害;对犯罪行为进行惩罚是为了警戒犯罪分子,同时威慑公众,从而稳定社会秩序。

---

① 罗结珍.法国民法典[M].北京:法律出版社,2005:179.

② 储槐植,许章润.犯罪学[M].北京:法律出版社,1997:4.

如前所述,自驾游客的许多严重违法行为,都有可能触犯如危险驾驶、交通肇事、故意杀人、故意伤害、盗窃、聚众扰乱公共场所秩序或交通秩序、偷越国(边)境、故意伤害、盗窃、故意毁坏财物、聚众扰乱公共场所秩序或交通秩序、故意损毁文物罪或名胜古迹等多种罪名,构成犯罪。其中以交通肇事、危险驾驶、以故意毁坏财物、故意损毁名胜古迹等犯罪最为常见。这些犯罪,前文已经论述,此处不再赘述。需要注意的是,许多自驾游客由于法律知识欠缺,对于守法与违法、罪与非罪、侵权与犯罪等界限模糊,对其蕴含的不同法律风险也是懵懵的,这是很危险的。一旦被追究刑事责任,往往悔之晚矣,以致悔恨终身。

(二)自驾游中的侵权与犯罪法律风险

1.侵权法律风险

侵权法律风险,是因侵权行为产生的侵权责任承担的可能性。一般来说,侵权法具有三项基本功能,即"填补损害、教育与惩戒、分担损失与平衡社会利益"[①]。一种行为是否具有违法性、是否构成侵权行为,是由侵权法律规范确定的。我国《侵权责任法》第15条规定,"承担侵权责任的方式主要有:(一)停止侵害;(二)排除妨碍;(三)消除危险;(四)返还财产;(五)恢复原状;(六)赔偿损失;(七)赔礼道歉;(八)消除影响、恢复名誉。以上承担侵权责任的方式,可以单独适用,也可以合并适用"。这些侵权责任方式,对于自驾游中的自驾游客适用较多的是返还财产、恢复原状和赔偿损失,其他责任方式适用较少。返还财产与赔偿损失既是侵权责任方式,也是合同责任方式,作为合同责任方式,本书在"合同法律风险"中已论述,此处不再赘述。

(1)停止侵害、排除妨碍和消除危险。由于停止侵害在功能上具有恢复性,在法律上具有停止性的特点,当侵权人(加害人或侵害人)正在实施侵害他人财产或人身行为的,受害人可以依法请求法院强制其停止侵害行为,这实际上是要求侵害人停止实施某种侵害行为。停止侵害责任方式一般适用于正在发生的连续性侵权行为。排除妨碍,是指权利人行使其权利受到不法阻碍或妨害时,有权请求人民法院强制排除,以保障权利正常行使的侵权责任方式。排除妨碍责任方式适用前提,是妨碍他人行使民事权利或者享有民事权益的侵权行为状态处于持续状态中,如自驾车辆停在他人门口,妨碍权利人通行等。消除危险,是指为消除可能给人身、财产造成损害的危险来源,权利人有

---

① 张新宝.侵权责任法原理[M].北京:中国人民大学出版社,2005:21.

权请求法院,强制要求侵权行为人消除危险的侵权责任承担方式。此处的危险,是指损害并没有实际发生,仅指造成他人人身或财产损害的可能性;如果损害已经实际发生,且侵权行为尚未终止,则需适用停止侵害或排除妨碍责任方式。

由于自驾游客的旅游行为具有短暂性与地域变更性特点,因此其连续性侵权行为较少发生。其行为可能存在对他人人身或财产造成损害危险,但一般情况下,因为自驾游客短暂停留和匆匆离去,此种危险随即就会消失。因此,停止侵害、排除妨碍和消除危险这三种侵权责任承担方式,对自驾游客适用较少。但值得注意的是,法学理论中的停止侵害、排除妨碍、消除危险和返还财产本是物权之内容,其中停止侵害、排除妨碍、消除危险同样也是人身权内含之内容。也就是说,当对他人人身或财产的某种危险存在,或侵害行为已经实际发生,权利人即可以直接向危险来源人或侵权行为人提出停止侵害、排除妨碍、消除危险或返还财产等权利主张,这是权利人物权或人身权行使之表现。如果此种权利主张没有及时提出,或提出后没有收到实际可预期效果,权利人即可向法院提出权利主张,要求危险来源人或侵权行为人承担停止侵害、排除妨碍、消除危险或返还财产侵权责任。当然,权利人也可以直接向法院提出相应的权利主张。如此"返还财产、排除妨碍、停止侵害、消除危险等侵权责任承担方式将有适用于各类民事权益保护的可能,而不是如传统民法那样,仅将其作为绝对权保护请求权的内容。这就可以避免传统民法在相对权和民事利益的保护上因侵权救济方式单一可能带来的困难"[1]。"将停止侵害、排除妨碍、消除危险、返还财产纳入私法责任体系后,便可以预防损害发生,为未形成损害的妨害提供责任法上预防措施。"[2]

值得注意的是,虽然上述三种侵权责任承担方式对自驾游客适用较少,存在此种法律风险的概率也较小,但当权利人在危险存在或侵权行为发生时,即有权向危险来源人或侵权行为人提出停止侵害、排除妨碍、消除危险或返还财产等权利主张。如果随着自驾游客匆匆离去,危险已经消失,就没有什么问题了,也不会存在法律风险;如果侵权行为已经停止,不管自驾游客是否已经离去,但侵权行为已经造成实际损害,此时权利人则有权向法院主张,要求侵权

---

① 王轶.论侵权责任承担方式[J].中国人民大学学报,2009(3):19.

② 李建华,王琳琳.我国未来民法典中私法责任承担方式的立法选择:兼论停止侵害、排除妨碍、消除危险、返还财产的二元定位[J].海南大学学报(人文社会科学版),2012(3):71.

行为人承担恢复原状、赔偿损失、赔礼道歉或消除影响、恢复名誉等责任。此时,权利人(受害人)损害后果也可能会扩大,侵权人(责任人)的法律风险也会转变,而且会加大。

(2)恢复原状。侵权法上的恢复原状,是指"加害人所负有的恢复至假使未发生引起损害的事件而应有状况的义务"①。侵权的受害人本以其损害得以恢复为目的,即"恢复以完全恢复为理想","但多数场合里此为不可能,故代之以金钱赔偿,亦即以恢复原状为原则,金钱赔偿为例外"②。恢复原状主要适用于财产权受侵害情形,是主要针对财产权进行救济的责任方式。恢复原状的适用以须有修复的可能与必要为前提,如果受损之物无恢复可能,或没有必要恢复,则不能适用此种责任形式。自驾游中,自驾游客的多种侵权行为中,只要是造成权利人财物受损,均有可能承担恢复原状责任,也即存在此种法律风险。

(3)赔礼道歉。赔礼道歉,是指加害人通过口头或书面方式,向受害人进行道歉,以取得其谅解的一种民事责任方式。赔礼道歉责任方式既适用于人身权,又适用于财产权受侵害情形,因此一般针对情节轻微的侵权行为,通过侵权行为人当面承认错误,表示歉意,以维护权利人人格尊严。根据我国法律规定,诉讼中用赔礼道歉方式承担了民事责任的,应当在判决中叙明;如果被告在法庭上赔礼道歉,且原告认可,法院会认为赔礼道歉的责任已经承担完毕,也可不再判决被告赔礼道歉。如果被告当庭道歉,而原告仍然坚持要求法院判决赔礼道歉,法院可能会斟酌案件事实,确定被告的道歉是否已经达到了法院认为应达到的效果。如果结论是肯定的,则不再判决赔礼道歉。自驾游中,针对自驾游客的多种侵权行为,只要权利人主张,法院也认为有必要,自驾游客均有可能承担赔礼道歉责任,因此经常会面临此种法律风险。

(4)消除影响、恢复名誉。消除影响、恢复名誉,是指人民法院根据受害人的请求,责令行为人在一定范围内采取适当方式消除对受害人名誉等不利影响,以使其名誉得到恢复的一种责任方式。实践中,侵权行为在对受害人的人格权益产生不利影响时,通常也会损及受害人名誉,因此一般情况下,消除影响与恢复名誉只适用于人格权益受侵害情形。但应当注意的是,消除影响与恢复名誉有时可以分开适用。一般情况下,只有名誉权等涉及人格尊严、自由

---

①　冉克平.民法上恢复原状的规范意义[J].烟台大学学报(哲学社会科学版),2016(2):19.

②　刘得宽."民法"诸问题与新展望[M].台北:三民书局,1980:559.

的特定类型的重要精神性人格权益受到损害时,才能够适用恢复名誉责任方式。与恢复名誉相比,消除影响适用范围更加广泛,其不仅适用于名誉侵权,还可以适用于消除因侵权行为产生的其他不利影响。另外,涉及个人隐私的侵权情形,通常不适用消除影响、恢复名誉责任承担方式,因为消除影响、恢复名誉一般是公开进行的,有可能进一步披露受害人的隐私,会加重损害后果。自驾游中,针对自驾游客的多种侵权行为,只要权利人主张,法院根据实际情况与具体情形,可以合并适用消除影响和恢复名誉责任方式,也可以单独适用消除影响或恢复名誉责任方式。因此,自驾游客经常会面临此种法律风险。

2.犯罪法律风险

犯罪法律风险,是因犯罪行为导致的刑罚承担的可能性。"刑罚即是国家对犯罪人有目的的,并具有严厉痛苦性和惩罚性的强制性措施。"[①]"国家运用刑罚的目的应该是国家制定、适用、执行刑罚所期望取得的效果"[②],即通过对犯罪人实施严厉的制裁,从而实现保护社会关系,维护社会秩序,打击与预防犯罪之目的。根据我国《刑法》规定,刑罚分为主刑和附加刑。主刑包括管制、拘役、有期徒刑、无期徒刑、死刑;附加刑包括罚金、剥夺政治权利、没收财产。此外针对犯罪的外国人,还可以独立适用或者附加适用驱逐出境。这些刑罚分别归属于生命刑、自由刑、劳役刑、资格刑及财产刑。这些刑罚对于自驾游中的自驾游客来讲,根据法律规定和其犯罪行为轻重,都存在适用风险。

管制,是对罪犯不予关押,但限制其一定自由,依法实行社区矫正。判处管制的罪犯仍然留在原工作单位或居住地工作或劳动,在劳动中应当同工同酬。管制的期限为3个月以上2年以下,数罪并罚时不得超过3年。拘役,是指短期剥夺罪犯人身自由,由公安机关就近拘禁并强制劳动的刑罚。拘役的期限为1个月以上6个月以下,数罪并罚时最高不能超过1年。拘役服刑期间,被处拘役者每月可回家1～2天,参加劳动者还可酌量发给报酬。有期徒刑,是指在一定期限内剥夺犯罪分子人身自由,并监禁于一定场所的刑罚。有期徒刑的刑期一般为6个月以上15年以下,数罪并罚的,最高不超过25年。有期徒刑一般适用于罪行比较严重,情节恶劣、人身危险性较大的罪犯。无期徒刑,是剥夺犯罪分子终身自由的刑罚方法,是介于有期徒刑和死刑之间的一种严厉的刑罚。无期徒刑主要适用于那些不必判处死刑,而又需要与社会永久隔离、罪行严重的危害国家安全的犯罪分子、其他重大刑事犯罪分子以及严

---

① 张琳.刑罚目的论[D].重庆:西南政法大学,2010:3.
② 马克昌.刑罚通论[M].武汉:武汉大学出版社,1999:58.

重经济犯罪分子。无期徒刑罪犯在执行期间,如果确有悔改表现,或有立功表现的,服刑 2 年以后,可以减刑。死刑,也称极刑、处决、生命刑,是世界上最古老的刑罚之一,是指基于法律所赋予的权力,结束一个犯人的生命。死刑只适用于罪行极其严重的犯罪分子。死刑对罪大恶极、严重危害他人和社会安全的犯罪分子予以处决,在严惩犯罪者、威慑和教育有犯罪企图者,安抚受害者遗族、保护公民各项合法权益、维护社会正常秩序以及人类伦理道德底线等方面,拥有特殊作用,其效果也非常显著。

罚金,是指法院判处犯罪人向国家缴纳一定数额金钱的刑罚方法,主要适用经济犯罪和财产犯罪。我国刑法没有规定罚金的具体数额,只有原则性规定。实践中,人民法院可根据犯罪情节,如违法所得数额、造成损失的大小等,并结合犯罪分子缴纳罚金能力,依法判处罚金具体数额。剥夺政治权利,是指剥夺犯罪分子参加国家管理和政治活动权利的刑罚方法。具体包括剥夺担任国家机关职务权利;担任国有公司、企业、事业单位和人民团体领导职务权利;选举权和被选举权;言论、出版、集会、结社、游行、示威自由权利。根据法律规定,对于危害国家安全犯罪分子;故意杀人、强奸、放火、爆炸、投毒、抢劫等严重破坏社会秩序犯罪分子;被判处死刑和无期徒刑犯罪分子,应当附加适用剥夺政治权利。对于危害国家安全罪;侵犯公民人身权利、民主权利罪;妨害社会管理秩序罪;危害国防利益罪和渎职罪中的一些罪名,可以独立适用剥夺政治权利。没收财产,是指剥夺犯罪人个人财产,无偿收归国有的一种刑罚方法。没收财产主要适用于危害国家安全罪、经济犯罪及贪利性犯罪。

如前所述,对自驾游客而言,其严重侵权行为均可构成危险驾驶,如破坏广播电视设施、公用电信设施,交通肇事,故意杀人,过失致人死亡,故意伤害,抢劫,盗窃,聚众哄抢,故意毁坏财物,聚众斗殴,寻衅滋事,聚众扰乱公共场所秩序、交通秩序,故意损毁文物,故意损毁名胜古迹,猎捕、杀害珍贵、濒危野生动物等多种犯罪。其也将面临管制、拘役、有期徒刑、无期徒刑、死刑、罚金、剥夺政治权利和没收财产等多种刑罚适用法律风险。有时也会产生侵权责任、行政责任以及刑罚等多种风险叠加,因此应当引起足够重视。这些法律责任,尤其是刑罚适用,对自驾游客而言,其适用效果不仅意味着财产减少,还会失去某种资格或权利、人身自由甚至生命,其代价与成本对每个人都难以承受,因此需时刻防范。

二、自驾游侵权法律风险防范

通过前述内容,我们了解到由于旅游过程和内容存在各种不确定性,自驾游客可能会由于自身侵权行为,或自己所应负责之他人行为,抑或是自己所应照管之物构成的侵权行为,给他人造成人身或财产损害。对于这些损害后果,自驾游客均有可能成为侵权责任承担者,甚至成为刑罚承担者,其中蕴含极大的法律风险。因此,如何提高防范措施,规避侵权或犯罪法律风险,对自驾游客而言,是一个极其重要的问题。

(一)自驾游侵权法律风险产生原因

自驾游中,由于合同法律风险与侵权法律风险经常叠加在一起,因此诱使合同风险产生的自驾游客风险意识普遍不强,欠缺或漠视风险;缺乏法律知识和法律意识,忽视法律风险;以及自身行为不规范等原因,同样可以诱发侵权法律风险。除此之外,还包括对自身义务不清楚或不重视,漠视他人正当合法权益等原因。

1.自驾游客不清楚或不重视自身义务

如前所述,自驾游客侵权责任承担风险既可来自于自身不规范行为,也可来自于自己所应负责之他人行为,抑或来自于自己所应照管之物。具有丰富旅游经验和一定风险、法律意识的自驾游客,一般对自己行为比较注意;具有一定规范能力与克制力,但有时会因为对自己所应负责之他人行为缺乏约束,或对自己所应照管之物疏于管理,从而产生法律风险,这也是比较常见的。

(1)对自己所应负责之他人行为缺乏约束。对自己所应负责之他人行为缺乏约束,主要体现为对旅游所携带的未成年人管理约束不到位,自助(互助)旅游中的组织者对成员照顾、管理不到位两个方面。

据学者调查研究表明,"家长更愿意自驾车带儿童出游,实现其旅游目的";"浙江家长带儿童出游多采用家庭自助游的形式,家庭自助游的比例高达80.88%";"自驾车出游的比例为47.06%"。① 未成年人一般处于学校学习阶段,随着经济条件逐渐改善,假期家长都会带孩子外出旅游,以开阔视野,缓解学习压力。未成年人对周边任何人或事物都非常感兴趣,具有强烈的求知欲;精力旺盛、好动,很难长时间集中精力,容易受外界事物影响而改变自己的注意力和兴趣;容易对一切新鲜事物产生兴趣,喜欢以自己身体和运动为中心进行活动,行为具有无意识的自我性;喜欢模仿、参照成人行为方式,具有一定的创造力;尤其男孩子,这个时期更喜欢进行活动空间大、耗能大、探索冒险、肢体接触、攀爬等活动。未成年人年龄与智力还没有发育成熟,行为往往带有一

① 王书侠.浙江儿童旅游市场需求特征及趋势[J].经济研究导刊,2012(16):144.

定的盲目性与不确定性,对行为后果也缺乏判断与预知,其行为所蕴含的法律风险更具不确定性。因此,旅途中如何避免未成年人遭受损害,或给他人造成损害,是家长值得关注的问题。

自驾游客(一般是父母)对其所携带未成年人行为进行管理、约束,是其履行监护职责的体现。监护是指,"对特定自然人的人身权益和财产权益进行监督和保护的法律制度"①。根据我国法律规定,父母是未成年子女的监护人,监护人应当履行对被监护人进行管理和教育,约束被监护人行为,防止其实施不法行为等职责。实践中,大量父母往往基于旅游目的与需要,忽视对孩子约束与管理,导致侵权行为发生。例如对孩子行为放任,允许没有驾照的孩子独自驾驶车辆,或任其随意摆弄车辆,结果致他人损害;对孩子不适当行为不但不进行制止,甚至还加以帮助,如为了拍照弄坏花草,攀骑古迹、英雄雕塑等;放任孩子自由活动,使孩子脱离自己视线,对孩子具体行为不知道,等到发现时已晚,有的已经酿成惨剧。未成年人一般往往不具有责任能力,为实现法律公平之需要,给他人造成损害的,由监护人承担侵权责任;如果监护人尽到监护责任的,可以减轻其侵权责任。当然,有财产的未成年人造成他人损害的,应先从本人财产中支付赔偿费用;不足部分,由监护人负责赔偿。

如前所述,在散客自驾和散客组团自驾中,一般均存在一个核心人物或组织者。组织者可以有偿,也可以无偿。如果组织者是有偿的,其与成员间就形成有偿旅游服务合同法律关系,合同双方权利义务就由合同法律法规规范与调整,任何一方不履行或不规范履行合同义务,即可产生合同法律风险。对于此种风险之防范,前文已经论述。如果组织者是无偿的,即使双方签订了所谓"免责协议书",也不产生合同法律关系,他们之间关系属于法律上的"情谊行为"。但如果旅途中成员出现利益受损情形,并且组织者对损害发生有过错,此时法律将介入并规范此种"情谊行为",那么在组织者与成员间将会产生侵权法律关系,导致侵权法律风险产生。

自驾游组织者一般应承担对旅途注意事项提前告知,制订可靠自驾计划,严格执行或根据成员意见变更计划,对自驾重要事项提醒,安全注意和及时救助等义务。组织者如果不履行或疏于履行这些义务,即存在"对自己所应负责之他人行为缺乏约束"之过错,则会构成侵权责任。目前,我国法律法规对于此种法律关系调整尚不明朗,但2018年底我国十三届全国人大常委会第七次会议审议通过了《民法典·侵权责任编(草案)》二审稿,其中规定"自愿参加具

---

① 杨大文.亲属法[M].北京:法律出版社,2004:266.

有危险性的活动受到损害的,受害人不得请求他人承担侵权责任,但是他人对损害的发生有故意或者重大过失的除外"。因此,自驾游组织者虽是无偿的,但若疏于对自驾成员之行为缺乏约束和指导,致使成员权益受损,即可以认定其存在故意或者重大过失,就可能产生侵权责任承担法律风险。

(2)对自己所应照管之物疏于管理。自驾游中,自驾游客对必备之车辆,携带宠物或其他物品都应尽心管理,否则将存在担责风险。其中,因对车辆照管疏忽,产生法律风险概率最大,也最常见。自驾车辆撞伤他人,或致使他人财物受损,有时与交通管理无关,但大多是在违反交通管理法规情况下发生的。根据我国《道路交通安全法》规定,交通事故是指车辆在道路上因过错或者意外造成的人身伤亡或者财产损失的事件。"机动车属于包含潜在风险的物品,机动车的所有人、使用人、驾驶人、实际控制人在保有机动车的过程中也开启了风险,因而这些主体需要为风险承担相应的责任。"①导致交通事故发生的原因很多,如自身生理、心理条件以及文化素养、精神文明状态和交通科学知识水平;驾驶员行车操作不当;行人违反交通法规;车辆性能、质量、状况;道路宽度,视距,路面强度、平整度、粗糙度及道路交通环境等。其中既有自驾游客自身驾车行为不规范原因,也有客观原因,更存在对车辆修理、维护及照管疏忽原因。根据我国《侵权责任法》规定,机动车发生交通事故造成损害的,依照《道路交通安全法》的有关规定承担赔偿责任。因此,对自驾游客而言,如果疏于对车辆进行修理、维护及照管,就存在承担机动车交通事故责任风险。

2.自驾游客漠视他人正当合法权益

"权利是规定或隐含在法律规范中、实现于法律关系中的、主体以相对自由的作为或不作为的方式获得利益的一种手段。"②权利是个人享有特定利益的法律之力,是私法之本位,是法律关系体系的本质内容。利益是权利构成的必要要素,权利是法律所保护的利益。法律主体需要权利,都是与他追求或维护一定的利益有关,但在权利主张与行使过程中,却出现了极端化的现象,即权利泛化和权利滥用。这两种极端化现象产生,均是源于对他人正当权益漠视,其结果会导致他人权益受损,引发一系列法律风险。

(1)权利泛化。"权利泛化,指的是对法定权利的泛化,即泛化者将一些自然权利或法定权利以外的得受法律保护的一些正当利益,未经法定程序,扩

---

① 程啸.侵权行为法总论[M].北京:中国人民大学出版社,2013:136.
② 张文显.法理学[M].北京:高等教育出版社、北京大学出版社,2011:94.

大、推广到法定权利形态，以法定权利的救济方式来寻求救济的现象。"①主张权利以维护自身利益，其行为本身是公民权利意识提高的表现，是应该提倡和鼓励的，但过于泛化地主张权利，则是法律意识的不成熟表现。法治社会离不开法律，但并不意味着法律是社会治理的唯一手段。法律不是万能的，不能将所有的利益实现与保护都归结为法律，法律也无法承担如此重任。否则，法律也将会被泛化。因此，正当权益的维护与实现，还是应依法而行，不得任性而为之，否则将会导致"所谓权利"行使下的侵权行为发生，可能诱发法律风险。

自驾游中，自驾游客的权利泛化行为时有发生，如在公共场所进行的高声、聚群；长时间聊天、交谈，被人制止后，反而主张拥有"聊天权"；情侣在公共场所或人群聚集地方，毫无掩饰地进行亲密行为，被制止后，反而主张拥有"拥抱权"、"抚摸权"或"亲吻权"等。这些主张均是权利泛化的具体表现，是不会得到法律支持的。

（2）权利滥用。"权利滥用云者，盖谓权利行使必有一定的界限，超过正当之界限而行使权利，即为权利之滥用，为法所不许也。"②权利与义务是相对的，不存在无义务之权利，也不存在无权利之义务。任何权利实现，不仅关涉权利人利益，而且关涉义务人利益以及国家和社会利益。权利的绝对自由行使，就是对义务的违反，往往会造成权利冲突与相互倾轧，继而损害他人权利。因此，"权利滥用，并非因为逾越权利内容的结果，而是行使权利的结果，侵害了存在于权利之外的另一条规定，因而成为违法行为"③，此中蕴含系列法律风险。

自驾游中，自驾游客的权利滥用行为经常发生，如为驾驶方便，抄近路碾压农田或农作物；为取得拍照好角度，攀爬农民果树，导致果花或幼果掉落；为通行，对交通标志进行破坏；等等。这些行为不仅是权利滥用之现实具体表现，也构成了侵权，其中均潜隐着担责法律风险。

（二）自驾游侵权法律风险防范

综合上述与前述内容，自驾游客的侵权法律风险来自于多方面，既有意识因素，也有行为因素。自驾游客无论是对自身义务不清楚或不重视，还是漠视他人正当合法权益，均源于对法律的认识错误或不清楚。对意识因素产生的

① 唐先锋.试析国内"权利泛化"现象[J].人大研究,2004(7):37.
② 李宜琛."民法"总则[M].台北:台湾编译馆,1980:156.
③ 黄越钦.权利滥用与恶意抗辩权[M]//"民法"总则论文选辑.台湾:五南图书出版公司,1984:914.

侵权法律风险防范,还是要从提高自驾游客的风险与法律意识,增强法律风险防范自觉性入手,以减少侵权行为发生,从而降低侵权法律风险。关于此种防范措施,在"合同法律风险防范"中已经详细论述,此处不再赘述。因此,以下将着重论述如何加强对自驾游客的行为约束,以达到对侵权法律风险防范之目的。

1.自驾游客应遵守公序良俗,严格规范自身行为,规避侵权责任风险

公序良俗,即公共秩序和善良风俗。"公共秩序,谓为社会之存在及其发展所必要之一般的秩序";"善良风俗,谓为社会之存在及其发展所必要之一般道德,非指谓现在风俗中之善良者而言,而系谓道德律,即道德的人民意识"。① 公共秩序和善良风俗同为人类社会的最基本行为规范。无论是公共秩序中的"根本利益"或"一般秩序",还是善良风俗中的"一般道德观念"或"起码伦理要求",都是人类社会生活中,处理人与人之间关系不得违反的最基本要求。正因如此,在所有社会中一般都会赋予公共秩序和善良风俗内容中最基本部分以强制性,有些以道德规范形式展示,法治社会中更多则以法律规则形式来加以实现。因此,遵守公序良俗,即是遵守基本的法律规则和一般的道德要求。

自驾游客遵守公序良俗,直接体现为对自身行为的约束,避免加害行为发生。例如在车辆驾驶方面,要养成遵纪守法的驾驶习惯,不超速、不违章、不超载、不闯红灯、不酒后驾驶;旅游前要做好车辆检查与保养;要做到身体状况不好时不开车;在雨、雾、雪等天气状况下,城市交通高峰期,驾驶技术不熟练,对路况不熟悉时,一定要小心谨慎驾驶;开车时要中速行驶,不可过快或过慢;在道路上有事停车时,要停在安全位置;等等。在与人交往方面,要做到礼貌待人,文明旅游;遇到利益受损情形,切不可意气用事,妄图武力解决,要及时寻求法律保护,否则可能会由受害者身份演化为侵权者。旅游行程中要公道行事,不可心生邪念,继而产生侵权行为,否则将面临一系列叠加法律风险。

2.自驾游客应加强对未成年人行为引导与约束,规避替代责任风险

旅游可以暂时摆脱束缚、放飞自我,因此孩子往往是最高兴的;旅途中,家长也往往存在解压、工作休整心理,会暂时放松对孩子的约束。但实际上减少束缚、放飞自我,意味着放纵;强调解压、减少约束,意味着失控。就在放纵与失控之中,孩子往往会脱离家长视线,其不规范行为的发生概率就会极大上升,给他人造成损害。不规范行为,又称偏差行为,是指"人们在遵守社会规范

---

① 史尚宽.民法总论[M].北京:中国政法大学出版社,2000:334,335.

过程中出现的一种社会现象,是指背离、违反社会规范的行为"①。目前,我国法律法规还未对未成年人的偏差行为作出明确规定,但《预防未成年人犯罪法》对未成年人的"不良行为"和"严重不良行为"的界定,值得借鉴。《预防未成年人犯罪法》对未成年人的"不良行为"界定为:旷课、夜不归宿;携带管制刀具;打架斗殴、辱骂他人;强行向他人索要财物;偷窃、故意毁坏财物;参与赌博或者变相赌博;观看、收听色情、淫秽的音像制品、读物等;进入法律、法规规定未成年人不适宜进入的营业性歌舞厅等场所,以及其他严重违背社会公德的不良行为等。对"严重不良行为"界定为:纠集他人结伙滋事,扰乱治安;携带管制刀具,屡教不改,多次拦截殴打他人或者强行索要他人财物;传播淫秽的读物或者音像制品等;进行淫乱或者色情、卖淫活动;多次偷窃;参与赌博,屡教不改;吸食、注射毒品以及其他严重危害社会,尚不够刑事处罚的违法行为等。自驾游中,如果家长看管不严,甚至故意放纵,上述这些不良行为在孩子身上都有可能发生。因此,自驾游客应对携带的未成年人加强行为引导与约束,以减少担责风险。

我国《未成年人保护法》规定,父母或者其他监护人应当关注未成年人的生理、心理状况和行为习惯,以健康的思想、良好的品行和适当的方法教育和影响未成年人,引导未成年人进行有益身心健康的活动,预防和制止未成年人吸烟、酗酒、流浪、沉迷网络以及赌博、吸毒、卖淫等行为。首先,家长在自驾旅程开始之前,就应该对孩子进行规范教育,要事先和孩子约法三章,制定明确的行为规范,让其明白什么事情该做,该怎么做,什么事情不该做;要告知孩子此次自驾行程具体安排、注意事项及存在的风险,让其了解旅游意义与价值。其次,在自驾旅途中,家长要时刻关注孩子,照顾其衣食住行,关注其行为举止,要尽量避免其不规范行为发生,切不可大意;家长也要以身作则,起到以身示范作用,给孩子树立遵法守法、规范行事、规矩做人的好榜样。再次,如果孩子违法行为已经作出,要首先了解事情原委,不要急于责备孩子,更不要偏袒庇护孩子,以避免事态扩大,致使法律风险增大;要报以诚心对受害人进行抚慰和赔偿,争取受害人谅解,尽力使致人损害风险降至最低。

3.自驾游客应加强对携带宠物照管,规避致人损害责任风险

随着人民生活水平不断提高以及对宠物消费观的转变,越来越多人开始养起了宠物。据相关机构统计,2008年我国宠物数量为0.3亿只,2012年宠

① 肖剑鸣,郁贝红,黄睿.青少年偏差行为及其人类生态学观[J].江苏警官学院学报,2003(2):22.

物数量快速增长到 1.3 亿只,增长率高达 323.3％;2015 年宠物数量达 1.8 亿只,增长率为 40.6％;2017 年宠物数量已达到 2.5 亿只。由于宠物可以填补人类的情感缺失,带来精神慰藉,以致有的饲养人与宠物形影不离,带宠物旅游也便成为情理之中的事情,这在自驾游中屡见不鲜。"法律所以特别规定动物责任,系因动物具有危险性,此项动物危险乃基于动物得基于其自己之力(动物行为)侵害他人的权益,细菌或病毒不具此种侵害行为危险性。"①宠物害怕孤独,喜欢与人接触,会察言观色,好奇心强,甚至存在复仇和嫉妒心理,对陌生人有时会产生攻击行为。因此,自驾游客对旅途中携带的宠物一定要悉心照顾、看管,避免侵害行为发生,从而承担侵权责任。

自驾游客,首先在旅途开始之前,就要做好携带宠物旅游的准备工作:要准备好宠物食物、饮用水、牵引绳、垫子和宠物笼等其他相关物品;不要忘记携带宠物饲养证、免疫证以及检疫合格等证明文件;要做好攻略,预定允许宠物进入的宾馆或旅店,查看景区是否允许宠物进入,否则会带来麻烦。其次,车行途中要注意及时休息,让动物按时进食、活动和排便,保证其正常生活规律,避免其晕车,产生烦躁心理和攻击行为。再次,旅途中要注意对宠物进行看管,要随时给宠物系上牵引绳,避免其乱跑或走失;要尽量避免其到人多之地方,嘈杂之地,以免影响情绪;要尽量避免与陌生人接触,对陌生人引逗宠物之行为,要及时提醒或制止,避免伤人情形出现。总之,旅游本是心情快乐、愉悦之事,携带宠物旅游也会增加旅途愉悦感,但如果对其没有尽到照管之义务,不仅宠物本身会受到伤害,还有可能给他人财产或人身造成损害,继而影响旅途心情或行程。因此,对旅途中携带的宠物尽心照看,是规避动物致人损害风险的最好防范措施。

4.自驾游客应加强自驾车辆维护、检修,规避机动车交通事故责任风险

自驾游,顾名思义就是游客自己驾驶车辆进行旅游活动,此中的车辆是指机动车,即是以动力装置驱动或者牵引,上道路行驶的供人员乘用或者用于运送物品以及进行工程专项作业的轮式车辆,实践中多以家庭轿车为主。车辆作为自驾游必备之要素,在旅途中往往又多处于恶劣行进环境中,车辆故障发生概率也会较高。因此,车辆性能状况不仅关系到旅途能否顺利完成,实现旅游目的,还关涉能否成功规避交通事故风险。

旅游行程出发前,自驾游客应到专业汽车检修机构,对汽车进行仔细维护与检修。要重点检查轮胎(包括备胎)胎压、刹车盘和车灯是否正常,轮胎是否

---

① 王泽鉴."侵权行为法"(第 2 册)[M].台北:三民书局,2006:186.

需要更换;检查机油、刹车油、转向助力油、变速箱油和玻璃水是否充足,如不充足,则需要充加;若是长途旅行还应备用机油、刹车油和玻璃水,以供不时之用;如冬季去东北或西北地区自驾旅游,还需更换防冻机油、玻璃水和雪地轮胎;要检查雨刮片是否老化,发动机皮带是否开裂或老化,电瓶供电是否正常,空调滤芯和空气滤芯是否需要更换,仪表盘是否工作正常,如需更换要及时更换;要携带轮胎螺丝套筒扳手、千斤顶、灭火器、三脚支架、拖车绳、螺丝刀和搭电线等车辆自救用品,并将其安放于后备厢便于取出之位置,以备不时之需。此外,出发前油箱应加满汽油,并检查身份证、驾驶证、行驶证和保险卡等是否带齐。总之,"工欲善其事,必先利其器",车辆状况对于自驾游至关重要,对预防因车辆故障而导致的交通事故风险意义重大,千万不可掉以轻心。

5.自驾游客应依法参加机动车交强险,或其他补充商业保险,转移交通事故责任风险

随着汽车保有量和驾驶人员的高速增长,加之机动车驾驶员身份、性别多元化和驾龄年轻化等因素叠加,致使交通事故发生概率急剧上升。为了保障机动车道路交通事故受害人能够依法、及时得到赔偿,促进道路交通安全,我国《交通安全法》规定,国家实行机动车第三者责任强制保险制度,机动车所有人或者管理人,应当依法投保机动车交通事故责任强制保险。机动车第三者责任强制保险,又称机动车交通事故责任强制保险,简称交强险,是指由保险公司对被保险机动车发生道路交通事故造成本车人员、被保险人以外的受害人的人身伤亡、财产损失,在责任限额内予以赔偿的强制性责任保险。"机动车强制三者险制度的根本价值在于让受害人得到及时、便捷的补偿。"①机动车第三者责任强制保险有助于保障机动车道路交通事故受害人的合法权利,可避免在肇事方经济赔偿能力不足或肇事逃逸等情形下,使受害人能够得到充足的经济补偿。机动车第三者责任强制保险通过保险费率与机动车及驾驶员安全驾驶情况挂钩,违法行为记录、肇事比率与保费直接挂钩,又可发挥保险业的社会管理职能,有助于促进驾驶人安全驾驶的意识,自觉遵章守法,维护道路交通秩序,保障交通安全。

机动车交通事故责任强制保险是高度社会化的产物,符合法律"损失社会化"②发展趋势,由于其具有分担、转移责任风险之优势与特点,对自驾游客规

---

① 李祝用,徐首良.论机动车第三者责任强制保险制度的价值及特性[J].保险职业学院学报,2005(5):47.

② 王卫国.过错责任原则:第三次勃兴[M].北京:中国法制出版社,2000:57.

避法律责任风险,具有极大好处。依据我国《机动车交通事故责任强制保险条例》规定,被保险机动车发生道路交通事故造成本车人员、被保险人以外的受害人人身伤亡、财产损失的,由保险公司依法在机动车交通事故责任强制保险责任限额范围内予以赔偿。同时,依据我国《道路交通安全法》和《机动车交通事故责任强制保险条例》等法律法规规定,参加机动车交通事故责任强制保险是机动车的所有人或者管理人的法定义务。如果未按照规定投保机动车交通事故责任强制保险的,公安机关交通管理部门可依法扣留机动车,通知机动车所有人、管理人依照规定投保,并可依照规定处以投保最低责任限额应缴纳的保险费的 2 倍罚款。依据我国保监会 2008 年出台的《机动车交通事故责任强制保险条例》规定,保险人按照交强险合同的约定对每次事故的赔偿限额分别为死亡伤残赔偿限额为 110000 元;医疗费用赔偿限额为 10000 元;财产损失赔偿限额为 2000 元。被保险人无责任时,无责任死亡伤残赔偿限额为 11000 元;无责任医疗费用赔偿限额为 1000 元;无责任财产损失赔偿限额为 100 元。

从以上赔偿限额可看出,机动车交通事故责任强制保险的赔偿额度相对较低,由于自驾游交通事故发生风险概率较大,造成的损害也较大,因此建议自驾游客在出游前,应补充其他商业保险,以达到最大限度地转移风险之目的。机动车综合商业保险包括主险和附加险两类。主险包括机动车损失保险、机动车第三者责任保险、机动车车上人员责任保险、机动车全车盗抢保险共四种;附加险包括玻璃单独破碎险、自燃损失险、新增加设备损失险、车身划痕损失险、发动机涉水损失险、修理期间费用补偿险、车上货物责任险、精神损害抚慰金责任险、不计免赔率险、机动车损失保险无法找到第三方特约险和指定修理厂险等。这些险种均属于商业保险范畴,不具有强制性,投保人可根据实际情况自主选择适合自己的险种进行投保。目前,我国各大保险公司均办理上述机动车综合商业保险业务,自驾游客可自主选择。这些险种中,机动车第三者责任保险、机动车车上人员责任保险与自驾游客侵权风险的规避与转移关系密切。

机动车第三者责任保险,是指在保险期间内,被保险人或其允许的驾驶人在使用被保险机动车过程中发生意外事故,致使第三者遭受人身伤亡或财产直接损毁,依法应当对第三者承担的损害赔偿责任,且不属于免除保险人责任的范围,保险人依照保险合同约定,对于超过机动车交通事故责任强制保险各分项赔偿限额的部分负责赔偿。如前所述,机动车交通事故责任强制保险的赔偿额度相对较低,如果自驾游客不幸撞到豪车或致人重伤、死亡,赔偿可能高达几十万元,甚至上百万元、几百万元,使其自身难以承受该责任风险。如果投保了商业第三者责任险,一旦发生保险事故,交强险赔付不足以承担全部赔偿责任部分,则由保险公司在保险责任范围内负责赔偿,这就大大减轻了自驾游客责任承担风险。因此,自驾游客应考虑自驾行程与旅游内容实际情况,参加第三者责任补充商业保险,保障额度选择在100万元以上较好。

机动车车上人员责任保险,是指保险期间内,被保险人或其允许的驾驶人在使用被保险机动车过程中发生意外事故,致使车上人员遭受人身伤亡,且不属于免除保险人责任的范围,依法应当对车上人员承担的损害赔偿责任,保险人依照保险合同的约定负责赔偿。此险种与机动车交强险无关,行车中发生意外事故,造成本车乘客(非驾驶员)的人身伤亡,如果本车负有责任,保险公司即按合同条款赔偿。自驾游一般多为结伴出行,一辆车里除驾驶员(自驾游客)外,经常会有其他乘车人员,如果因为突发事件造成车上人员人身或财产损害,驾驶员有时要承担一定赔偿责任。为规避、转移此责任承担,自驾游客出游前,应向保险公司购买此险种,建议每个座位保额按5万元确定,以增强保险效果。

总之,保险意识以风险意识为前提,只有具有一定风险意识,才能认识到保险重要性。因此,自驾游客应重视保险具有转移风险的独特功能,提高风险评估与防范意识,要依法参加交强险,并根据实际情况选择适合的商业补充保险,只有如此才能够真正实现规避、转移风险之目的。

6.组织者应尽力履行组织与安全注意义务,规避侵权责任风险

如前所述,在散客自驾和散客组团自驾中,组织者一般应承担对旅途注意事项提前告知,制订可靠自驾计划,严格执行或根据成员意见变更计划,重要事项提醒,安全注意和及时救助等义务。自驾游组织者如果不履行或疏于履行这些义务,即存在"对自己所应负责之他人行为缺乏约束"之过错,则可能构成侵权责任。因此,自驾游组织者唯有诚心尽到组织之责任,尽力履行安全注意之义务,才能有效规避自身风险。

首先,建议自驾游客尽量不要做组织者,尤其是营利性组织者。通常而言,一般对自驾游组织者的综合素质要求较高,也较全面,其应具有丰富旅游实践经验,具有一定组团经验和险情救助能力,有一定组织能力和威信,对旅游目的地和旅游行程较熟悉。因此,不具有上述能力与经验的自驾游客,不要逞强或基于乐趣、奉献而担任组织者,否则其组织行为所蕴含的法律风险将会较大。根据我国相关法律规定,依据权利义务相一致原则,营利性自驾游活动组织者较之于非营利性承担的注意义务和对参加者保护义务应更多,一旦发生旅游危险,其也将承担较重法律责任。因此,自驾游客如果在需要担任组织

者的情况下,应当坚持非营利性,其法律风险会小一些。其次,组织者要与成员间签订书面的《户外运动风险提示书》和《免责承诺书》,对旅途中存在的可能性风险,向团队成员进行充分提示,对各方责任予以明确。这样既可以明确成员真实身份,对风险进行告知,对责任后果进行预判,对责任承担进行划分;又可以表明成员参加自驾游的自愿性,以及对危险发生后的责任承担起到证据作用。再次,组织者应要求成员在出发前,购买人身意外伤害、紧急救援和财产意外损害等保险。这样一旦险情发生,就可转移一定的责任风险,是规避法律风险的最优选择。最后,组织者应严格规范自身组织行为,尽量规避因疏忽、大意履责不到位而产生的担责风险。组织者在组织成员时,应在正规网站实名发帖;要给出自驾活动具体行程安排,并重点提示活动的难度、强度和注意事项;要列出详细的装备清单和活动旅程、地点介绍;要进行旅途风险提示,并对旅途费用数额和分担方式、购买意外伤害保险等事项作出说明。自驾游行程开始前车辆集结时,组织者要查验成员身份证,对不符合报名年龄条件的应劝退;要检查成员的车辆及相关装备,对不符合约定条件,没有必备装备的应劝退;如发现队员可能会有疾病、体质问题的,也应劝退。自驾旅程开始后,应让成员间相互熟悉,增进情感,关系融洽,尽可能使旅途快乐进行,开心结束;应对成员进行组织管理,可以分成若干小组并选出小组长;要尽量按照原订路线开展活动,如需改变路线要和成员集体协商,断不可独断专行;如遇突发事件或者险情,要及时报警并尽力救助成员。

　　总之,应对风险,无外乎回避或是规避两种方法。对于自驾游客而言,尽量不要担任组织者是一种被动回避措施,这样旅途中只要照顾好自己,并在有能力情况下兼顾团队其他成员就可以了。如果担任了组织者,就要承担起组织者之职责,要尽心尽力地对团体负责,对成员负责,为成员服务。要采取一切必要之措施主动规避风险,这样对团队成员、对自己、对团队都有好处。唯有如此,才能真正实现旅游快乐、闲适、舒畅之真谛。

第五章　自驾游道路交通法律风险防范

据公安部统计,2018 年全国新注册登记机动车 3172 万辆,机动车保有量已达 3.27 亿辆,其中汽车 2.4 亿辆,小型载客汽车首次突破 2 亿辆;机动车驾驶人突破 4 亿人,达 4.09 亿人,其中汽车驾驶人 3.69 亿人。车辆、驾驶人是自驾游必不可少之要素,私家车保有量与驾驶人数的持续快速增加,为自驾游奠定了物质基础。然而,相伴而来的交通违法行为也持续快速上升,如据浙江省不完全统计,2018 年全省共查处酒后驾驶机动车违法行为 7.1 万起、醉酒驾驶 1.9 万起、开车打手机 92.1 万起、行人和非机动车闯红灯 62.3 万起、无证驾驶 7.7 万起、超速行驶 279.6 万起。对这些交通违法行为进行处罚,其中行政拘留 1.6 万人次,吊销驾驶证 2.4 万本,终身禁驾 684 人。如此巨大的交通违法行为,有些就发生在自驾旅途之中,不仅带来血淋淋的教训,更敲响了交通法律风险的防范警钟。

一、自驾游道路交通法律风险

自驾游途中,自驾游客驾驶车辆行驶在各种道路上,有时候道路状况很危险,车辆性能,驾驶员身体状况、驾驶技术和驾驶行为都会影响车辆行驶状态,稍不小心就有可能造成交通事故,导致自身、他人人身伤亡或财产损害。因此,交通行政主管部门对车辆、道路及人员进行相应管理,就成为必要和必需之举。我国《道路交通安全法》第 2 条规定,"中华人民共和国境内的车辆驾驶人、行人、乘车人以及与道路交通活动有关的单位和个人,都应当遵守本法";《侵权责任法》第 48 条规定,"机动车发生交通事故造成损害的,依照道路交通安全法的有关规定承担赔偿责任"。因此,自驾游中,只有游客遵守相关法律法规,服从交通安全管理,严格规范驾驶与交通行为,才能有效预防和减少交通事故的发生,规避法律风险。

(一)自驾游道路交通违法行为

自驾是自驾游的核心与灵魂,车辆是自驾游的前提和必备要素,自驾车辆状况及其行驶状态,自驾人驾驶技术与驾驶行为,不仅关系到自驾游客、其他相关人员人身与财产安全,也是影响自驾行程能否顺利完成的关键。道路交通违法行为,是指在道路上通行的车辆、交通参与者(机动车驾驶人、非机动车驾驶人、行人、乘车人以及其他进行与道路活动相关的人），违反了交通法律法规，扰乱正常交通秩序，妨碍了交通安全与畅通，侵犯了他人交通权益，应接受惩罚的行为。按照我国《道路交通安全法》和《道路交通安全法实施条例》规定，有三种原因可构成道路交通违法行为，即因车辆不合规产生的交通违法、因驾驶人不合规产生的交通违法、因驾驶行为不规范产生的交通违法。据此，结合自驾游特点，从自驾游客法律风险防范的角度出发，本书将交通违法行为分为三类，即机动车违法、自驾游客（驾驶人）自身违法和驾驶行为违法。下面分别进行论述。

1.机动车违法

"道路交通安全程度取决于人、车、路（环境）的各自完善程度和综合系统的相互协调、配合程度。"①车辆是自驾游的核心与灵魂，车辆状态与性能是否良好，不仅关系到自驾游客自身和他人人身、财产安全，还关涉交通是否安全问题。机动车违法，是指机动车违反相关法律管理规定，不具备上路行驶条件而上路行驶的违法行为。自驾游使用的车辆一般是机动车，"机动车属于包含潜在风险的物品，机动车的所有人、使用人、驾驶人、实际控制人在保有机动车的过程中也开启了风险，因而这些主体需要为风险承担相应的责任"②。正因为如此，我国相关法律法规对机动车上路行驶条件作出了严格规定，具体包括机动车没有登记，也没有行驶证，不得上路行驶；驾驶机动车上道行驶，必须悬挂号牌，放置检验合格标志、保险标志，并随车携带机动车行驶证；机动车号牌应按规定悬挂，不得有不清晰、不完整，或有故意遮挡、污损等情形；机动车应定期进行安全技术检验；不得驾驶已达到报废标准的机动车上路行驶；不得随意喷涂、安装、使用警车、消防车、救护车、工程救险车等车辆专用的或者与其相类似的标志图案、警报器或者标志灯具；不得拼装机动车；不得擅自改变机动车已登记的结构、构造或者特征；不得随意改变机动车型号、发动机号、车架号或者车辆识别代号；不得伪造、变造或者使用伪造、变造的机动车登记证书、号牌、行驶证、检验合格标志和保险标志；不得使用其他机动车的登记证书、号牌、行驶证、检验合格标志和保险标志；等等。

上述有关机动车的各项违法情形，或是由于机动车自身原因问题导致的，更多则是人为因素造成的，但是不管何种因素，都会影响、改变机动车性能状况。如果自驾游客驾驶此种机动车上路行驶，开启自驾行程，是极不负责任的

---

① 许培星.交通法规[M].上海：上海交通大学出版社，1995：15.
② 程啸.侵权行为法总论[M].北京：中国人民大学出版社，2013：136.

事情。其行为不仅危及自己或他人人身财产安全,也严重妨碍交通安全,甚至会酿成惨剧。因此,自驾游客一定要在保证机动车的合规性与性能良好状态下,才可以进行自驾旅行,否则将面临巨大交通法律风险。

2.自驾游客(驾驶人)自身违法

驾驶人是道路交通中的主体,驾驶人的驾驶状况同道路交通安全密切相关。实践中,绝大多数交通违法与事故都是由机动车驾驶人造成的,尤其新驾驶人交通肇事率更是居高不下。驾驶人自身违法,是指驾驶人员在自身条件不符合法律规定,或欠缺安全驾驶条件,而驾驶机动车上路行驶的违法行为。因此,加强对机动车驾驶人管理,是保障交通安全的关键环节。驾驶员的思想素质、心理素质、安全驾驶素质和驾驶习惯,对安全行车意义重大,如何确保驾驶员具备上述素质与良好驾驶习惯,我国相关法律法规作出了严格规定。具体包括:不得无证驾驶;应按照驾驶证载明的准驾车型驾驶机动车;驾驶机动车应随身携带驾驶证;应按规定定期对驾驶证进行审验;不得驾驶安全设施不全或机件不符合技术标准机动车;不得在饮酒、服用国家管制精神药品或麻醉药品,或患有妨碍安全驾驶机动车疾病,或过度疲劳影响安全驾驶等情形下驾驶机动车;在实习期内驾驶机动车的,应当在车身后部粘贴或者悬挂统一式样的实习标志;在实习期内不得驾驶公共汽车、营运客车或者执行任务的警车、消防车、救护车、工程救险车以及载有爆炸物品、易燃易爆化学物品、剧毒或者放射性等危险物品的机动车;驾驶的机动车不得牵引挂车;等等。

上述驾驶人的各项自身违法情形,或是驾驶人自身不符合规范要求,或是暂时缺失安全驾驶条件,但不管何种原因,都不应该驾车上路行驶,否则会严重危及交通安全。如果自驾游客在自身不满足驾驶员条件情况下,驾车上路,开启自驾行程,是极其严重的违法行为,千万不可以身试法,以身涉险。

3.驾驶行为违法

驾驶员对行驶中车辆的驾驭能力、驾驶习惯与行为表现,对于交通安全至关重要,实践中绝大多数交通违法、交通事故均是因驾驶员不良驾驶习惯或违法驾驶行为造成的。“驾驶员的任务就是根据道路环境的变化,决定采取适当的操作活动,来控制汽车在道路上适当的位置行驶。主要包括:①获取信息;②制定决策;③操作车辆。”①其中获取信息和制定决策,会通过驾驶人对车辆的具体操作,即驾驶行为表现出来。对“驾驶行为研究按照研究角度与重点的不同可以分为宏观与微观两大类。宏观驾驶行为主要指影响驾驶安全的原因

---

① 王健.道路环境与驾驶行为[J].重庆交通学院学报,1990(3):21.

与可能导致的结果;微观驾驶行为主要指驾驶员在行驶过程中的具体操作表现与特征"①。本书将从微观角度,对驾驶行为进行探讨。

我国相关法律法规对驾驶人的驾驶行为,作出了严格的约束性规定,具体包括:机动车应右侧通行,不得进入其他车辆专用车道;应按照交通信号灯、交通标志、交通标线或者交通警察指挥行驶;不得超速,不得违规超车;遇行人时,应礼让减速;后车应与前车保持安全距离;应按要求载人、载物,严禁超载、超长、超宽、超高、超限;不得违规载运易燃、易爆、剧毒和放射性危险物品;禁止货运车载客,客运车违规载货;机动车行驶时,驾驶人和乘坐人员应按规定使用安全带;机动车在道路上发生故障,需要停车排除故障时,驾驶人应当立即开启危险报警闪光灯,将机动车移至不妨碍交通的地方停放;难以移动的,应当持续开启危险报警闪光灯,并在来车方向设置警告标志,必要时应迅速报警;应当让行执行紧急任务的警车、消防车、救护车、工程救险车等特殊车辆;应当在规定地点停放,不得妨碍交通;不得在车门、车厢没有关好时行车;不得在机动车驾驶室的前后窗范围内悬挂、放置妨碍驾驶人视线的物品;不得有拨打接听手持电话、观看电视等妨碍安全驾驶的行为;不得在下陡坡时熄火或者空挡滑行;不得向道路上抛撒物品;不得驾驶摩托车手离车把或者在车把上悬挂物品;不得连续驾驶机动车超过4小时未停车休息或者停车休息时间少于20分钟;不得在禁止鸣喇叭的区域或者路段鸣喇叭。在高速公路上,应按照标明车道的行驶速度行使;驶入或驶离高速公路,应及时开启转向灯;不得在高速公路上倒车、逆行,不得穿越中央分隔带掉头或在车道内停车;不得在高速公路匝道、加速车道或者减速车道上超车;不得骑、轧车行道分界线或者在路肩上行驶;不得非紧急情况时在应急车道行驶或者停车;不得在高速公路上试车或者学习驾驶机动车;等等。

自驾游客违反上述禁止性规定驾驶车辆,即构成违法行为,造成严重后果的甚至会构成犯罪,其中蕴含严重法律风险。

（二）道路交通法律风险

道路交通法律风险,是因交通违法行为而产生的法律责任承担的可能性。由于交通违法行为的损害后果具有复合性特点,其所导致的法律责任也具有重合性,因此其所蕴含的法律风险会出现叠加情形。侵权、行政与刑事这三种法律风险的相互叠加,在道路交通违法中会经常出现,并且表现不一。由于之

---

① 严新平,张晖,超仲.道路交通驾驶行为研究进展及其展望[J].交通信息与安全,2013(1):46.

前对于侵权与刑事法律风险分别进行了论述,故此处仅就行政法律风险进行探讨。

我国《道路交通安全法》第88条规定:"对道路交通安全违法行为的处罚种类包括:警告、罚款、暂扣或者吊销机动车驾驶证、拘留。"其他相关法律法规还规定,对造成交通事故后逃逸,或饮酒后、醉酒驾驶机动车发生重大交通事故,由公安机关交通管理部门吊销机动车驾驶证,且终身不得重新取得机动车驾驶证。醉酒驾驶机动车的,由公安机关交通管理部门约束至酒醒,吊销机动车驾驶证,依法追究刑事责任;5年内不得重新取得机动车驾驶证。醉酒驾驶营运机动车的,由公安机关交通管理部门约束至酒醒,吊销机动车驾驶证,依法追究刑事责任;10年内不得重新取得机动车驾驶证,重新取得机动车驾驶证后,不得驾驶营运机动车。饮酒后驾驶营运机动车的,处15日拘留,并处5000元罚款,吊销机动车驾驶证,5年内不得重新取得机动车驾驶证。以欺骗、贿赂等不正当手段取得机动车登记或者驾驶许可的,收缴机动车登记证书、号牌、行驶证或者机动车驾驶证,撤销机动车登记或者机动车驾驶许可;申请人在3年内不得申请机动车登记或者机动车驾驶许可。此外,我国实行道路交通安全违法行为累积记分制度,记分周期为12个月。对在一个记分周期内记分达到12分的,由公安机关交通管理部门扣留其机动车驾驶证,该机动车驾驶人应当按照规定参加道路交通安全法律、法规的学习并接受考试。考试合格的,记分予以清除,发还机动车驾驶证;考试不合格的,继续参加学习和考试。根据上述法律规定,自驾游客的道路交通违法行为的潜在法律风险包括警告、罚款、暂扣或者吊销机动车驾驶证和拘留。此外,吊销机动车驾驶证又衍生出终身禁驾,机动车驾驶证延缓申领等处罚内容。

1.警告

警告是行政机关对公民、法人或其他组织违反行政管理法规的行为,所进行的谴责和警示,其目的是通过对违法行为人给予精神上的惩戒,以申明其有违法行为,使其以后不再违法,否则要受到更严厉的惩罚。警告是对道路交通违法处罚种类中最常见、适用最普遍的一种形式,也是"对违法行为人损害最小的一种处罚"。"所谓'最小',就是既不针对行为人的人身自由,也不影响行为人的财产权利,而仅仅针对名誉权。"[①]因此,在行政法学理论上,警告属于声誉罚。"声誉罚,是对违法者的名誉、荣誉、信誉或精神上的利益造成一定损

---

① 　谢祥为,张哲.行政处罚法定种类评析[J].江西社会科学,2003(2):172.

害的行政处罚。"①警告通过对违法行为人的名誉施加一定的影响，使行为人的内心产生一定的压力，从而纠正违法行为。

根据我国《道路交通安全法》规定，警告可适用于各种轻微道路交通违法行为。公安机关交通管理部门及其交通警察，对于情节轻微的道路交通安全违法行为，应当及时纠正，在给予口头警告后放行。警告可以适用简易程序，一般由交通警察以口头形式当场作出，并制作行政处罚决定书交付当事人。

2.罚款

"罚款是指国家权力机关为实现一定的公共秩序，在依职权进行社会管理的过程中，针对行为人的违法行为所给予的一种经济制裁。"②罚款的本质是强迫违法行为人向国家缴纳一定数额金钱，意味着对违法行为人财产权剥夺，因此在行政法理论上，罚款属于财产罚。罚款与警告一样，都是非常重要并普遍适用的道路交通违法处罚方式。罚款导致交通违法行为人经济利益受损，并在精神上产生痛苦，能够使其充分感受到违法的成本和后果，感受到法律的威慑和惩罚作用，从而有利于依法规范自己的交通或驾驶行为。

根据我国《道路交通安全法》规定，警告可以适用的轻微违法行为，罚款均可适用。对行人、乘车人、非机动车驾驶人的交通违法行为，罚款额度一般是5元以上50元以下；对机动车驾驶人的交通违法行为，罚款额度一般是20元以上200元以下。对一些较重的违法行为，如酒后驾车；伪造、变造或者使用伪造、变造的机动车登记证书、号牌、行驶证和驾驶证；非法安装警报器、标志灯具等，也可以适用罚款，但罚款额度最高不得超过5000元。对违法行为人处以200元以下罚款的，可适用简易程序，由1名交通警察作出处罚；对违法行为人处以200元以上罚款的，应适用一般程序，由2名以上交通警察按照法定程序作出处罚。

3.暂扣或者吊销机动车驾驶证

道路交通行为具有高度危险性，一旦发生安全事故，容易造成重大人员伤亡和财产损失。从造成交通事故的原因看，驾驶人的驾驶行为是关键因素。因此，加强对驾驶人管理，是保证道路交通安全的重要措施。对驾驶人管理，是通过驾驶机动车的许可证明，即驾驶证的管理实现的，因此驾驶许可制度就成为对驾驶人管理的根本制度。驾驶许可制度在全球各个国家普遍采用，用

---

① 杨解君.关于我国行政处罚的对象、内容与种类[J].法商研究，1995(3):94.
② 陈太清.罚款用途的两个主要路径解析：以"钓鱼执法"事件为例[J].长白学刊，2001(1):45.

以加强驾驶员管理,保障交通安全,遏制交通事故。在我国,取得机动车驾驶证,就意味着具备了进行机动车驾驶活动的资格与能力,从而得到国家法律的承认和保障。资格,是从事某种活动所应具备的条件、身份等,或是由长时间从事某种工作或活动的时间长短所形成的身份。"法律意义上的资格,是指人从事某种活动的条件。首先包括该行为人享有的法律规定的从事该活动的权利能力和身份;其次还包括行为人本身具备的从事活动的实际能力以及外部环境因素等。"①然而,当授予驾驶证的条件发生变化或者行为人不符合条件时,行政机关就要依法限制或剥夺行为人原来所取得驾驶证明,这就表现为暂扣或吊销机动车驾驶证。因此,在行政法学理论上,暂扣或者吊销机动车驾驶证属于资格罚。资格罚,又称能力罚,"是指行政机关依法收回或者暂扣违法者已依法获得的从事某种活动的权利和资格,其目的在于取消被处罚人的一定资格,剥夺、限制某种特许的权利"②。

根据我国《道路交通安全法》规定,暂扣或者吊销机动车驾驶证,一般适用于较严重交通违法行为,其中吊销机动车驾驶证适用的交通违法行为,会更加严重。例如饮酒后驾驶机动车的,暂扣 6 个月机动车驾驶证;因饮酒后驾驶机动车被处罚,再次饮酒后驾驶机动车的,吊销机动车驾驶证。饮酒后驾驶营运机动车的,吊销机动车驾驶证,5 年内不得重新取得机动车驾驶证。醉酒驾驶营运机动车的,吊销机动车驾驶证,并且 10 年内不得重新取得机动车驾驶证,重新取得机动车驾驶证后,不得驾驶营运机动车。驾驶拼装的机动车或者已达到报废标准的机动车上路行驶的,吊销驾驶人机动车驾驶证。饮酒后或者醉酒驾驶机动车发生重大交通事故,终身不得重新取得机动车驾驶证。造成交通事故后逃逸的,由公安机关交通管理部门吊销机动车驾驶证,且终生不得重新取得机动车驾驶证。

值得注意的是,对极其严重交通违法行为,除适用吊销机动车驾驶证外,还会衍生出两个严重的法律后果,即"终身禁驾"和"机动车驾驶证延缓申领"。设置这两种衍生出的严重法律后果,其目的是从根本上减少或杜绝严重交通违法行为。"终身禁驾",就是终身不得驾驶机动车辆,适用于饮酒或者醉酒驾驶机动车发生重大交通事故,或造成交通事故后逃逸等极其严重交通违法情形,是以交通事故责任人刑事责任存在为前提的。"终身禁驾"是一种仅次于刑事处罚的严厉制裁措施,其制裁效力相对高于一般行政处罚,体现了国家对

---

① 谢雄军:论我国资格罚的立法现状及其完善对策[J].湘潮(下半月),2011(7):19.
② 姚莉英.试析行政处罚种类的几个问题[J].法律科学,1998(3):60-61.

生命财产权利的尊重,对严重交通违法行为处罚的决心,有利于道路交通安全和交通秩序维护。"机动车驾驶证延缓申领",是对一些严重交通违法行为人被吊销机动车驾驶证后,再次申领驾驶证所进行的间隔时间限制。依据我国《机动车驾驶证申领和使用规定》,凡醉酒驾驶机动车或者饮酒后驾驶营运机动车,依法被吊销机动车驾驶证未满 5 年的;醉酒驾驶营运机动车,依法被吊销机动车驾驶证未满 10 年的;因其他情形,依法被吊销机动车驾驶证未满 2 年的,不得申请机动车驾驶证。此外,即使没有被吊销机动车驾驶证,只要存在 3 年内有吸食、注射毒品行为或者解除强制隔离戒毒措施未满 3 年,或者长期服用依赖性精神药品成瘾尚未戒除的;驾驶许可依法被撤销未满 3 年的;未取得机动车驾驶证驾驶机动车,在规定期限内的,均不得申请机动车驾驶证。对机动车驾驶证申领进行延缓时间限制,有利于驾驶证申领人修正自身不良行为,有利于违法人对自身违法行为反思,纠正错误,有利于提高驾驶人遵法守法意识,更有利于交通安全保障和交通秩序维护。

4.拘留

拘留,是指扣留、拘禁,是国家权力机关依法对违法行为人的人身自由进行短期限制的强制措施。依照我国法律规定,很多国家权力机关都可对违法人作出拘留决定。由于国家机关的权力或性质不同,拘留又可分为刑事拘留、司法拘留、民事拘留与行政拘留。我国《道路交通安全法》第 88 条规定,"对道路交通安全违法行为的处罚种类包括:警告、罚款、暂扣或者吊销机动车驾驶证、拘留"。此中拘留就是行政拘留。"行政拘留,也称治安拘留,是对违反治安管理的人,依法在短期内限制其人身自由的一种处罚。"①在行政法理论中,拘留属于人身自由罚之一种,是行政处罚中对自然人适用的最严厉处罚方式。

拘留作为最严厉的一种行政处罚措施,一般适用于严重违法行为。依据我国《道路交通安全法》规定,因饮酒后驾驶机动车被处罚,再次饮酒后驾驶机动车的,处 10 日以下拘留;伪造、变造或者使用伪造、变造的机动车登记证书、号牌、行驶证、驾驶证的,处 15 日以下拘留;伪造、变造或者使用伪造、变造的检验合格标志、保险标志的,处 10 日以下拘留;未取得机动车驾驶证、机动车驾驶证被吊销或者机动车驾驶证被暂扣期间驾驶机动车的;造成交通事故后逃逸,尚不构成犯罪的;强迫机动车驾驶人违反道路交通安全法律、法规和机动车安全驾驶要求驾驶机动车,造成交通事故,尚不构成犯罪的;违反交通管制的规定强行通行,不听劝阻的;故意损毁、移动、涂改交通设施,造成危害后

---

① 罗豪才,湛中乐.行政法学[M].北京:北京大学出版社,2006:227.

果,尚不构成犯罪的;非法拦截、扣留机动车辆,不听劝阻,造成交通严重阻塞或者较大财产损失的,可处 15 日以下拘留。总之,拘留是一种仅次于拘役刑罚,对违法人进行人身自由限制的行政处罚措施,不仅对严重违法行为人具有惩戒、威慑作用,而且对交通秩序维护和交通事故预防,会发挥很好的规范作用。

二、自驾游交通法律风险防范

如前所述,自驾游旅途充斥着各种危险,车辆性能,驾驶员身体状况和驾驶技术、驾驶行为都会影响车辆行驶状态,稍不小心就有可能造成交通事故,导致自身或他人人身伤亡、财产损害。对于这些损害后果,自驾游客均有可能成为侵权责任承担者,甚至成为刑罚承担者,其中蕴含极大的法律风险。上述损害结果发生,不仅是因为驾驶行为不当导致的,还存在机动车或自驾游客(驾驶人)本身违法原因。这些行为不仅违反了民事、刑事法律规范,还违反了交通行政管理法律规范,是一种交通违法行为,其中也伴随着交通法律风险。因此,如何防范交通风险与其他法律风险叠加,对自驾游客来讲,是一个值得重视的问题。

（一）交通法律风险产生原因

如前所述,自驾游合同法律风险与侵权法律风险经常会叠加在一起,侵权法律风险、犯罪法律风险与交通法律风险也经常会出现叠加情形。因此,自驾游客风险和法律意识不强;自身行为不规范;对自身义务不清楚、不重视;漠视他人正当合法权益等原因,同样可引发交通法律风险。除这些原因外,下文将针对道路交通的特殊性,对导致交通违法行为和交通事故发生,可能诱发交通法律风险的具体原因进行论述与探讨。

道路交通,"是指人与车在道路上具有一定规律特点的复杂活动,按照系统论的观点,道路交通是由人(驾驶员与行人)、车、路、环境这四个要素构成的一个具有特定功能的闭环系统"①。"在这个闭环系统中,驾驶员是整个系统的中枢神经,是唯一的自主变量,是主动和有意识的;车辆是完成运输功能的工具,是唯一的可控变量,是可以通过人的意志来控制其运动状态的;道路则是整个系统的基础,是不可控制的客观变量,其限定了人的信息来源和车辆的

---

① 郭忠印,方守恩.道路安全工程[M].北京:人民交通出版社,2003:9.

行驶状态。"①道路交通中的人、车、路和环境四要素是相互依赖,相互作用的,形成有机整体,只有人、车、路与环境各要素协调一致,道路交通才是安全、顺畅的。如果这四要素间相互依赖、相互作用关系一旦失调,就会引发交通违法行为,发生交通事故,产生交通法律风险。实践中,交通法律风险的诱发原因是复杂的,非单一原因引起,往往是多种因素叠加的结果。因此,分析交通法律风险产生的原因,要从人、车、道路和环境等多种维度,以及各要素间相互作用视角入手。

1.驾驶人原因

诱发交通事故和法律风险的"人"的因素,既包括驾驶人,也包括行人和乘客,以下主要从自驾游客(即驾驶人)角度探讨人的因素。"在驾驶机动车高速运动的情况下,人类的感知能力、反应能力和操控能力,都受到了驾驶任务需求的巨大挑战。当人的能力不足以应对这种挑战时,就会导致车辆失控,进而造成交通事故引发伤害。而导致驾驶人不足以应对驾驶任务的客观能力缺陷,就是交通工程领域里讲的'人因'。"②驾驶员是控制车辆活动的主动变量,是引发交通事故和法律风险的首要原因,也是预防交通事故,防范法律风险的可控因素。驾驶人的驾驶状态直接影响车辆能否正常运行,而驾龄、驾驶能力与技术水平、驾驶行为和交通规则意识是决定驾驶人驾驶状态的关键因素,它们都有可能诱发交通事故和法律风险。

(1)驾龄时间短。根据我国《机动车驾驶证申领和使用规定》,驾龄是指机动车驾驶人取得机动车驾驶资格的年限,驾龄从驾驶人取得驾驶资格时间起算。此种驾龄时间计算对于驾驶证管理是有意义的,但对于驾驶安全与交通风险防控却意义不大。对交通事故预防和法律风险防范真正有价值的,是驾驶人的实际驾车时间,即实际驾驶年龄。驾龄与交通事故关系,在很多学者的研究中已经被证实,如"3年以下驾龄的驾驶人经常会成为'马路杀手',而且近年来各种类型的道路交通事故肇事人中,3年以下驾龄的驾驶人所占比例明显偏高"③;"驾驶人的注意品质与驾龄有关:11~15年驾龄的驾驶人注意品

---

① 孟清华,王保国,王瑞君.基于交通安全的人—车—环境系统的研究[J].车辆与动力技术,2004(2):19.

② 官阳.预防道路交通事故做好"人因"分析很关键[J].汽车与安全,2017(9):42.

③ 张丽霞,刘涛,潘福全.驾驶员因素对道路交通事故指标的影响分析[J].中国安全科学学报,2014(5):79.

质最高,其次为 8～10 年、16 年以上、4～7 年、3 年以下"①。以上调查研究数据表明,实际驾龄越短,发生交通事故和交通法律风险概率就会更高。那是不是说实际驾龄越长,引发交通事故和交通法律风险的概率就会更低呢? 也不一定。有学者研究表明,"驾龄为 11～12 年的驾驶人也容易发生交通事故。因为高驾龄驾驶人,自认为驾驶经验丰富,驾车技术较高,驾驶时忽视安全漫不经心、开小差,而酿成惨祸"②。因此,实际驾龄与交通事故、交通法律风险之间并不是完全对应的反比例关系,但总体上驾龄越长,交通事故发生率就越低,交通法律风险发生概率也就越小;驾龄越短,交通事故发生率就越高,交通法律风险发生概率也就越大。

根据我国自驾游相关数据,自驾游的主体人群是中青年,年龄多在 25～50 岁之间,占到了总量的 81%,其中以 31～35 岁青年人居多。在这些主体人群中,有的实际驾龄较短,以致驾驶技术、经验不足,难以适应自驾游驾驶要求,尤其难以适应长途、探险或山区等更严苛的自驾要求;或是由于具有一定驾驶经验而产生大意、懈怠心理,导致交通事故发生,从而诱发法律风险。事实上,自驾游交通事故高发已是一个不争的事实,很多交通事故都是由于驾驶经验不足导致的。因此,具有较长驾龄和丰富驾驶经验,是保证自驾游交通安全的前提与基础。

(2)驾驶能力较弱,驾驶技术水平不高。一名优秀的驾驶员不仅要具备良好的心理和生理素质,还要具备较强的驾驶能力和较高的技术水平。"驾驶能力,是指驾驶员能够顺利完成其对机动车辆的操纵(驾驶)活动,以及必须具备的生理特性。"③驾驶能力外化表现为驾驶技术。驾驶能力强弱和驾驶技术高低,直接关系到驾驶人的驾驶行为是否合理,对车辆的操控是否规范,对降低交通违法,预防交通事故非常重要。驾驶能力要通过严格培训和长期驾驶经验积累,才能形成。一般来讲,培训时间越长,要求越严格,实际驾驶时间越久,各种驾驶经验积累越多、越丰富,驾驶人的驾驶能力就越强,其驾驶技术也就越高超;反之,驾驶能力就会较弱,驾驶技术也较低。

驾驶能力主要体现为车感、判断力和应变力等方面。车感表现为驾驶人

① 刘援朝,孙忠友.机动车驾驶员注意及相关因素的调查研究[J].社会心理学 2007 (21):89.

② TSENG C M.Social-demographics, driving experience and yearly driving distance in relation to a tour bus driver's at-fault accident risk[J]. Tourism Management,2012,33(4).

③ 侯元太.如何培养驾驶能力[J].农业机械,1992(8):6.

对驾驶车辆的熟悉程度,是指驾驶员在驾驶车辆一段时间后,能够准确把握车辆的外部轮廓尺寸、习性和结构等情况。一般情况下,驾驶人对于自己长期驾驶车辆的车感较好,对于不经常驾驶的车辆车感较差。车感好,驾驶人对车辆的控制力和驾驶的反应力会高些,反之就会较低。判断力是驾驶员对车速、车距、行人、气候和路面质量等交通信息的辨识力。驾驶人的判断力越高,其驾驶行为就越规范、合理;反之,驾驶行为发生错误的可能性就较大。应变力是驾驶人在车辆行进中,应对紧急情况的处理能力。车辆行进中,经常会遇到一些突发或紧急情形,这就要求驾驶人在正确判断基础上,迅速作出应对行为。如果驾驶人应对能力较高,则驾驶行为与动作反应就有利于应对、化解险情;反之,可能作出错误驾驶行为或动作,甚至导致险情加剧,惨剧发生。

自驾游对于驾驶人的驾驶能力与驾驶技术要求较高,如果驾驶人驾驶能力与驾驶技术较低,就会增加自驾游险情发生的概率,从而引发法律风险。如前所述,当前自驾游中有很多是年轻人,这些驾驶人驾龄短、驾驶经验不多,驾驶能力与驾驶技术不是很过硬,加之风险认知能力也较弱,很难适应高难度、高强度的自驾旅行。自驾游旅途相对于一般的城市道路行车,危险系数往往较高,对驾驶人的驾驶能力与驾驶技术也要求较高。尤其在泥泞、山路、高寒等较恶劣环境下行车,这是对驾驶人的驾驶能力与驾驶技术的极大考验,非是一般驾驶人所能够驾驭了的。另外,自驾游中有些游客是租车自驾,对于车辆不熟悉,车感也较差,这也增加了交通风险发生的概率。因此,保有较高的驾驶能力与驾驶技术,是自驾游顺利、安全、圆满完成的关键。

(3)驾驶行为失控。驾驶行为,也称驾驶操作行为,"是指驾驶员根据驾驶任务需求,对驾驶车辆进行操作、控制以达到某预期目标"[①]。驾驶人的驾驶行为主要受心理和生理两个因素影响。机动车行进速度较快,在高速上则更快,车辆的快速运动会让驾驶人产生速度错觉,即对车辆速度的判断与实际不符,会明显小于实际速度,从而影响车辆操控行为。长时间驾车行驶,会导致身体出现视力下降、视野变窄、身体疲劳等生理变化,进而影响驾驶人的驾驶行为。驾驶行为失控主要表现为疲劳驾驶。据统计,疲劳驾驶是导致交通违法、交通事故发生的头号原因。疲劳驾驶,"是指驾驶员在长时间连续行车的过程中,产生的生理机能和心理机能失调,从而在客观上出现驾驶技能下降的

---

① 严新平,张晖,吴超仲,等.道路交通驾驶行为研究进展及其展望[J].交通信息与安全,2013(1):46.

现象"①。疲劳驾驶具体表现为哈欠连天,头越来越沉,不自觉地频繁点头;眼睑下垂,甚至闭眼;视线模糊,视野变窄,总是漏看、错看信息;注意力无法集中,失去方向感,反应迟钝,判断迟缓;动作迟钝,行驶速率不定;等等。可想而知,驾驶人在疲劳驾驶状态下,其判断力与反应力是极低的,极易导致驾驶行为失控情况发生,造成严重交通事故。

自驾游客的道路交通行为经常会发生在高速之上,或山路、土路以及悬崖峭壁之中,需要驾驶人精神高度集中。然而,自驾游特点往往又决定了驾驶人经常会长途,或长时间驾驶,无法得到及时休息;有时也经常会夜间行车,雨中行车;夏季经常会在高温时,在开启空调内循环模式下行车;冬季也会在开启车内暖气环境性行车。这些状况都极易使驾驶人产生疲劳感、困倦感,致使其驾驶行为出现失控情形。

(4)交通规则意识不强。如前所述,道路交通是由人、车、路和环境等要素构成的,具有特定功能的闭环系统。系统中的各要素相互依赖、相互作用,任何一个要素发生变化,系统的稳定性就遭到破坏,极易引发交通违法行为,发生交通事故。驾驶人作为交通系统中最难控制、具有易变性的关键要素,其驾驶行为、驾驶能力与技术以及驾驶习惯,对交通安全又是至关重要的。因此,需要严谨、强有力的强制交通规范,对驾驶人及其驾驶行为进行约束和控制。然而,现实中却有很多驾驶人严重缺乏交通规则意识,有的甚至视交通违章为儿戏,以致交通违法行为频发,如无证驾驶,酒后驾驶,超速驾驶,违章停车、超车、鸣笛等。实践中,绝大多数交通事故均是因驾驶人违法、违章驾驶行为造成的,产生严重后果,从而引发法律风险。

自驾游目的地有的交通拥挤,人流密集;有的地处偏僻,人烟稀少。自驾道路有的时速要求在 120～130 公里以上,有的则又慢如牛车;有的路况平整,有利于驾驶,有的则烂路如泥,路途凶险。有的单车单人,更多则是多车多人组合。因此,自驾游较之于其他旅游方式,在追求旅游自主性的同时,也蕴含着较高风险。这就要求自驾游客应具有更高的交通规则意识,要严守交通规则,依法依规驾驶车辆,确保交通安全。

2.机动车原因

机动车是自驾游的核心与灵魂,是自驾游的前提和必备要素。车辆状态与性能是否良好,是否适合自驾游旅途需求,不仅关系到自驾游客自身和他人人身、财产安全,还关涉交通法律风险的发生概率问题。引发交通法律风险的

---

① 马全良,黄康.关于疲劳驾驶行为的研究和建模[J].微计算机信息,2007(22):273.

机动车因素,主要体现在机动车机械性能不合格、相关证照不齐全和不符合自驾需求三个方面

(1)机动车机械性能不合格。"车辆是道路交通系统的重要组成元素,与交通安全有着密切的关系。"①车辆性能主要表现为机械性能是否符合产品要求和法律规定。因此,车辆机械性能不合格分为两种情况:一是车辆本身存在安全隐患;二是车辆经过改装后,不符合上路行驶要求。新出厂的车辆其安全性能一定是合格的,并符合国家标准,经登记后就可以上路行驶。但车辆行驶一段时间后,由于外界因素如高温、颠簸等,或自身零件老化,就会产生一定的安全隐患。有时因车辆初始设计、制作工艺、零配件缺陷、组装失误等原因,也可能产生安全隐患。如不及时对这些隐患进行排除,就开启自驾游行程,极有可能发生爆胎、制动不良或失效、转向失效等机械故障,直接影响车辆操控性,甚至发生严重的交通事故,引发交通法律风险。如果此种情形发生在高速公路上,那将是极其可怕的事情,后果会更加严重。

现实生活中,很多人出于多种考虑,会对车辆进行一定装饰、装配,甚至进行大幅度改装,而忽视了车辆的整体性与安全性,导致安全隐患产生。车辆是一个复杂的机械运行系统,擅自改变或增减其组成部分,会影响其机械性能,继而破坏其整体操控性。例如给轿车加装尾翼,可能会影响车辆空气动力性,破坏行驶的稳定性;变更轮胎规格,可能破坏车辆行驶系统的定位参数,对车速表产生影响;改装灯具(如加装氙气灯),可能不符合标准要求,影响行人和对面来的车辆;改装排气管,会产生大量噪声,还会加大尾气排放、加重环境污染等。因此,我国相关法律规定,擅自改变机动车外形、改变已登记的有关技术数据,擅自改变机动车登记内容,都属于违法行为。经过违法改装的车辆,不具备安全上路行驶条件,也就无法上牌,或通过年检。如果自驾游客驾驶非法改装车辆开启自驾行程,随时都有可能被查处,并面临交通法律风险。

(2)机动车相关证照不齐全。机动车应当在取得车牌号、车辆行驶证、车辆登记证、年检合格标志和保险标志等证照后,方可上路行驶。缺少其中任何一个证照而上路行驶,即是交通违法行为,就会产生交通法律风险。导致机动车相关证照不齐全的原因有很多,但主要有两个:一是车辆问题,二是车辆所有人或驾驶人问题。我国法律规定,车辆如属于走私、无进口证明、利用进口关键件非法拼(组)装或者套用国产车目录的;未获得国家生产许可的;达到国家规定的报废标准或者属于利用报废车辆的零部件拼(组)装的;检验不符合

---

① 刘志强,葛如海,龚标.道路交通安全工程[M].北京:化学工业出版社,2005:45.

强制性国家标准规定的,则不予办理注册登记。车辆所有人或驾驶人对已注册登记的机动车进行安全技术检验时,机动车行驶证记载的登记内容与该机动车的有关情况不符,或者未按照规定提供机动车第三者责任强制保险凭证的,不得通过检验,也不得颁发年检合格标志。此外,我国《道路交通安全法》第11条规定:"驾驶机动车上道路行驶,应当悬挂机动车号牌,放置检验合格标志、保险标志,并随车携带机动车行驶证。机动车号牌应当按照规定悬挂并保持清晰、完整,不得故意遮挡、污损。"因此,自驾游客一定要切记,自驾出行一定要保证自驾车辆证照齐全,否则不仅寸步难行,还会引发交通法律风险。

(3)机动车不符合自驾需求。一般情况下,自驾游对车辆的安全、操控和舒适等性能要求较高,但不同的自驾时间、行程、地域与目的地对自驾车性能要求也不同。例如自驾游西藏,就要考虑车辆能否适应高原、高海拔、山路、砂石路、雨雪等地理气候条件;冬季自驾,就要考虑车辆是否能够满足高寒、低温、轮胎防滑、机油防冻等性能要求;长途自驾,就要考虑车辆在较长时间得不到有效保养情况下,能不能满足机械性能运转正常要求;等等。因此,如果自驾车辆适合自驾游实际状况,就为自驾游安全增加了砝码;否则,交通违法行为和交通事故发生率将大大增加,交通法律风险发生概率也会上升。

3.道路等环境原因

交通环境,是作用于道路交通参与者的所有外界影响与力量的总和,包括道路状况、交通设施、地形地貌、气象条件,以及其他交通参与者的交通活动。驾驶人的驾驶行动是由交通环境决定的,受交通环境限制,决不能随心所欲。实践中,绝大多数的交通事故都是由于驾驶员不适应交通环境所产生的,因此了解、掌握交通环境,对预防交通事故,防范法律风险具有重要意义。

(1)道路。道路是交通的基础。道路的基本功能就是使各种车辆可以在一定的安全车速下舒适、安全、快捷、顺畅地到达目的地。我国《道路交通安全法》规定,"道路",是指公路、城市道路和虽在单位管辖范围但允许社会机动车通行的地方,包括广场、公共停车场等用于公众通行的场所。"道路是交通安全管理系统中的载体元素,是对人、车单方向作用的一个非主动因素。从道路设计,到施工作业,再到路面养护等每一个环节的合理性,关系交通系统是否能够正常进行。"①优良等级的道路可以使驾驶员拥有良好的心理状态,能更好地引导驾驶员行为,使交通安全得到保障,有效实现道路基本功能。反之,

---

① 张博.我国道路交通事故诱因分析及预防对策建议[D].北京:首都经济贸易大学,2018:14.

低劣等级道路在某种程度上易使驾驶员心情烦躁,给交通安全带来隐患。低劣等级道路,是指道路存在一定缺陷,如道路设计不合理,导致交通拥堵,人车混行;道路施工不合格,路面强度、平整度与抗滑性不达标,导致行车安全性、舒适性下降;道路交通标志和交通标线,道路安全净空、护栏及路障等安全设施设置不合适,影响交通安全。高速公路存在车辆正面撞击可能的路侧刚性结构物如桥墩、墙壁等没有进行适当的防护;护栏设置不合理、不规范;道路沿线的标志杆、灯柱等不能弯曲、解体;路侧地表环境不符合车辆正常行驶轨迹要求;路侧边坡不安全;等等。

自驾行程道路状况一般较复杂,相应对车辆与驾驶人的要求也较高。如果在车辆配置较低,自驾游客驾驶能力较弱的情况下,道路缺陷的存在将会倍增,交通违法、交通事故等法律风险的发生概率。因此,自驾游客一定要在了解、熟悉、掌握行程路况的基本情况下,再驾车上路,才会更加安全。

(2)其他环境因素。引发交通违法、交通事故等法律风险的其他环境因素,主要包括气候、地形地貌和行人等。一般情况下,在高温、高寒、高海拔、低气压、冰雪、降雨、大雾等恶劣气候条件下行车;或在山区、谷底、悬崖、河边等复杂、艰险地形地貌条件下行车;或在行人、非机动车众多,且多数不遵守交通规则情况下行车,交通事故发生率会高一些。但恶劣气候、复杂地形地貌和行人也不是引发交通事故的绝对原因,相反在良好气象条件下,有时驾驶员驾驶舒适度高,车速较快,事故发生概率反而较高;在恶劣条件下,路况和车况较差,由于驾驶人谨慎驾驶,事故发生率反而会降低。因此多数交通违法、交通事故等法律风险的引发原因并不是单一的,而是多种因素共同作用的结果。因此,自驾游经常会遭遇恶劣气候,途径复杂、艰险地形地貌,穿行于人流密集之地,驾驶人一定要提高注意力,谨慎驾驶,以减少交通违法与事故发生。

(二)自驾游交通法律风险防范

如前所述,交通环境是作用于道路交通参与者的所有外界影响与力量的总和。引发交通违法、交通事故等法律风险原因绝非是单一的,往往是综合因素共同作用的结果。这些风险诱发因素在驾驶人方面,体现为驾龄时间短,驾驶能力较弱,驾驶技术水平不高,驾驶行为失控,交通规则意识不强等;在机动车方面,体现为机械性能不合格,相关证照不齐全,不符合自驾需求等;在道路等环境方面,体现为道路缺陷,气候恶劣,地形地貌复杂、艰险和人群密集等。防范交通法律风险的要旨,在于如何减少、避免或杜绝上述风险诱因发生,从而降低、规避法律风险。因此,采取有效的具体防范措施,是规避交通法律风险的关键。

人、车、路和环境,"作为导致道路交通事故发生的四元素,其各自的属性不尽相同。人是唯一主动可控元素,由于其主动特性,因此人也是最不稳定的元素;车和路是非主动可控元素,是人通过一定技术手段或在一定周期内可以实现被操控的元素;环境是唯一非主动不可控元素,但却是可以影响其他三元素的外围元素"①。对于自驾道路缺陷的解决,非驾驶人(自驾游客)能力所及之事。根据我国《道路交通安全法》规定,道路、停车场和道路配套设施的规划、设计、建设,应当符合道路交通安全、畅通的要求,并根据交通需求及时调整。公安机关交通管理部门发现已经投入使用的道路存在交通事故频发路段,或者停车场、道路配套设施存在交通安全严重隐患的,应当及时向当地人民政府报告,并提出防范交通事故、消除隐患的建议,当地人民政府应当及时作出处理决定。道路出现坍塌、坑槽、水毁、隆起等损毁或者交通信号灯、交通标志、交通标线等交通设施损毁、灭失的,道路、交通设施的养护部门或者管理部门应当设置警示标志并及时修复。公安机关交通管理部门上述情形,危及交通安全,尚未设置警示标志的,应当及时采取安全措施,疏导交通,并通知道路、交通设施的养护部门或者管理部门。交通规则意识不强,是自驾游客(驾驶人)风险与法律意识较弱的表现,对如何提高法律与风险意识,前文已论述,此处不再赘述。以下将主要从驾驶人(自驾游客)这个唯一主动可控元素视角,来探讨防范交通法律风险的具体、有效措施。

1.驾驶人(自驾游客)应具有较强驾驶能力和较高驾驶技术

随着汽车尤其是私家车普及,驾驶员已不再仅仅是一种职业,已经转化为一种技能,而且是基于熟练操作的实际运用技能。也正因如此,才助推了自驾游蓬勃、快速发展。自驾游旅途相对于一般的城市道路行车,危险系数往往较高,对驾驶人的驾驶能力与驾驶技术也要求较高。尤其在泥泞、山路、高寒等较恶劣环境下行车,是对驾驶人的驾驶能力与驾驶技术的极大考验,非是一般驾驶人所能够驾驭的。

道路千万条,安全第一条。开车是基于熟练操作的技术活,较长驾龄、丰富驾驶经验和高超驾驶技术是安全行车的关键。老司机能够做到车辆起步平稳,不紧不慢,对油门控制精准,随时并线选择通道,速度不快,走得快;遇合理并线,多数情况下会选择合理让路;遇到违章并线,基本不让,除非个别情况;车距保持合理并恒定,刹车力度合适;超车迅猛果断;变切线靠入,或者内弧线靠入,并线往往小角度,加速进入,对后车无影响;高速路行驶张弛有度,该快

---

① 肖敏敏,苗聪.道路交通安全工程[M].北京:中国建筑工业出版社,2012:8.

则快,该慢则慢;车辆掉头、贴边、入位动作都很流畅协调,控制精准;坐姿后倾,头在 B 柱的保护之内,离前风挡较远。因此,对于驾龄较短、驾驶能力较差或驾驶技术不高的驾驶人(新手),建议谨慎选择自驾游,尤其不要进行长途或探险性自驾游。如果一定要参加自驾游,建议也不要亲自驾车,可以搭乘他人车辆;如果自带车辆,可让团队中老司机驾驶。途中经过险要、危险路段时,驾驶能力较差的驾驶人应当让老司机驾驶车辆通过,这样才较安全。如果一定要追求自驾乐趣,坚持亲自驾驶,建议可以进行 2～3 日的短日游,最好要和有自驾游经验的朋友、亲属一起出行,这样彼此间可相互照顾。

2.驾驶人(自驾游客)应遵守交规,谨慎驾驶

"道路千万条,安全第一条;行车不规范,亲人两行泪。"较长驾龄、丰富驾驶经验和高超驾驶技术仅仅是自驾游安全行车的基础和条件,并不是旅途安全的必然保证。实践中,大量交通事故往往是由于老司机大意、轻视,或故意违章造成的,因此依规行车,安全、谨慎驾驶,才是预防交通事故,防范交通法律风险的关键。

首先,自驾游客行程开始前,应熟悉交通法规与行车规则。驾驶新手对于交规掌握不熟练;老司机也可能多数时间在城市道路,或在相对固定道路、区间、地域驾驶车辆,对道路交规的全面性掌握也不充分。因此,无论老司机还是新手,在自驾出发前,都应全面了解、掌握交通规则,尤其要重点了解途径地、目的地的道路和相关交通规定,以及城市道路限时、限行或禁入、封路、改道等信息。这样才能做到行车自如,游刃有余。

其次,路途中要遵守交通规则,谨慎驾驶,严禁违章驾驶。自驾游一般会到陌生的城市或地区,路况复杂,道路生疏,对路况不熟,此时一定不要求快,应严控车速,集中精力驾驶,确保行车安全。山路行车,要保持适当车距,以防追尾;应根据坡度保持适当挡位,未遇到特殊情况尽量不要踩刹车(尤其雪雨天气);要用油门的大小或怠速来控制行车速度,严禁空挡滑行或熄火行进。高海拔地区驾驶,建议提前一两周服用红景天等预防高原反应的药物,要防止高原反应妨碍驾驶安全。夜路行车,要开启大灯,必要时提前开启远关灯;会车时要提前关闭远光灯;要每隔一定时间闪一下大灯,以确信右边是否有自行车或行人。高速行车,要严格按限速行驶,严禁超速行车、随意变道,否则极易造成车祸;要从里道超车,禁止右侧超车,防止因视线受阻酿成大祸;要在高速公路专门的服务区休息。行车途中,要随时注意了解自己车况,发现车况异常要及时处理,做到防患于未然。

再次,长途自驾要注意休息,严禁疲劳驾驶。长途自驾旅行会遇到各种路

况,尤其高速路上行车,需要驾驶员注意力高度集中,因此极易产生疲劳感。路途中要坚持不休息好不开车原则,以确保行车安全。不要起早贪黑赶路,要坚持做到晓行夜宿;要尽量避免午间时分(中午 11 时至 13 时)、黄昏时分(17时至 19 时)和午夜时分(午夜 1 时至凌晨 3 时)这三个易使人产生疲劳感的时段驾车。尽量不要在雨雪天气、夜间行车;更不要在高强度旅游活动(如连续几个小时登山)后,或长时间没有进餐情形下驾驶车辆。不要单人长时间驾驶车辆,自驾同行中至少要有两人会开车,每人轮流驾驶 2 个小时,要保持体力和最佳行驶状态。如果是单人驾驶,在连续驾驶 2 小时左右,要及时在路边宽阔地带,或高速休息区停车休息 20～30 分钟。下车要进行必要伸展运动,待疲劳缓解后,再抖擞精神重新上路。

3.驾驶人(自驾游客)应确保自驾车性能良好、相关证照齐全

驾驶人的丰富驾驶经验和高超驾驶技术,以及规范驾驶行为是通过实际操控车辆体现出来的。基于驾驶行为的危险性,世界各国普遍对驾驶人与车辆都作出了严格的强制性规范要求。违反这些严格限制性规定,即可能产生交通法律风险。因此,自驾游客一定要切记,车辆性能是否完好,自驾车辆与驾驶人相关证照是否齐全,对安全驾驶和防范交通法律风险至关重要。

首先,旅程开启前,一定要检查车况,以避免旅途中出现故障,以致发生交通事故。要检查轮胎(包括备胎)老化及损伤程度,判断其是否可以完成你的行程;要检查制动系统,主要检查制动效果、制动液是否有渗漏、制动液是否缺少;要检查电瓶、机油、冷却液、转向助力油是否正常。如果车辆刚进行完维修或保养,不要马上驾车出游,要试驾一段时间(二十几天)后,再出行。如果正时皮带到了保养手册要求的更换时间,则在出行前一定换条新的。

其次,要根据旅途需要准备好易损汽车零件(如灯泡、风扇轮皮带、保险丝、雨刮片)、机油、制动液等,以备不时之需;要准备整套随车修理或急救工具,如轮胎扳手、安全桶、灭火器、水桶、绞盘、拖车绳(拖车杆)、工兵铲、车载气泵、绝缘胶带、宽胶带、电线、铁丝、千斤顶、快速补胎剂、钳子、警示牌等;去高寒地区或者冰雪天,还需备防冻液、防滑链等;要准备好 GPS 卫星定位系统,并及时下载电子地图,以方便及时获取旅游信息或为行程提供准确导航。

再次,要带齐带全各种证照(包括车辆与驾驶人),并保证合法合规。与车辆相关证照包括车牌、车辆行驶证、车辆登记证、年检合格标志和保险标志等。车牌要按要求悬挂,不得故意遮盖,或有污损等情形。车辆行驶证要经过年检,获得年检合格标志,并将其粘贴于指定车辆位置。车辆必须参保交强险,并将交强险标志张贴于车辆适当位置,要随车携带保险合同与相关票据;参加

其他商业险的,也要随车携带保险合同与相关票据。这样一旦发生交通事故,便于与保险公司联系,并能够及时处理。途径或到达有需要办理行车通行证地区,要按当地规定及时办理通行证。与驾驶人相关的证照包括驾驶证、身份证及其他与行车相关的身份证明(如无犯罪记录证明、边境通行证等)。驾驶证要注意按时通过审验,要清楚交通违章积分情况;身份证要保证在有限期范围之内;边境通行证要注意适用的地区范围。总之,各种自驾游所需证件、证照都应准备齐全,以备不时之需,保证旅途顺畅。

4.驾驶人(自驾游客)应选择满足自驾行程要求的自驾车辆出行

由于自驾本身具有自主性,自驾行程具有复杂多变性,自驾途中经历道路、气候等行车环境的各种不确定性,因此自驾旅游车辆要求一般会较高,并且不同的自驾行程对车辆需求也有所区别。一般来讲,根据上述自驾特点,自驾游通常应选择市场保有量大车辆,这样有利于维修保养,保持车辆良好运行状态;应选择底盘较高,通过性能好的车辆,这样能适应多种路况,可尽量避免故障发生,减少交通事故;应选择发动机压缩比较低车辆,这样可保证车辆能随时加到油;应选择低油耗车辆,这样能节省出游成本;应选择空间较大车辆,这样可装下用于维修、急救及行李等更多物品,也有利于驾驶人车上休息,缓解驾驶疲劳;应选择舒适性较好的车辆,这样尤其利于长途自驾,既能提高驾驶乐趣,还能缓解驾驶疲劳。

不同的自驾行程与旅游目的地,对车辆需求也不同。例如自驾目的地是城市,并且自驾路线的路况较好,行程较短,可以选择轿车出行;到山区、高原自驾,则选择越野车为宜;房车最适宜长途、长期自驾,但目前我国为房车所提供的服务设施并不是很完善,故自驾游客要谨慎选择。总之,对于自驾游,车辆并不是贵的才是最好的,也不是大家都用的就是最好的,只有适合的才是最好的。因此,自驾游客在行前应仔细了解自驾行程与具体安排,选择适合车辆才是正确的。

5.驾驶人(自驾游客)应谨慎选择租赁车辆自驾

近些年,汽车租赁市场的繁荣发展,给人们出行带来了方便,也助推了自驾游火爆发展。租车自驾固然方便,但也存在自驾游客对车辆陌生,车感不足;对车辆性能不了解,不掌握,尤其对车辆可能存在的隐患认识不到位等问题,这些都可能导致交通事故,增加法律风险。因此,自驾游客需要租车时,对车辆的选择一定要谨慎、细心。

首先,要选择正规经营,规模较大的汽车租赁公司。目前,我国汽车租赁市场发展十分火爆,其中规模较大的租赁公司也很多,如神州租车、一嗨租车、

GoFun出行、Evcard、租租车、TOGO途歌、START(PP租车)、盼达用车、凹凸租车和悟空租车公司等。规模大的汽车租赁公司手续齐全,车型种类丰富,车辆数量多,覆盖地区和城市广,经营网点与门店多。与小型汽车租赁公司相比较,优势明显。因此,选择正规、规模大的租车公司,往往意味着选择了质量、安全和愉快安心的自驾旅程。

其次,要签订正规合同,并仔细审阅合同内容。要审查汽车租赁公司的资质情况。汽车租赁公司必须有法人营业执照和道路运输许可证,如果没有这两个证书,建议自驾游客选择其他公司。要选择新车,因为新车不易出故障,并尽量挑那些安装GPS导航仪、买了多种保险的车。要了解车辆的日限公里数和超出限数后的计费标准。要详细了解车损情况、第三者责任和盗抢等条款细节,对约定不明尤其是责任约定不明的,要加入附加条款,保障自己的权益。应认真了解续租规定及租赁超时的计费等规定。

再次,要仔细验车,了解租赁车辆的当前车况。自驾游客最好找懂车的人相伴,全面了解车辆的状况、品牌、性能和证件等情况。要从外观上对车辆进行检查,查验车体有无划痕、车灯是否完整、车锁是否正常等;要检查车辆是否存在质量问题、安全隐患,备胎、随车工具等是否齐全有效;要查看随车的行驶证,问清楚车辆的投保情况,交强险和商业险凭证是否完备及其投保额度;要特别注意操作系统是否灵敏,哪些地方容易出现问题,应特别注意,尤其是直接影响行车安全的制动、转向、灯光等;要检查燃油、冷却液、润滑油、制动液及传动系统主要部件是否正常。应试行一段路程,以熟悉和检查离合器、油门、制动器和发动机的工作情况。如发现问题,即使是细微问题,也应及时向车辆租赁公司说明,绝不能草草看上一眼就将车开走。对车辆查验完毕后,双方应填写验车单,共同确认租赁车辆的当前车况。

最后,弄清所有仪表、操作系统的位置,看是否便于操作。为了掌握好仪表和操作件的位置,可以阅读车辆使用手册,对照手册所示,一一弄清楚,特别是进口车,辅助仪表较多,一下子难以弄明白,更要认真查看。在没有手册的情况下,要进入驾驶室,调整好到适合的驾驶座位置,然后从左向右熟悉每一块仪表的作用及操作件所在的位置,特别是每个挡位、喇叭、雨刷器、灯光开关、自动门锁、仪表及各种警告信号灯的开关所在的位置,以防在驾驶中乱找乱摸而分散注意力。

总之,细致、谨慎选择租赁公司与租赁车辆,就是选择了质量、安全和愉快安心的自驾旅程。这样,既可避免发生交通事故,又可规避法律风险。

第六章 自驾游文明失范法律风险防范

在现代汉语中,文明与"野蛮"一词相对立,是指一种社会进步状态,是使人类脱离野蛮状态的所有社会行为和自然行为构成的集合。"文明是一个一个最广泛的文化实体。乡村、宗教、种族群体、民族、宗教群体都在文化特质性的不同层次上具有独特的文化。"①文明拥有极其广阔的外延伸展力,不仅包括人类所创造的物质文明,还指向更高层次的精神文明。精神文明是人类智慧、道德的进步状态,体现为社会政治思想、道德面貌、社会风尚和人们的世界观、理想、情操、觉悟、信念以及组织性、纪律性的状况。

目前,我国已进入"大众旅游"时代,无论是旅游移动的空间、广度,还是旅游消费的时间频度、旅游行为的影响深度,都较以往发生了巨大变化。"大众旅游"的显著特征是,旅游群体广泛性和旅游消费常态化特征与旅游的异地性和暂时性特征叠加,强化旅游行为失范的负面效应,其中文明失范现象尤为明显。自驾游作为新兴旅游方式,满足了人们自主旅游的随意性,承载着旅游者众多旅游愿景与向往,日益受到欢迎,并发展迅速、持续火爆。自驾游以游客自驾为核心,以自主随意为目的,以深度体验为特征,说走就走,身随心动。自驾游摆脱了团队旅游之集体束缚,甩开了旅行社之合同约束,有时甚至单人独来独往,因此旅途中的文明失范行为与现象尤为突出。

一、自驾游文明失范法律风险

(一)自驾游文明失范行为

对文明旅游的理解,有广义与狭义之分。广义的文明旅游,是指"旅游发展过程中符合文明规范的旅游利益相关者群体行为特征和行为结果的总体表现";狭义的文明旅游"是指旅游活动中旅游者符合文明规范的旅游个体行为"。② 本书的着眼点与落脚点皆是以自驾游游客为中心,故对文明旅游的理解取狭义。

---

① 塞缪尔·亨廷顿.文明的冲突与世界秩序的重建[M].周琪,刘绯,张立平,等译.北京:新华出版社,2002:26.

② 罗文斌.中国文明旅游的演化历程与多视角解读[N].中国旅游报,2016-11-22.

"人的文明素质不是从娘胎里带来的,而是社会规范的结果。一个人从穿开裆裤、当街撒尿而无羞耻之心,到衣冠楚楚讲风度,都得归功于社会的规范,这使他知道了作为一个正常的人,怎样做是正常的,怎样做是不正常的;哪些行为会得到社会认同,哪些举止为社会所不齿。""文明的丰富性,决定着文明规范的广泛联系、互相影响的特质。人们追求的文明,大体上包含两部分:一是体现为社会公德,诸如维护公共卫生、遵守公共秩序等;二是保障每一位社会成员公平、公正地获得生存和发展的条件。"①文明规范,又称文明礼仪规范,是社会规范的当然组成部分,是人类为维系社会正常生活而要求人们共同遵守的最起码的道德规范。文明规范在人们长期共同生活和相互交往中逐渐形成,并以风俗、习惯和传统等方式固定下来的。对文明规范的遵守与践行,不仅是个人素质、教养的体现,也是个人道德和社会公德的体现,更关涉国民素养和国家形象。

失范"是社会的规范产生紊乱,人们的行为失去了标准或不遵守规范,整个社会秩序呈现无序化的状态"。失范是与规范相对应的概念,"对失范问题的探讨在本质上是对规范秩序的追求。无论是人的主观精神方面的失范,还是人的客观行为方面的失范,都通过对规范的关系才能显现出来,衡量它们的客观评判标准就是规范"②。失范现象是一种非常广泛的社会事实,不是社会中某个部分或某个局部的问题,它是与社会生活的各种基本问题紧密地联系在一起的。对旅游者、自驾游客而言,文明失范就是指不文明旅游行为,或称旅游文明失范行为。一般将对旅游文明失范行为理解为旅游者对道德规范的违反或弱化,如旅游者"在旅游过程中自身言行方面表现出来的不符合人文伦理道德规范的行为"③;或"旅游者在旅游过程中表现的一系列不道德和介于违法边缘的,对当地的居民、环境、历史文化遗产造成不良影响的行为"④等。

"法律需要从社会道德中寻求自己的正当性资源,也会维护社会的基本的道德秩序。"⑤因此,道德与法律从来都不是相互隔绝的,我们对文明失范行为的研究与探讨,亦不应忽视法律评价标准,尤其在全面实现依法治国的今天,

---

① 大林.文明的规范与失范[J].党建,1997(9):37.

② 王辰旭.道德失范的制度层面研究[D].无锡:江南大学,2008:5.

③ 田勇.旅游非道德行为与旅游道德行为的塑造[J].桂林旅游高等专科学校学报,1999(2):15.

④ 胡传东.旅游者道德弱化行为的推拉因素与形成机制[J].重庆师范大学学报(哲学社会科学版),2008(5):96.

⑤ 张文显.法理学[M].北京:高等教育出版社、北京大学出版社,319.

更应如此。在全面实现依法治国践行过程中，"法律的设立和全面执行，能对个人的道德水平起到绝对的约束作用"；"当民众认同法律规定的社会道德条文时，法律在人们心中的地位才是权威的"。"道德成为法律的支撑不在于以复古的方式实现道德对法律的取代与消解，而在于将道德意识融入法律运行的各个阶段和环节，消除法与人、法律工作者与民众的情感对立，促进民众对法律威严和公信的认同。"①因此，当代社会中道德与法律关系更加密切了。我国《游客不文明行为记录管理暂行办法》(已废止)曾规定，"游客不文明行为"是指游客在旅游活动中，因违反法律、法规及公序良俗等受到行政处罚、法院判决承担法律责任，或造成严重社会不良影响的行为。现行的《旅游不文明行为记录管理暂行办法》第2条规定，"中国游客在境内外旅游过程中发生的因违反境内外法律法规、公序良俗，造成严重社会不良影响的行为，纳入'旅游不文明行为记录'"。因此，结合理论理解和立法现状，本书认为应将旅游文明失范行为(不文明旅游行为)理解为，"旅游者在旅游过程中，自身言行方面表现出来的违反伦理道德或法律规范的行为"。

近些年，我国自驾游经济与市场持续火爆、井喷式发展态势，预示着我国已进入"大众旅游"时代。为加大对不文明旅游行为的规范与惩处，2005年中央文明办、国家旅游局公布了经归纳整理的、民众反映比较普遍的10种不文明行为表现；2006年，国家旅游局和中央文明办联合颁布《中国公民出境旅游文明行为指南》和《中国公民国内旅游文明行为公约》；2015年，国家旅游局制定了《游客不文明行为记录管理暂行办法》，将游客不文明行为归纳为6种；2016年，国务院下发《关于建立完善守信联合激励和失信联合惩戒制度加快推进社会诚信建设的指导意见》，指出要建立完善守信联合激励和失信联合惩戒制度，加快推进社会诚信建设。2016年，中央文明委下发《关于进一步加强文明旅游工作的意见》，提出要进一步加强文明旅游工作，提升公民旅游文明素质；同年，国家旅游局根据实施情况将《游客不文明行为记录管理暂行办法》修订为《旅游不文明行为记录管理暂行办法》，将中国游客在境内外旅游过程中发生旅游不文明行为归纳为9种；同年，国家民航局出台《民航旅客不文明行为记录管理办法(试行)》，其中列举了民航旅客11种不文明行为。2017年，国家发展改革委、交通运输部、公安部、国家民航局和中国铁路总公司联合下发《关于加强交通出行领域信用建设的指导意见》，提出要有效约束出行者

① 刘雪蕾.全面依法治国背景下社会道德与法律间的关系研究[J].黑河学院学报，2018(6):29-30.

的行为,提高文明出行的意识;2017年,中国铁路总公司颁布《铁路旅客信用记录管理办法(试行)》,将在动车组列车上吸烟或者在其他列车的禁烟区域吸烟等7种行为,列为失信行为,并纳入铁路旅客信用信息记录管理。此外,我国《旅游法》还规定,国家倡导健康、文明、环保的旅游方式。旅游者在旅游活动中应当遵守社会公共秩序和社会公德,尊重当地的风俗习惯、文化传统和宗教信仰,爱护旅游资源,保护生态环境,遵守旅游文明行为规范。

因此,旅游不文明行为不仅是道德"失范"的现实表现,有时还会构成违法,甚至是犯罪行为,会产生一定不利法律后果,即法律风险。因此,要采取措施,对游客文明旅游行为进行规范,加大对旅游文明"失范"行为惩处力度,提高旅游文明层次,以促进旅游健康发展。

(二)自驾游文明失范行为具体表现

我国《旅游不文明行为记录管理暂行办法》将中国游客在境内外旅游过程中发生旅游不文明行为归纳为9种(其中第九种属于"兜底条款",即造成严重社会不良影响的其他行为),这些不文明行为在自驾游中都大量存在。因此,自驾游游客要认识到文明旅游的重要性,严格规范旅途中的各种旅游行为,维护自身形象,保持良好的旅游秩序。

1.扰乱航空器、车船或者其他公共交通工具秩序

公共秩序,也称社会秩序,是"统治阶级赖以存在的并依靠制定或认可的法律制度、社会公共道德规则、风俗习惯来建立和维持的包括社会生产、经营、管理、生活等方面在内的有条理的正常的社会运行状态"①。公共秩序是为维护社会公共生活所必需的秩序,包括社会管理秩序、生产秩序、工作秩序、交通秩序和公共场所秩序等。公共交通,又称大众运输,泛指所有向大众开放,并提供运输服务的交通方式,通常是作为一种商业服务付费使用,也有少数免费的例外情况。"公共交通工具指的是为公众提供交通服务的,额定容载量一般在3~4人以上的机动交通工具。"②公共交通工具主要包括公共汽车、大(中)型出租车、地铁、轻轨、火车、电车、船舶、航空器等。狭义的公共交通工具主要指城市道路公交车。

公共交通运送效率高,是解决道路交通拥阻的优选措施,同时也是节约能源,改善环境,减少污染的重要途径。因此,世界各国都大力开发公共交通线路,大量投放公共交通工具,将公共交通置于交通发展首位,以缓解交通不畅,

---

① 赵秉志,刘志伟.论扰乱公共秩序罪的基本问题[J].政法论坛,1999(2):71.
② 周红涛.公共交通工具安全问题应对探析[J].法制与社会,2011(4):193.

解决行路难、坐车难问题。公共性与开放性是公共交通场所和公共交通工具的基本特点，因此这些场所中，交通工具上人员众多、成分复杂。公共交通参与人员多样、数量大，尤其在通行高峰期，过于拥挤。公共交通参与人之间一般相互不熟悉，缺少感情基础和情感维系，很容易因为一点小事而产生纠纷。公共交通场所与交通工具上人员密集，无法进行细致安全检查，安全隐患较大。公共交通场所如码头、车站、港口等，或车来车往，或濒临水域，具有一定的危险性。行进中的交通工具上人员拥挤，会遇到各种突发情况，并且具有一定的地域跨越性，本身风险性就较高。因此，对公共交通场所与工具进行科学管理，对公共交通参与者行为进行一定的约束，是维持安全交通环境与秩序的必要选择。

扰乱航空器、车船或者其他公共交通工具秩序的不文明行为，既可以发生于交通工具之上，也可以发生于公共交通场所之中。公共交通工具之上的不文明行为具体体现为大声交谈、唱歌、打电话或放音乐；脱鞋光脚；在动车组列车上吸烟或者在其他列车的禁烟区域吸烟；过分亲热，搂搂抱抱；随意扔垃圾；霸座、占座或抢座；故意拥挤；打赤膊或衣着过于暴露；携带宠物；在公交车或地铁上进食；随意要求公交车司机停车或抢夺方向盘；冒用优惠（待）身份证件、使用伪造和无效优惠（待）身份证件购票乘车；持伪造、过期等无效车票或冒用挂失补车票乘车；无票乘车、越站（席）乘车且拒不补票；强行登（占）、拦截航空器；强行冲击驾驶舱，擅自打开应急舱门；妨碍民航工作人员履行职责或者煽动旅客妨碍民航工作人员履行职责；违反客舱安全规定，拒不执行机组人员指令；在机场、航空器内打架斗殴、寻衅滋事；编造、故意传播虚假恐怖信息；等等。公共交通场所中的不文明行为具体体现为在车站、码头、机场等地占位睡觉；倒卖车票、制贩假票；乱放行李；脱鞋光脚；乱丢垃圾；大声喧哗；赤身露膀；吸烟吐雾；随地吐痰；围观凑热闹；混乱检票；堵塞、强占、冲击值机柜台或安检通道及登机口（通道）；违反规定进入停机坪、跑道和滑行道等。这些不文明行为不仅对其他公共交通参与人权益造成一定的侵害，也严重影响了公共交通秩序和环境，是严令禁止的。

扰乱公共交通场所和公共交通秩序行为，不仅是违反公共道德规范之行为，而且是被法律确认为违法行为，甚至是犯罪行为。如果无故扰乱公共交通场所和公共交通秩序，不仅要受到道德谴责，还可能产生承担法律责任风险。我国很多法律法规都对公共交通场所和公共交通工具秩序维护，作出了明确规定。例如《治安管理处罚法》规定，扰乱车站、港口、码头、机场等公共交通场所秩序的；扰乱公共汽车、电车、火车、船舶、航空器或者其他公共交通工具上的秩序的；非法拦截或者强登、扒乘机动车、船舶、航空器以及其他交通工具，影响交通工具正常行驶的，处警告或者 200 元以下罚款；情节较重的，处 5 日以上 10 日以下拘留，可以并处 500 元以下罚款。聚众实施上述行为的，对首要分子处 10 日以上 15 日以下拘留，可以并处 1000 元以下罚款。我国《刑罚》规定，聚众扰乱车站、码头、民用航空站或者其他公共场所秩序；聚众堵塞交通或者破坏交通秩序；抗拒、阻碍国家治安管理工作人员依法执行职务，情节严重的，即可构成聚众扰乱公共场所秩序、交通秩序罪；对首要分子，处 5 年以下有期徒刑、拘役或者管制。

为依法惩治妨害公共交通工具安全驾驶违法犯罪行为，维护公共交通安全秩序，保护人民群众生命财产安全，2019 年 1 月，最高人民法院、最高人民检察院、公安部联合下发《关于依法惩治妨害公共交通工具安全驾驶违法犯罪行为的指导意见》（以下简称《意见》）。该《意见》对妨害公共汽车、公路客运车，大、中型出租车等公共交通工具安全驾驶的违法犯罪行为，如何适用法律问题作出了明确规定。具体内容如下：

乘客在公共交通工具行驶过程中，抢夺方向盘、变速杆等操纵装置，殴打、拉拽驾驶人员，或者有其他妨害安全驾驶行为，危害公共安全，尚未造成严重后果的，依照《刑法》第 114 条规定，以危险方法危害公共安全罪定罪处罚；致人重伤、死亡或者使公私财产遭受重大损失的，依照《刑法》第 115 条第 1 款的规定，以危险方法危害公共安全罪定罪处罚。具有以下情形之一的，从重处罚：在夜间行驶或者恶劣天气条件下行驶的公共交通工具上实施的；在临水、临崖、急弯、陡坡、高速公路、高架道路、桥隧路段及其他易发生危险的路段实施的；在人员、车辆密集路段实施的；在实际载客 10 人以上或者时速 60 公里以上的公共交通工具上实施的；经他人劝告、阻拦后仍然继续实施的；持械袭击驾驶人员的；其他严重妨害安全驾驶的行为。实施上述行为，即使尚未造成严重后果，一般也不得适用缓刑。乘客在公共交通工具行驶过程中，随意殴打其他乘客，追逐、辱骂他人，或者起哄闹事，妨害公共交通工具运营秩序，符合《刑法》第 293 条规定的，以寻衅滋事罪定罪处罚；妨害公共交通工具安全行驶，危害公共安全的，依照《刑法》第 114 条、第 115 条第 1 款规定，以危险方法危害公共安全罪定罪处罚。以暴力、威胁方法阻碍国家机关工作人员依法处置妨害安全驾驶违法犯罪行为、维护公共交通秩序的，依照《刑法》第 277 条的规定，以妨害公务罪定罪处罚；暴力袭击正在依法执行职务的人民警察的，从重处罚。

驾驶人员在公共交通工具行驶过程中，与乘客发生纷争后违规操作或者擅离职守，与乘客厮打、互殴，危害公共安全，尚未造成严重后果的，依照《刑法》第114条的规定，以危险方法危害公共安全罪定罪处罚；致人重伤、死亡或者使公私财产遭受重大损失的，依照《刑法》第115条第1款的规定，以以危险方法危害公共安全罪定罪处罚。对正在进行的妨害安全驾驶的违法犯罪行为，乘客等人员有权采取措施予以制止。制止行为造成违法犯罪行为人损害，符合法定条件的，应当认定为正当防卫。正在驾驶公共交通工具的驾驶人员遭到妨害安全驾驶行为侵害时，为避免公共交通工具倾覆或者人员伤亡等危害后果发生，采取紧急制动或者躲避措施，造成公共交通工具、交通设施损坏或者人身损害，符合法定条件的，应当认定为紧急避险。

自驾游虽然是自驾车辆旅游，但到达目的地城市或景区，乘坐公共交通工具是自驾游客必然之选择。也有自驾游客采取组合式自驾方式，如乘坐飞机、轮船，或驾车到达目的地后，再租车自驾。不管何种自驾方式，自驾游客进入公共交通场所，乘坐公共交通工具都是必然的，而且是优化之选择。自驾游客只要进入公共交通场所，乘坐公共交通工具，就要遵守基本道德规范和相关法律规定，注意自己的语言和行为文明，保持良好的旅游形象，从而使公共交通环境与秩序得以维护。否则，将产生一定确法律风险。

2.破坏公共环境卫生、公共设施

公共环境，又称公共场所或公共场合，主要是指相对于室内环境的户外多人区域空间或场所。环境卫生是指人类身体活动周围的所有环境内，控制一切妨碍或影响健康的因素。目前，通常意义上的环境卫生，主要是指城市的空间环境卫生，也就是公共环境卫生，包括城市街巷、道路、公共场所、水域等区域的环境整洁，城市垃圾、粪便等生活废弃物收集、清除、运输、中转、处理、处置、综合利用，城市环境卫生设施规划、建设等。由于社会人口数量激增，并逐步向少数大中型城市聚集，有关饮水、排污、垃圾处理和公共疾病防治等公共环境卫生问题越来越突出，并日益困扰人们的生活。

人类生存需要美好、健康的自然与社会环境，城市公共环境卫生对每一个单位和居民都是不可缺少的，甚至构成其生存的基本条件。因此，管理者需要采取积极的公共服务措施，以满足人民群众不断增长的卫生服务需求。城市公共卫生服务，"是指为有效治理城市垃圾、粪便等城市生活废弃物，为城市人民创造清洁、优美的生活和工作环境而进行的垃圾、粪便的收集、运输、处理、处置、综合利用和社会管理等活动的总称"①。环境卫生服务机构一定要贯彻

---

① 《城市环境卫生当前产业政策实施办法》（建设部建城字第637号文）。

绿色、共享发展理念,加强公共环境功能卫生基础设施建设,创建美丽、和谐的卫生环境,让公众有更多的幸福感与获得感。公共环境卫生创建人人有责,需要全员参与,但现实中很多公共环境卫生问题却是人为产生的,也就是人类自身行为对生存环境产生了威胁。因此,培养公众卫生习惯和保护环境卫生的社会公德心,规范环境卫生行为,是加强对公共环境卫生管理,改善公共环境卫生的关键。

狭义的公共环境卫生管理,"是指城市的公共环境卫生管理部门根据现行的法律、法规,履行公共环境卫生的组织、协调、计划、监控和垃圾的收集、运输、处理等服务职能,包括制定政策、统筹规划、组织协调、提供服务和效能监控"①。公共环境卫生管理要处理城市社会各阶层、各部门、各行业间的关系和利益,需要引导社会成员的公共环境卫生意识,对公共环境卫生进行社会化管理。因此,公共环境卫生管理具有执行环境卫生质量标准的强制力,表现为对违反环境卫生法规行为的约束和处罚。我国《城市市容和环境卫生管理条例》规定,一切单位和个人,都应当尊重市容和环境卫生工作人员的劳动,不得妨碍、阻挠市容和环境卫生工作人员履行职务。对随地吐痰、便溺、乱扔果皮、纸屑和烟头等废弃物的;在城市建筑物、设施以及树木上涂写、刻画或者未经批准张挂、张贴宣传品的;不按规定时间、地点、方式,倾倒垃圾、粪便的;不履行卫生责任区清扫保洁义务或者不按规定清运、处理垃圾和粪便的;运输液体、散装货物不作密封、包扎、覆盖,造成泄漏、遗撒的;临街工地不设置护栏或者不作遮挡、停工场地不及时整理并作必要覆盖或者竣工后不及时清理和平整场地,影响市容和环境卫生的行为,市容环境卫生行政主管部门或者其委托的单位除责令其纠正违法行为、采取补救措施外,可以并处警告、罚款。

自驾游具有地域跨越性,自驾游客会到城市、景区等相对陌生环境暂住或停留。自驾游客作为旅游目的地或途径地的暂住客、停留人,应主动融入当地生活,爱护环境,主动维护公共环境卫生,留下自己美好形象。如果只顾自己旅游快感,无视环境卫生,最终不仅损害当地环境,更使全体公众的旅游权益受损。例如号称"自驾天堂"的川藏318线沿途,在美丽圣洁的雪域高原,随处可见丢弃的饮料瓶、塑料袋甚至卫生巾,其污染程度令人唏嘘。自驾游客的生态环境破坏,在公共交通工具和场所的非禁烟区域吸烟,随地吐痰、便溺,乱扔果皮、纸屑和烟头等废弃物,在景区涂写、乱刻乱画,随地大小便等行为,都会

---

① 阳健.株洲市公共环境卫生管理市场化改革研究[D].长沙:国防科学技术大学,2005:13.

对公共环境造成一定程度破坏与污染,是应当严令禁止的。如果随心所欲,故意而为之,不仅影响自身形象,还可能引发法律风险。

公共设施,也称公共服务设施,"是为了达成公共利益目的,行政主体将其所有或管理的、供于公共使用的人工有体物或物的设备"①。公共设施可分为公共行政设施、公共信息设施、公共卫生设施、公共体育设施、公共文化设施、公共交通设施、公共教育设施、公共绿化设施等。城市公共设施体现为城市污水处理系统、城市垃圾(包括粪便)处理系统、城市道路、城市桥梁、港口、市政设施抢险维修、城市广场、城市路灯、路标路牌、城空防空设施、城市绿化、城市风景名胜区、城市公园等。公共设施是政府向公众提供的公共服务产品,一般是免费的,并由政府负责维护与管理。社会为公众所提供的公共设施越多,种类越齐全,表明社会文明程度就越高,公众的幸福指数也就越高。社会公众中的任何一员都有权使用公共设施,但要承担合理、规范使用之义务,如有损害就需承担一定法律责任,存在一定法律风险。例如我国《治安管理处罚法》规定,盗窃、损毁油气管道设施、电力电信设施、广播电视设施、水利防汛工程设施或者水文监测、测量、气象测报、环境监测、地质监测、地震监测等公共设施的,处 10 日以上 15 日以下拘留;盗窃、损坏、擅自移动使用中的航空设施,或者强行进入航空器驾驶舱的,处 10 日以上 15 日以下拘留;盗窃、损毁或者擅自移动铁路设施、设备、机车车辆配件或者安全标志的,处 5 日以上 10 日以下拘留,可以并处 500 元以下罚款;情节较轻的,处 5 日以下拘留或者 500 元以下罚款。此外,《民航旅客不文明行为记录管理办法(试行)》规定,故意损坏机场、航空器内设施设备的,应被列入民航旅客不文明行为记录。情节严重的,依据我国《刑法》的规定,还可能构成破坏交通设施等犯罪。

自驾游过程中,自驾游客会经常使用公共交通设施和旅游服务设施。公共交通设施包括与道路和交通相关的机械设备、场地、道路、通信设备、信号标志、车站、仓库、候车场地、售票场地等;旅游服务设施包括旅游接待设施(如停车场、酒店、饭店等)、旅游购物设施、娱乐设施、医疗救护设施,以及与旅游相关的信息服务、问讯、物品寄存、邮局、快递、自动取款和外币兑换、电话、厕所、饮水点、垃圾桶、吸烟点等配套设施。对这些设施的使用,自驾游客一定要尽到善良注意义务,维护设施的完好性;要按照设施性能规范使用,避免造成设施损坏;要有社会公德心,不得故意损害公共设施。如果因使用不当,或故意损坏,致使设施受损,不但要承担民事赔偿责任,还有可能会受到行政处罚,甚

---

① 罗龙鑫.论行政法上的公共设施[D].湘潭:湘潭大学,2006:5.

至构成犯罪。总之,破坏公共设施行为不仅可能产生严重法律后果,而且会导致多种法律风险叠加情形出现。

3.违反旅游目的地社会风俗、民族生活习惯

实践中,我们经常会将风俗与习惯合称为风俗习惯。"风俗习惯,从原来的意义来讲,是由有区别的'风俗'和'习惯'两个概念组成的。风俗是群体性的,习惯是个体性的,风俗较为稳定,习惯易于变动。但是,当我们把风俗和习惯合起来作为一个概念的时候,它们之间不再有什么区别。"[1]

我国古籍《新论·风俗篇》中讲到,"风者气也,俗者习也。土地水泉,气有缓急,声有高下,谓之风焉;人居此地,习已成性,谓之俗焉"。"风俗,是指一个地区和民族在特定的历史时期内,人们在社会物质文化与精神文化生活中形成的社会风尚和民众习惯的合称。"[2]风俗是人们在衣食住行、婚丧嫁娶、岁时节庆、生产活动、宗教信仰、文化娱乐等方面广泛的行为规范。它是一个国家、民族、地区的物质生活、科学文化、价值观念、文化心理、个性特征等社会物质文明和精神文明在日常生活中的反映。风俗对社会成员有一种非常强烈的行为制约作用。习惯,是指积久养成的生活方式。大多数人积久养成的习惯就成为风俗。"在少数民族的发展过程中,由于特殊的地理环境、气候等原因形成了各具特色的大量习惯,这些习惯涉及面很广,诸如服饰、饮食、居住、婚姻、丧葬、节庆、娱乐、礼仪及耕种、交换、信贷、诉讼裁判等。在这些习惯中,有些只是少数民族的人群在长期的生活过程中形成的、独具特色的行为模式和心理依赖,是自己民族的文化特征。比如每个民族都有关于自己民族的衣、食、住、行的一些风俗习惯,这些习惯是零散的,渗透在自己民族成员的心理中。"[3]

风俗与生活习惯具有强烈的地域性与民族性,不同地域与民族间的社会风俗与生活习惯差异性很大。例如我国信奉伊斯兰教的民族包括回族、维吾尔族、哈萨克族、乌孜别克族、塔吉克族、塔塔尔族、柯尔克孜族、撒拉族、东乡族和保安族等,且大多分布在西北地区。这些民族禁食猪、狗、驴、骡、马、猫及一切凶猛禽兽,自死的牲畜、动物以及非伊斯兰教徒宰的牲畜;禁止抽烟、喝酒;禁止崇拜偶像、求签、玩赌;禁止放高利贷。信奉佛教的民族主要有藏族、

---

① 靳中和.论民族风俗习惯的概念、特性及社会功能[J].黑龙江民族丛刊,1989(3):46.

② 李芳.清代新疆汉民族的社会风俗初探[D].乌鲁木齐:新疆大学,2004:1.

③ 杜敏.论少数民族习惯与少数民族习惯法[J].西南民族学院学报(哲学社会科学版),2002(7):220.

蒙古族、土族、裕固族、傣族、德昂族和布朗族。佛教对这些民族风俗习惯影响巨大，如藏族接待客人时，无论是行走还是言谈，总是让客人或长者为先，并使用敬语，忌讳直呼其名；迎送客人，要躬腰屈膝，面带笑容、室内就座，要盘腿端坐，不能双腿伸直，脚底朝人，不能东张西望；接受礼品，要双手去接；赠送礼品，要躬腰双手高举过头；敬茶、酒、烟时，要双手奉上，手指不能放进碗口。藏族人禁吃驴肉、马肉和狗肉，有些地区也不吃鱼肉；吃饭时要食不满口，咬不出声，喝不出响。喝酥油茶时，主人倒茶，客人要待主人双手捧到面前时，才能接过来喝；禁止在别人后背吐唾沫，拍手掌；行路遇到寺院、玛尼堆、佛塔等宗教设施，必须从左往右绕行；不得跨越法器、火盆、经筒，经轮不得逆转；忌讳别人用手触摸头顶等。

目前，边境和少数民族地区以其绮丽风光、民族与异域风情等独特旅游资源，越来越吸引游客关注与向往，更是自驾游的优选之地。自驾游客进入少数民族地区时，事前一定要做好功课与攻略，应该做什么，不应该做什么，一定要清楚。否则，就会产生不愉快，与当地人发生冲突，既有损于自身形象，也不利于民族团结与边疆和谐稳定。情节严重的行为，有可能还要承担一定法律责任，存在法律风险。例如我国《治安管理处罚法》规定，煽动民族仇恨、民族歧视，或者在出版物、计算机信息网络中刊载民族歧视、侮辱内容的，处10日以上15日以下拘留，可以并处1000元以下罚款。《民法总则》规定，民事主体从事民事活动，不得违反法律，不得违背公序良俗。其中"良俗"就是指善良风俗，即在一定区域内得到群众普遍认同，能够体现公平正义价值理念，不违反法律规定和国家政策，在生活实践中能反复使用的一些习惯、惯例和通行做法。需要说明的是，我国《刑法》规定了侵犯少数民族风俗习惯罪，但其犯罪主体仅是国家工作人员。如果自驾游客侵犯少数民族风俗习惯而触犯刑法的，根据其行为性质、情节与危害程度，将以其他犯罪论处。

4.损毁、破坏旅游目的地文物古迹

《中国文物古迹保护准则》（2015版）第1条规定，"本准则适用对象统称为文物古迹。它是指人类在历史上创造或遗留的具有价值的不可移动的实物遗存，包括古文化遗址、古墓葬、古建筑、石窟寺、石刻、近现代史迹及代表性建筑，历史文化名城、名镇、名村和其中的附属文物；文化景观、文化线路、遗产运河等类型的遗产也属于文物古迹的范畴"。文物古迹具有历史的见证价值；具有人类艺术创作、审美趣味和特定时代典型风格的实物见证艺术价值；具有人类创造性，科学技术成果本身或创造过程的实物见证科学价值；具有在知识记录和传播、文化精神传承、社会凝聚力产生等方面的社会效益和价值；具有包含了记忆、情感、教育等内容的社会价值;具有包含了文化多样性、文化传统延续及非物质文化遗产要素等相关内容的文化价值。因此,为继承中华民族优秀历史文化遗产,促进科学研究工作,进行爱国主义和革命传统教育,建设社会主义精神文明和物质文明,就必须加强对文物的保护。

我国《文物保护法》规定,中华人民共和国境内地下、内水和领海中遗存的一切文物,属于国家所有。古文化遗址、古墓葬、石窟寺属于国家所有。国家指定保护的纪念建筑物、古建筑、石刻、壁画、近代现代代表性建筑等不可移动文物,除国家另有规定的以外,属于国家所有。中国境内出土的文物;国有文物收藏单位以及其他国家机关、部队和国有企业、事业组织等收藏、保管的文物;国家征集、购买的文物;公民、法人和其他组织捐赠给国家的文物,以及法律规定属于国家所有的其他文物,都属于国家所有。国有文物所有权受法律保护,不容侵犯。属于集体所有和私人所有的纪念建筑物、古建筑和祖传文物以及依法取得的其他文物,其所有权受法律保护。一切机关、组织和个人都有依法保护文物的义务。

我国古文化遗址、古墓葬、古建筑、石窟寺、石刻、壁画、近代现代重要史迹和代表性建筑等不可移动文物,根据它们的历史、艺术、科学价值,可以分别确定为全国重点文物保护单位,省级文物保护单位,市、县级文物保护单位。据我国第三次全国文物普查(2007 年 4 月—2011 年 12 月)统计数据,全国共有不可移动文物 766722 处。截至 2013 年 5 月 3 日,国务院已公布七批全国重点文物保护单位,总数为 4296 处。目前,第八批全国重点文物保护单位申报遴选工作正在进行。历史上各时代重要实物、艺术品、文献、手稿、图书资料、代表性实物等可移动文物,分为珍贵文物和一般文物;珍贵文物分为一级文物、二级文物、三级文物。据我国第一次全国可移动文物普查数据统计,截至2016 年 10 月 31 日,全国可移动文物共计 108154907 件/套,其中珍贵文物(国家一、二、三级文物)共计 3856268 件/套,数量占比 6.02%;一般文物24353746 件/套,数量占比 38.01%;未定级文物 35863164 件/套,数量占比55.97%。目前,全国共有世界遗产 50 项,其中世界文化遗产 35 项、世界文化和自然遗产 4 项;全国博物馆总数达到 4692 家,其中国有博物馆 3582 家、非国有博物馆 1110 家。全国免费开放博物馆 4013 家。

"文物古迹的保护经历了从单体保护向实物与活动、文化氛围、环境(这里的环境是自然环境与人文环境的综合体)等的共同恢复的整体性保护过程,整体性保护强调的是人与物的和谐统一。"①对文物古迹的整体性保护，要做到对文物古迹的保护与开发相统一，要实现让文物活起来、动起来之现代保护意义。开发目的在于保护，只有有效开发，才能体现文物的真正价值，才能进行更好地保护。将文物古迹保护与旅游开发相结合，是我国对文物古迹进行整体保护的新思路。对文物古迹进行旅游开发，既可以实现对文物古迹保护，还可以通过旅游发展促进地方经济的发展，为文物古迹保护提供更多资金支持；同时又可方便大众参观、游览，实现文物古迹旅游的文化教育、知识教育和精神教育等社会价值与功能。因此，文物古迹游也就成为当下自驾旅游热点。

对文物古迹进行旅游开发，要保持在合理开发限度内，即必须在追求开发文物古迹旅游经济价值的同时，真正实现对文物古迹的完整保护，要实现"保护—开发—发展"的动态良性循环，断不可一味追求经济效益，而对文物古迹进行破坏性开发。游客游览时，一定要有文物保护意识，不可对文物古迹造成任何形式破坏，否则所谓的文物古迹旅游开发即是破坏，违背了文物古迹保护开发的初衷。然而，有些游客在文物古迹景区游览时，却缺少文物保护意识，缺乏文明游览素质，肆意对文物古迹进行侵害，甚至破坏行为，有的还造成严重后果。例如翻越栏杆或围栏，进入保护区域；拥挤、踩踏，致使文物古迹损坏；在文物古迹上刻画、抚摸，甚至攀爬；在不允许拍照、录像情形下，执意拍照、合影或录像等。这些行为都有可能给文物古迹造成严重损害后果，有时甚至会导致文物古迹遭受无法恢复的毁灭性损害。我国《文物保护法》规定，故意或者过失损毁国家保护的珍贵文物，造成文物灭失、损毁的，依法承担民事责任；构成违反治安管理行为的，由公安机关依法给予治安管理处罚；构成犯罪的，依法追究刑事责任。《治安管理处罚法》规定，刻画、涂污或者以其他方式故意损坏国家保护的文物、名胜古迹的，处警告或者 200 元以下罚款；情节较重的，处 5 日以上 10 日以下拘留，并处 200 元以上 500 元以下罚款。《刑法》规定，故意损毁国家保护的珍贵文物或者被确定为全国重点文物保护单位、省级文物保护单位的文物的，处 3 年以下有期徒刑或者拘役，并处或者单处罚金；情节严重的，处 3 年以上 10 年以下有期徒刑，并处罚金。故意损毁国家保护的名胜古迹，情节严重的，处 5 年以下有期徒刑或者拘役，并处或者单处罚金。过失损毁国家保护的珍贵文物或者被确定为全国重点文物保护单位、省级文物保护单位的文物，造成严重后果的，处 3 年以下有期徒刑或者拘役。

---

① 林美珍.文物古迹保护与开发的博弈分析[D].泉州：华侨大学，2004：9.

总之,自驾游客在文物古迹景区游览时,一定要行为谨慎,遵守景区规定,如因行为不当,致使文物古迹受损,不但要承担民事赔偿责任,还可能会受到行政处罚,甚至构成犯罪。毁坏文物古迹行为不仅会产生严重法律后果,也会导致多种叠加法律风险出现。

5.参与赌博、色情、涉毒活动

"黄赌毒"作为危害社会管理秩序的典型违法行为,一直广受社会关注。赌博,"就是使用一定的赌具,以金钱或者其他具有经济内容的物品为竞争标的,而决胜负引起财产所有权转移的行为"①。由于赌博行为与我国传统道德规范和法律判断标准相左,因此现实中"赌博"一词长期作为贬义解读。随着社会发展,目前人们生活中小数量、娱乐性的博彩行为,已成为平常之事,有时甚至成为朋友、亲属聚会之必备娱乐项目。公众也开始逐渐接受、包容这些博彩行为,其道德非难色彩逐渐褪去,也减少了社会恐慌和反感。因此,并不是所有博彩行为都是违法,甚至犯罪行为。严重赌博行为,如以赌博为业,赌资较高或组织营利性赌博等,其行为超出了娱乐性范畴,扰乱了社会正常工作、生活秩序,影响家庭幸福,会引发社会不稳定因素,因此是应明令禁止的,应受到法律非难。我国《治安管理处罚法》规定,以营利为目的,为赌博提供条件的,或者参与赌博赌资较大的,处 5 日以下拘留或者 500 元以下罚款;情节严重的,处 10 日以上 15 日以下拘留,并处 500 元以上 3000 元以下罚款。《刑法》规定,以营利为目的,聚众赌博或者以赌博为业的,处 3 年以下有期徒刑、拘役或者管制,并处罚金;开设赌场的,处 3 年以下有期徒刑、拘役或者管制,并处罚金;情节严重的,处 3 年以上 10 年以下有期徒刑,并处罚金。

自驾游客在行程中放松心情,休闲娱乐,偶尔也会打打麻将,朋友亲属间有时也会有一些金钱刺激,但一定要注意赌博行为的性质,不要将"小赌怡情"的娱乐行为演变成为违法,甚至犯罪行为。更不要在自驾途中与陌生人进行赌博,或进入地下赌博场所进行赌博,否则不仅存在受骗可能,还极有可能产生行政责任或刑罚法律风险。

"色情是一种对性爱行为的描述,目的在于激发性欲。"②色情就是以色为主,以情为辅,情色就是以情为主,以色为辅。"色情"一般是指透过文字、视觉、语言描绘或表现裸体、性器官、性交等与性有关的形象,使观赏者产生性兴趣和性兴奋的事物。"色情"之词义本是中性的,是对情爱的另一种表达,但由

---

① 李保纪.赌博及其综合治理[J].中国人民公安大学学报,1987(6):14.

② 乔治·巴塔耶.色情史[M].刘晖,译.北京:商务印书馆,2003:17.

于我国传统上长期对情色、性羞于表达,行为上也比较压抑、隐晦,因此一直以来,"色情"经常与"淫秽"一起使用或通用,变成了具有下流、肮脏之意的贬义词。现代社会中,年轻人的性观念发生了极大的变化,不再羞于谈性,开始追求性行为的多样性与愉悦感,于是色情活动或行为便增多了。这些行为在夫妻关系中有存在,在未婚或婚外也大量存在,但受传统文化影响,我们实践中仍将那些具有不良动机的性行为称为色情行为,以期表达一种道德批判态度。色情活动一般包括卖淫、嫖娼,制作、运输、复制、出售、出租淫秽书刊、图片、影片、音像制品等淫秽物品,播放淫秽音像、淫秽表演,聚众淫乱等。互联网技术的快速发展,也促使色情活动呈现出网络化、信息化特征,网络色情活动(如裸聊)异常活跃,也带来了社会治理新问题。

"社会对普遍的性加以规范,分为常态的性和非常态的性。常态的性是社会容许或期望的性,非常态的性是社会不容许的或不期望的性。"①对于"非常态的性",不仅要受到道德的非难,还为法律所禁止。我国《治安管理处罚法》规定,卖淫、嫖娼的,处10日以上15日以下拘留,可以并处5000元以下罚款;情节较轻的,处5日以下拘留或者500元以下罚款。在公共场所拉客招嫖的,处5日以下拘留或者500元以下罚款。引诱、容留、介绍他人卖淫的,处10日以上15日以下拘留,可以并处5000元以下罚款;情节较轻的,处5日以下拘留或者500元以下罚款。制作、运输、复制、出售、出租淫秽书刊、图片、影片、音像制品等淫秽物品或者利用计算机信息网络、电话以及其他通信工具传播淫秽信息的,处10日以上15日以下拘留,可以并处3000元以下罚款;情节较轻的,处5日以下拘留或者500元以下罚款。具有组织播放淫秽音像,组织或者进行淫秽表演,或参与聚众淫乱活动等行为的,处10日以上15日以下拘留,并处500元以上1000元以下罚款。我国《刑法》涉及色情活动的罪名包括:聚众淫乱罪;引诱未成年人聚众淫乱罪;组织卖淫罪;强迫卖淫罪;协助组织卖淫罪;引诱、容留、介绍卖淫罪;引诱幼女卖淫罪;传播性病罪;制作、复制、出版、贩卖、传播淫秽物品牟利罪;为他人提供书号出版淫秽书刊罪;传播淫秽物品罪;组织播放淫秽音像制品罪;组织淫秽表演罪等。

旅游是一种高尚的生活方式,是一种高级消费行为,自驾游更是增加了旅游的自主性与体验性。自驾游客在放松心情,休闲娱乐的快乐旅途中,一定要洁身自好,切不可参与色情活动,更不能组织色情活动。实际旅途中,有些旅游服务机构(如宾馆、酒吧、迪厅、KTV、洗浴中心等)会存在一些色情服务,这

① 曲广娣.色情问题的根源和规范思路探讨[M].北京:中国政法大学出版社,2013:11.

些都是违法的。自驾游客要严格约束自身行为,远离这些色情诱惑,不可以身试法。有的时候,一些旅游服务机构或人员也会打法律擦边球,以合法名义掩盖违法色情行为,如以伴游、陪酒、陪唱等名义提供色情服务,自驾游客要明辨是非,不可落入陷阱;亦不可半推半就,最后挨宰并受处罚,则悔之晚矣。

我国《刑法》规定,毒品是指鸦片、海洛因、甲基苯丙胺(冰毒)、吗啡、大麻、可卡因以及国家规定管制的其他能够使人形成瘾癖的麻醉药品和精神药品。国家食品药品监督管理总局、公安部和国家卫生和计划生育委员会联合发布的《麻醉药品品种目录》(2013 年版)和《精神药品品种目录》(2013 年版)共列明了 121 种麻醉药品和 130 种精神药品。长时间吸食毒品,不仅会使人产生身体与精神上的依赖性,严重危害身体健康,助长传染病并影响寿命,还会对家庭和社会产生极大的危害。因此,世界上绝大多数国家都对毒品说不,我国更是如此,对毒品一直坚持高压、坚决、严厉的打击态度,并制定了严格法律规范。我国《治安管理处罚法》规定,非法种植罂粟不满 500 株或者其他少量毒品原植物,非法买卖、运输、携带、持有少量未经灭活的罂粟等毒品原植物种子或者幼苗,非法运输、买卖、储存、使用少量罂粟壳的,处 10 日以上 15 日以下拘留,可以并处 3000 元以下罚款;情节较轻的,处 5 日以下拘留或者 500 元以下罚款。非法持有鸦片不满 200 克、海洛因或者甲基苯丙胺不满 10 克或者其他少量毒品,向他人提供毒品,吸食、注射毒品,胁迫、欺骗医务人员开具麻醉药品、精神药品的,处 10 日以上 15 日以下拘留,可以并处 2000 元以下罚款;情节较轻的,处 5 日以下拘留或者 500 元以下罚款。教唆、引诱、欺骗他人吸食、注射毒品的,处 10 日以上 15 日以下拘留,并处 500 元以上 2000 元以下罚款。我国《刑法》中涉毒品犯罪的罪名就有:走私、贩卖、运输、制造毒品罪;非法持有毒品罪;包庇毒品犯罪分子罪;窝藏、转移、隐瞒毒品、毒赃罪;非法生产、买卖、运输制毒物品、走私制毒物品罪;非法种植毒品原植物罪;非法买卖、运输、携带、持有毒品原植物种子、幼苗罪;引诱、教唆、欺骗他人吸毒罪;强迫他人吸毒罪;容留他人吸毒罪;非法提供麻醉药品、精神药品罪等 10 种之多。

对于自驾游而言,旅游途中吸食毒品会造成"毒驾",不仅影响自身生命财产安全,还有可能引发交通事故。因此,自驾游客的旅游行为千万要远离毒品,不仅不能吸毒,也不可参与甚至组织非法买卖、运输、携带、储存毒品,更不可向他人提供毒品。结伴自驾游,要远离吸毒瘾君子,否则有可能抵御不住诱惑,因出于好奇而吸毒。自驾途中要提防陌生人,不要随意吃他人食物、饮料或吸食他人香烟,以免误食、误吸毒品。在迪厅、夜店等娱乐场所,要注意安全,要避免毒品侵害。总之,开车自驾,切不可出门染毒、带毒返程。否则,不仅身心受到损害,还有可能面临严重的法律风险。

6.不顾劝阻、警示从事危及自身以及他人人身财产安全的活动

旅游安全可分为旅游主体安全、旅游媒体和旅游客体安全,"旅游安全的本质是人的安全"[①]。因此,狭义的旅游安全就是指旅游者安全。旅游者外出旅游是为了"寻求改变精神状态、获取最大的身体和心理满足,达到精神愉快"[②],因而旅游安全是旅游者获得精神愉快的前提,也是最大保障。自驾路途中,大量不安全因素引发的犯罪、疾病(中毒)、交通事故、火灾与爆炸、自然灾害和其他意外事故等危险状况,都会危及自驾游客人身或财产安全。为加强旅游安全管理,提高应对旅游突发事件的能力,保障旅游者的人身、财产安全,促进旅游业持续健康发展,2016年9月,国家旅游局发布了《旅游安全管理办法》(以下简称《办法》)。该《办法》规定,旅游经营者应当承担旅游安全的主体责任,加强安全管理,建立、健全安全管理制度,关注安全风险预警和提示,妥善应对旅游突发事件。旅游经营者应当对其提供的产品和服务进行风险监测和安全评估,依法履行安全风险提示义务,必要时应当采取暂停服务、调整活动内容等措施。经营高风险旅游项目或者向老年人、未成年人、残疾人提供旅游服务的,应当根据需要采取相应的安全保护措施。旅游经营者应当主动询问与旅游活动相关的个人健康信息,要求旅游者按照明示的安全规程,使用旅游设施和接受服务,并要求旅游者对旅游经营者采取的安全防范措施予以配合。风险提示发布后,旅游者应当关注相关风险,加强个人安全防范,并配合国家应对风险暂时限制旅游活动的措施,以及有关部门、机构或者旅游经营者采取的安全防范和应急处置措施。

自驾游途中,自驾游客经常会进入景区或未经开发的自然环境中参观或游览。旅行过程中,自驾游客一定要遵守景区或环境管理相关规定,尤其是安全管理规定,切不可随意而为;否则,不仅会给自己或他人人身财产造成损害,也可能对景区旅游设施或生态环境造成破坏,从而产生担责法律风险。

实践中,自驾游客违反安全管理规定,对自身人身财产造成损害情形时有发生。如不听劝阻对散养猕猴进行逗引,而遭受攻击;在野生动物园无视危险提示,私自下车或接近野生动物,遭受身体伤害;无视安全管理规定,翻越围栏进行拍照,发生摔伤或坠崖事故;无视安全提醒,擅自进入无人区迷失方向,导致人身损伤,甚至生命丧失;无视安全风险提示,在危险时段进入危险区域旅

---

① 陈硕.旅游安全的特征与保障[J].劳动保护,2004(4):66.

② 王敬武.关于对旅游者概念定义的几点看法[J].旅游学刊,1999(1):67.

行；等等。自驾游客此种随性而为，对自己、对社会极其不负责任的行为，其结果不仅给自身带来严重伤害，还可能会引发民事赔偿、行政处罚甚至刑罚等法律责任承担风险。自驾游客不顾劝阻、警示，违反安全管理规定，对他人人身财产造成损害的行为，实践中也经常会发生。例如在景区道路上超速行车，致使景区设施或其他游客受损；在景区缆车吊箱中蹦跳，致使他人相机掉落深谷；在人流集中、人员拥挤的吊桥上故意摇晃，影响他人正常行走；在参观游览时故意拥挤；对民航、铁路或景区工作人员实施人身攻击等。这些行为不仅会给他人人身或财产造成一定损害，还扰乱了公共秩序，有时还会给自己带来一定的损害后果，这是应绝对禁止的。其中所隐含的法律风险，已在前文"侵权法律风险"部分做了详细论述，此处不再赘述。

7.破坏生态环境，违反野生动植物保护规定

生态环境是生态和环境两个名词的组合。生态，是指一切生物的状态，以及不同生物个体之间、生物与环境之间的关系；环境，是指人类赖以生存和发展的物质条件的综合体，实际上就是指人类环境。我国《环境保护法》第2条规定，"环境是指影响人类生存和发展的各种天然的和经过人工改造的自然因素的总体，包括大气、水、海洋、土地、矿藏、森林、草原、野生生物、自然遗迹、人文遗迹、风景名胜区、自然保护区、城市和乡村等"。其中所指"环境"既包括自然环境，也包括社会环境。自然环境，又称地理环境，即人类周围的自然界，包括大气、水、土壤、生物和岩石等。社会环境，是指人类在自然环境的基础上，为不断提高物质和精神文明水平，在生存和发展的基础上逐步形成的人工环境，如城市、乡村、工矿区等。事实上，"把环境与生态叠加使用是不妥的。'生态环境'的准确表达应当是'自然环境'"①，不包括社会环境。我国《环境保护法》规定，一切单位和个人都有保护环境的义务。造成环境污染危害的，有责任排除危害，并对直接受到损害的单位或者个人赔偿损失。造成重大环境污染事故，导致公私财产重大损失或者人身伤亡严重后果的，对直接责任人员依法追究刑事责任。目前，我国现行的生态环境保护法律法规除《环境保护法》外，还包括《大气污染防治法》《土壤污染防治法》《水污染防治法》《森林法》《渔业法》《固体废物污染环境防治法》《水法》等。此外，还包括大量相关的行政法规与地方法规等。

我国《野生动物保护法》规定，野生动物是指珍贵、濒危的陆生、水生野生

---

① 钱正英，沈国舫，刘昌明.建议逐步改正"生态环境建设"一词的提法[J].科技术语研究，2005(2):2.

动物和有重要生态、科学、社会价值的陆生野生动物。国家对珍贵、濒危的野生动物实行重点保护，并制定重点保护野生动物名录。目前，该名录共列出一级重点保护野生动物96个种或种类，二级重点保护野生动物160个种或种类。野生动物资源属于国家所有，国家保护野生动物及其栖息地，任何组织和个人都有保护野生动物及其栖息地的义务，禁止违法猎捕野生动物、破坏野生动物栖息地。在相关自然保护区域、禁猎（渔）区、禁猎（渔）期猎捕国家重点保护野生动物，未取得特许猎捕证、未按照特许猎捕证规定猎捕、杀害国家重点保护野生动物，或者使用禁用的工具、方法猎捕国家重点保护野生动物的，没收猎获物、猎捕工具和违法所得，吊销特许猎捕证，并处猎获物价值2倍以上10倍以下的罚款；没有猎获物的，并处1万元以上5万元以下的罚款；构成犯罪的，依法追究刑事责任。猎捕非国家重点保护野生动物，未取得狩猎证、未按照狩猎证规定猎捕非国家重点保护野生动物，或者使用禁用的工具、方法猎捕非国家重点保护野生动物的，没收猎获物、猎捕工具和违法所得，吊销狩猎证，并处猎获物价值1倍以上5倍以下的罚款；没有猎获物的，并处2000元以上1万元以下的罚款；构成犯罪的，依法追究刑事责任。目前，我国现行的野生动物保护法律法规除《野生动物保护法》外，还包括《陆生野生动物保护实施条例》《水生野生动物保护实施条例》《森林和野生动物类型自然保护区管理办法》《濒危野生动植物进出口管理条例》等。此外，还包括大量地方性法规等。

我国《野生植物保护条例》规定，野生植物是指原生地天然生长的珍贵植物和原生地天然生长并具有重要经济、科学研究、文化价值的濒危、稀有植物。国家保护野生植物及其生长环境，禁止任何单位和个人非法采集野生植物或者破坏其生长环境。野生植物分为国家重点保护野生植物和地方重点保护野生植物，国家制定重点保护野生植物名录。目前，纳入国家重点保护名录（第一批）的一级保护野生植物有51种，二级保护野生植物有203种。任何单位和个人都有保护野生植物资源的义务。未取得采集证或者未按照采集证的规定采集国家重点保护野生植物，由野生植物行政主管部门没收所采集的野生植物和违法所得，可以并处违法所得10倍以下的罚款；有采集证的，并可以吊销采集证。违法出售、收购国家重点保护野生植物的，没收野生植物和违法所得，可以并处违法所得10倍以下的罚款。非法进出口野生植物的，由海关依照海关法的规定处罚。伪造、倒卖、转让采集证、允许进出口证明书或者有关批准文件、标签的，由野生植物行政主管部门或者工商行政管理部门按照职责分工收缴，没收违法所得，可以并处5万元以下的罚款。构成犯罪的，依法追究刑事责任。目前，我国现行的野生植物保护法律法规除《野生植物保护条例》《森林和野生动物类型自然保护区管理办法》《濒危野生动植物进出口管理条例》外,还包括《野生药材资源保护管理条例》《风景名胜区条例》《植物新品种保护条例》《自然保护区条例》等。此外,还包括大量地方性法规等。

　　近些年,生态旅游已成为新的旅游增长点,也是适宜自驾游并受到自驾游客追捧的优选旅游形式,在生态旅游基础上衍生出的探险游,更是受到自驾"老炮"的热捧。"生态旅游,是以生态资源要素(如景观、环境、科技、文化、产业、产品、服务、消费等)为内涵,以生态文明为基础,施以生态经济和生态智慧的优化系统开发与管理,寓教于游憩,通过生态旅游的生态、经济、社会服务,实现旅游方式、旅游产业和旅游事业的可持续发展。"[①]生态旅游发展的终极目标是可持续,即维护自然生态的可持续发展。因此,要坚持可持续发展方式,管理生态旅游资源,保证生态旅游地的经济、社会、生态效益的可持续发展,满足当代人开展生态旅游的同时,不能影响后代人满足其对生态旅游的需要能力。为保护自然环境和自然资源,我国建立了自然保护区管理制度,对有代表性的自然生态系统、珍稀濒危野生动植物物种的天然集中分布区、有特殊意义的自然遗迹等保护对象所在的陆地、陆地水体或者海域,依法划出一定面积予以特殊保护和管理的区域,进行专门特别管理。我国《自然保护区条例》规定,一切单位和个人都有保护自然保护区内自然环境和自然资源的义务。自然保护区分为核心区、缓冲区和实验区。核心区拥有保存完好的天然状态的生态系统,是珍稀、濒危动植物的集中分布地,禁止任何单位和个人进入,未经批准,也不允许进入从事科学研究活动。核心区外围可以划定一定面积的缓冲区,只准进入从事科学研究观测活动。缓冲区外围划为实验区,可以进入从事科学试验、教学实习、参观考察、旅游以及驯化、繁殖珍稀、濒危野生动植物等活动。在自然保护区组织参观、旅游活动的,必须按照批准方案进行,并加强管理;进入自然保护区参观、旅游的单位和个人,应当服从自然保护区管理机构的管理。擅自移动或者破坏自然保护区界标,未经批准进入自然保护区或者在自然保护区内不服从管理机构管理的,由自然保护区管理机构责令其改正,并可以根据不同情节处以 100 元以上 5000 元以下的罚款。违反相关规定,给自然保护区造成损失的,应当赔偿;造成自然保护区重大污染或者破坏事故,导致公私财产重大损失或者人身伤亡的严重后果,构成犯罪的,将依法追究刑事责任。

　　因此,自驾游客进行生态旅游,不管是否进入自然保护区,都应遵守法律

---

① 　许曼曼.我国生态旅游法律制度研究[D].重庆:西南政法大学,2009:4.

规定,严格约束个人行为,文明旅游;要始终把生态环境与野生动植物保护规定放在首位,在亲近自然,收获美好心情的同时,要把文明和美丽留给社会,留给后人,为生态旅游可持续发展尽一份力。否则,不仅破坏了生态环境与野生动植物资源,还将面临多种法律风险。

8.违反旅游场所规定,严重扰乱旅游秩序

一般意义上,凡事可以或适宜进行旅游活动的场所,都可称其为旅游场所。我国《旅游法》将旅游场所称为景区,"是指为旅游者提供游览服务、有明确的管理界限的场所或者区域"。据此,我们可将旅游场所或景区理解为,以旅游及其相关活动为主要功能或主要功能之一的区域场所,能够满足游客参观游览、休闲度假、康乐健身等旅游需求,具备相应的旅游设施并提供相应的旅游服务的独立管理区。我国景区所包含的范围很广,如自然保护区、风景名胜区、城市公园、森林公园、博物馆、纪念馆、寺庙观堂、旅游度假区、文物保护单位、地质公园、游乐园、动物园、植物园、古村落古民居以及工业、农业、经贸、科教、军事、体育、文化艺术、学习等各类旅游景区等。依照《旅游景区质量等级评定管理办法》和《旅游景区质量等级的划分与评定》的规定,我国把旅游区(点)质量等级从高到低划分为5级,依次为AAAAA、AAAA、AAA、AA、A级旅游区(点)。截至2018年10月17日,国家文化和旅游部共确定了259个国家5A级旅游风景区。

旅游景区一般是旅游资源集中之地,往往是旅游热点目的地,尤其在旅游旺季更是人满为患。如何综合高效利用景区旅游资源,有效引导规范游客行为,为游客提供优良服务,维护旅游秩序,是当前旅游市场快速发展给景区带来的极大考验。我国《旅游法》规定,景区开放要有必要的旅游配套服务和辅助设施;必要的安全设施及制度,经过安全风险评估,满足安全条件;必要的环境保护设施和生态保护措施等。因此,凡是经批准正式开放营业的旅游景区,一般都需建立、健全上述管理制度。景区级别越高,其管理制度的完备程度也就越高。

秩序,是指事物存在的一种有规则的关系状态,"社会秩序表示在社会中存在着某种程度的关系的稳定性、进程的连续性、行为的规则性以及财产和心理的安全性"①。旅游秩序、旅游场所秩序均属于社会秩序之具体表现。景区是公共旅游场所,人员密集,流动性强,因此保持人员、物品以及相关设施、场地利用的有效秩序非常重要。旅游场所秩序体现在景区停车、购票、购物、游

---

① 张文显.法理学[M].北京:高等教育出版社、北京大学出版社,2011:260.

览参观、娱乐、就餐、交通、住宿以及如厕等多方面,对这些秩序的有效维护,需要游客约束自身旅游行为,遵守相应规定。否则,景区的有效运转,游客人身与财产安全就难以实现。景区是公共场所,一切扰乱公共场所秩序行为,在景区都有可能发生,如不排队,扰乱景区参观游览、购票、就餐及如厕秩序;不规范停车,扰乱景区交通秩序;拦截或者强登、扒乘景区摆渡车,抢占座位,扰乱景区乘车秩序;强行进入游览区域,在参观场地投掷、乱扔垃圾杂物,围攻、殴打景区工作人员,扰乱参观游览;在景区散布谣言,谎报险情、疫情、警情,投放虚假的爆炸性、毒害性、放射性、腐蚀性物质或者传染病病原体等危险物质,结伙斗殴,追逐、拦截他人,强拿硬要或者任意损毁、占用公私财物,扰乱景区治安管理秩序等。自驾游客的这些不文明行为,都会招致公众负面评价,一些严重行为还会引发多种法律风险。

(三)自驾游文明失范法律风险

自驾游文明失范法律风险,是指自驾游客因不文明旅游行为而产生的不利法律后果的可能性。由于严重的不文明旅游行为经常表现为侵权、交通违法或治安违法等行为,这些行为可能会引发民事责任、行政责任或刑罚承担法律风险。这些风险,已在相应部分论述过,此处不再赘述。下面仅就"旅游不文明行为记录"所隐含的法律风险进行探讨。

1.旅游不文明行为记录的含义与性质

旅游不文明行为人既包括游客,也包括旅游从业人员。我国《旅游法》第13条规定:"旅游者在旅游活动中应当遵守社会公共秩序和社会公德,尊重当地的风俗习惯、文化传统和宗教信仰,爱护旅游资源,保护生态环境,遵守旅游文明行为规范。"2016年,国家旅游局制定《旅游不文明行为记录管理暂行办法》,将游客在境内外旅游过程中的不文明行为归纳为9种,并明确规定违反境内外法律法规、公序良俗,造成严重社会不良影响的旅游不文明行为,将纳入"旅游不文明行为记录"。

旅游不文明行为记录可归属于行政法意义上的行政"黑名单"制度。所谓行政"黑名单",是指"行政机关在履行行政职能的过程中,对违法违规的个人、企业,或者可能对社会公众的健康、安全造成损害的行为进行公开曝光,以达到增强执法威慑力、警示教育其他公民、企业的效果的一种管理行为"[①]。目前,我国已建立涉及环保、金融、扶贫、交通、劳动、建筑工程等各领域多种"黑

---

① 秦珊珊.行政"黑名单"制度研究[D].南京:南京大学,2013:1.

名单"数据库及相应公开、公示制度。为加强全国信用制度建设,2016 年后,我国陆续出台了《国务院关于建立完善守信联合激励和失信联合惩戒制度加快推进社会诚信建设的指导意见》(国发〔2016〕33 号)、《国家发展改革委　人民银行关于加强和规范守信联合激励和失信联合惩戒对象名单管理工作的指导意见》(发改财金规〔2017〕1798 号)以及各部委联合签署的备忘录。① 其中涉及失信被执行人、吊销企业负责人、海关失信企业、重大税收违法案件当事人、涉金融严重失信人、统计上严重失信企业、严重危害正常医疗秩序等各类具体企业、人员黑名单。

(1)旅游不文明行为记录含义。旅游不文明行为记录,是国家旅游行政管理部门对中国游客在境内外旅游过程中发生的,因违反境内外法律法规、公序良俗,造成严重社会不良影响行为,纳入"黑名单"管理的一种社会信用管理行为。目前,能够纳入旅游不文明行为记录的主要是《旅游不文明行为记录管理暂行办法》中规定的 9 种旅游不文明行为。旅游不文明行为记录信息内容包括不文明行为当事人的姓名、性别、户籍省份;不文明行为的具体表现、不文明行为所造成的影响和后果;对不文明行为的记录期限。旅游不文明行为记录信息保存期限为 1 年至 5 年,实行动态管理。其中旅游不文明行为当事人违反刑法的,信息保存期限为 3 年至 5 年;旅游不文明行为当事人受到行政处罚或法院判决承担责任的,信息保存期限为 2 年至 4 年;旅游不文明行为未受到法律法规处罚,但造成严重社会影响的,信息保存期限为 1 年至 3 年。旅游不文明行为记录形成后,国务院旅游主管部门可将旅游不文明行为记录信息向社会公布。除此之外,与旅游和游客相关的不文明行为记录还包括《民航旅客不文明行为记录管理办法(试行)》中列举的民航旅客 11 种不文明行为;《铁路旅客信用记录管理办法》中列举的铁路旅客 7 种失信行为。民航旅客不文明行为记录实施动态管理,记录期限自信息核实之日起计算。已造成严重社会不良影响但未受到行政处罚的,旅客不文明行为记录期限为 1 年;受到行政处罚的,旅客不文明行为记录期限为 2 年;因扰乱航空运输秩序而被国家旅游局等其他政府部门列入相应记录的,记录期限依照相关部门规定执行。旅客失信行为信用记录包括旅客姓名、有效身份证件类型及号码、住址、联系方式、乘车日期、车次、区间、失信行为、处理情况等信息。铁路旅客信用信息记录期限,自失信行为发生之日起一般为 5 年;超过 5 年的,应当予以删除。

---

① 截至 2019 年 2 月底,国务院各部委共签署 51 个联合奖惩合作备忘录。其中,联合惩戒备忘录 43 个,联合激励备忘录 5 个,既包括联合激励又包括联合惩戒的备忘录 3 个。

（2）旅游不文明行为记录性质。旅游不文明行为记录属于行政法意义上的行政"黑名单"制度之一,因此应从行政"黑名单"视角,来考察旅游不文明行为记录的性质。行政机关通过一定程序,采集违反法律法规,违反公序良俗的行政相对人有关信息,形成"黑名单"并向社会公布,这是一种行政行为。"行政行为是指行政主体在依法行使行政职权过程中,实施的能够产生行政法律效果的行为。"①行政行为可分为抽象行政行为和具体行政行为,其中具体行政行为是针对特定人或特定事项采取具体的行政措施,直接产生特定的法律效果。具体行政行为包括行政处罚、行政强制、行政许可、行政征收、行政决定、行政合同等多种具体类型。

关于行政"黑名单"的法律属性,有学者认为"行政机关将公民列入'黑名单'的情况非常复杂,但是,行政机关将公民列入'黑名单',只要是以公民违法为前提,并直接导致公民声誉、人身权、财产权等合法权益受到限制或者剥夺的,就是一种行政处罚"②。笔者认为此观点有局限性,也是不周延的。因为行政"黑名单"记录形成并不是都以行政相对人违法为前提的,如《旅游不文明行为记录管理暂行办法》第2条规定,"中国游客在境内外旅游过程中发生的因违反境内外法律法规、公序良俗,造成严重社会不良影响的行为,纳入旅游不文明行为记录"。其中的"良俗"即善良风俗,是指国家社会的存在及其发展所必需的一般道德。如果公民被纳入旅游不文明行为记录,但行为又没构成违法,此时行政"黑名单"当属何种性质?该学者并未说明。另外,根据我国《行政处罚法》规定,行政处罚种类包括:警告;罚款;没收违法所得、没收非法财物;责令停产停业;暂扣或者吊销许可证、暂扣或者吊销执照;行政拘留以及法律、行政法规规定的其他行政处罚等。这其中并不包括"黑名单"记录。如果某游客因其不文明旅游行为而被处以罚款,同时该行为又被纳入不文明旅游行为记录,则罚款当然属于行政处罚,而不文明旅游行为记录只是在行政处罚基础上的制裁附加而已,其本身并不是行政处罚具体形式。因此,目前我国大多数学者对行政"黑名单"法律性质的判定,更倾向于复合性说,即"行政机关公布'黑名单'的行为具有行政处罚、行政强制执行、行政指导、行政许可监管以及行政信息公开等性质,具有多重法律属性"③。据此分析,旅游不文明

①　关保英.行政法与行政诉讼法[M].北京:中国政法大学出版社,2011:64.

②　胡建淼."黑名单"管理制度:行政机关实施"黑名单"是一种行政处罚[J].人民法治,2017(5):83.

③　秦珊珊.行政"黑名单"制度研究[D].南京:南京大学,2013:16.

行为记录也应兼具多种具体行政行为法律属性的复合特点。

2.旅游不文明行为记录隐含的法律风险

如前所述,法律风险是法律实施过程中由于行为人作出的具体法律行为不规范导致的,与其所期望达到的目标相违背的不利法律后果发生的可能性。自驾游客的不文明旅游行为一旦被纳入不文明行为记录后,其不文明旅游行为将会引发道德和法律综合风险。我国《旅游不文明行为记录管理暂行办法》第9条规定,"旅游不文明行为记录信息保存期限为1年至5年,实行动态管理。(一)旅游不文明行为当事人违反刑法的,信息保存期限为3年至5年;(二)旅游不文明行为当事人受到行政处罚或法院判决承担责任的,信息保存期限为2年至4年;(三)旅游不文明行为未受到法律法规处罚,但造成严重社会影响的,信息保存期限为1年至3年"。据此,旅游不文明行为可分为两类:一类是违法行为;另一类是非违法行为。违法的旅游不文明行为记录信息保存时间要长于非违法行为,其隐含的法律风险更大,并具复合性。

旅游不文明行为记录具有行政法意义上的结果制裁性。"所谓制裁性,一般是指公民、法人与其他组织的权利与利益受到具体行政行为的不利影响。"①旅游不文明行为记录的结果制裁性,主要体现为声誉制裁,有时也体现为资格制裁。声誉制裁在行政法上可表述为申诫罚或声誉罚,是指"行政机关向违法者发出警戒,申明其有违法行为,通过对其名誉、荣誉、信誉等施加影响,引起其精神上的警惕,使其不再违法的处罚形式"②。国家行政机关对不文明行为人姓名、性别、户籍,不文明行为表现即所造成影响和后果等信息,向社会公布,从而使公众对其产生负面评价。此种负面评价会对不文明记录行为人产生巨大的心理压力,促使其产生耻辱感。"耻辱是一种受到公众谴责的标志,它使罪犯失去了公众的赞助、祖国的信任和社会所倡导的友爱。"③耻辱感会使不文明行为人迫于社会舆论压力不敢再犯,如此行政行为的制裁功能就得以实现。同时将其不文明行为公之于众,势必会减损行为人声誉,"人们为了自己利益或为了避免惩罚、处罚和痛苦,而遵守法律或使用法律"④,从而达到社会治理效果。需要说明的是,将游客不文明行为纳入社会不良信用记

---

① 朱兵强,喻瑶.旅游不文明行为记录制度的法治化[J].时代法学,2018(3):48.

② 姜明安.行政法与行政诉讼法[M].北京:北京大学出版社,1999:223.

③ 贝卡利亚.论犯罪与刑罚[M].黄风,译.北京:中国法制出版社,2002:63.

④ 劳伦斯·M.弗里德曼.法律制度:从社会科学角度观察[M].李琼英,林欣,译.北京:中国政法大学出版社,2004:80.

录,并不是真正意义上对违法行为的声誉罚,只不过客观上起到了与声誉罚同样的声誉制裁效果。因此,声誉制裁的是行政机关依据社会主流价值标准,所主导的对旅游不文明行为否定性道德评价,而非法律评价。实质上,对于不文明游客来讲,这种否定性道德评价引发的是道德风险,而非法律风险。

对自驾游客而言,旅游不文明行为记录所隐含的真正法律风险是资格制裁。依据《现代汉语词典》解释,资格是"从事某种活动所应具备的条件、身份等"或"由长时间从事某种工作或活动的时间长短所形成的身份"。法律意义上的资格,是指"人从事某种活动的条件,首先包括该行为人享有的法律规定的从事该活动的权利能力和身份,其次还包括行为人本身具备的从事活动的实际能力以及外部环境因素等"①。资格制裁在行政法上也可表述为申诫罚或声誉罚,是指"行政处罚主体剥夺或者限制行政相对人的某些行为能力和资格,使其不能从事某种活动的处罚形式"②。根据我国相关规定,游客被纳入不文明行为记录后,将产生一定社会活动行为或资格被限制后果。例如《北京市旅游不文明行为记录管理暂行办法》(2016年)规定,对不文明游客可采取联合惩戒措施,具体包括旅行社对在记录期内的不文明游客可以不提供服务,不予办理组团出境旅游;记录期过后,经出具遵守文明旅游规定保证书后,旅行社可接受报名参加出境旅游团队;在提供旅游服务时,旅行社可以限制其享受一定的旅游优惠政策;各旅游经营单位在旅游高峰期间,可以限制其购票参观景区、入住酒店、参团旅游;旅游主管部门在审查旅行社出境旅游团队名单时,对在记录期内的不文明游客严格履行审批程序;公安、航空、铁路、机场安检等相关部门对记录期内的不文明游客可依照有关法律法规采取一定的警示约束措施等。同样需要说明的是,将游客不文明行为纳入社会不良信用记录,并对其进行一定社会行为或活动资格,并不是真正意义上的资格或行为处罚,只不过客观上起到了与资格罚同样的资格制裁效果而已。况且根据规定,此种制裁是由旅行社、景区、酒店、公安、航空、铁路和机场等多主体、多部门实际实施的,实践中很难保证其实施效果。因此,对处于不良信用记录期内的不文明游客进行一定行为或资格约束限制,并不能像"暂扣或者吊销许可证或暂扣或者吊销执照"行政处罚一样执行严厉、果断,具有强制性,其实施效果相对柔和,具有弹性。

另外,违法的旅游不文明行为与非违法的旅游不文明行为是有本质区别

---

① 谢雄军.论我国资格罚的立法现状及其完善对策[J].湘潮(下半月),2011(7):19.
② 秦珊珊.行政"黑名单"制度研究[D].南京:南京大学,2013:10.

的。将违法的旅游不文明行为纳入社会不良信用记录,更"体现了责任附加效应"。旅游不文明行为人在受到行政处罚,或法院判决承担民事责任或刑罚后,"惩戒效应也将从现在延伸到未来,延长规制惩戒线,形成惩戒的后续'紧箍咒'效应,将来一旦条件成就,后续附加的惩戒效果就会显现,从而从线的角度体现出了连锁性责任要求"①。因此,将违法的旅游不文明行为纳入社会不良记录,不仅体现了声誉、资格制裁与法律责任的加重附加,还会引发不文明行为的道德与法律风险的叠加。

总之,旅游不文明行为记录隐含的法律风险虽不如民事、行政或刑事法律责任那般严厉、强制,但因其具有声誉与资格制裁双重强制效果,从某角度讲,其对不文明行为人所形成的不利后果可能会更重,不利影响可能也会更大。因此,自驾游客一定要严格规范个人旅游行为,不但要遵纪守法,更要遵守社会公德,如果被纳入旅游不文明行为记录,其隐含的道德与法律风险将无法估量。

二、自驾游文明失范法律风险防范

对自驾游客而言,文明失范即是指旅途中发生了不文明行为。自驾游客的违法不文明行为一旦被纳入旅游不文明行为记录,不仅会引发道德与法律风险叠加,还会导致声誉或行为制裁的效果延伸。非违法行为虽不需承担法律责任,但若被纳入旅游不文明行为记录,自驾游客将面临社会否定性道德评价压力,以及一定时间内的相关社会行为或资格限制。因此,如何防范文明失范法律风险,不仅对自驾游客是全新的社会公德与法律考验,也是我国旅游事业健康发展所面临的新课题。

(一)自驾游文明失范法律风险产生原因

违法的旅游不文明行为,因其行为具有违法性,可能引发合同、侵权、犯罪以及交通等综合法律风险,并会出现风险叠加情形。可能引发合同、侵权、犯罪及交通等法律风险的共同性或特殊性原因,前文相应内容已论述,此处不再赘述。现将针对文明失范具体行为特点,主要从旅游文明、旅游素养和旅游行为规制等视角,剖析旅游不文明行为产生的原因。

1.社会整体精神文明程度有待提升,旅游文明建设刚刚起步

文明是与蒙昧、野蛮相对立的,是人类社会发展到一定阶段的进步状态。

---

① 徐晓明.行政黑名单制度:性质定位、缺陷反思与法律规制[J].浙江学刊,2018(6):75.

"文明时代是学会对天然产物进一步加工的时期,是真正的工业和艺术产生的时期"。人类进入奴隶制社会,就走到"文明时代的门槛了"①。文明可分为物质文明与精神文明两类。旅游涉及的行、游、住、吃、购、娱等要素都需要物质条件提升与改善,故应属物质文明范畴;旅游不文明行为则更多指向旅游者文化、道德素养与行为规范等方面,因此我们通常讲的旅游文明应属于精神文明范畴。"所谓精神文明,不但是指教育、科学、文化这是完全必要的,而且是指共产主义的思想、理想、信念、道德、纪律,革命的立场和原则,人与人的同志式关系,等等。"②"社会主义精神文明是中国特色社会主义的重要特征。必须立足中国现实,继承民族文化优秀传统,吸取外国文化有益成果,建设社会主义精神文明,不断提高全民族的思想道德素质和科学文化素质,为现代化建设提供强大的精神动力和智力支持。"③社会主义精神文明建设,需要提高人民群众思想道德素质和科学文化素质,并应由广大人民群众共同参与创建。

20世纪70年代末,我国开启了改革开放的伟大历史进程,在创造伟大经济成就的同时,也启动了精神文明建设。2018年,适逢改革开放40周年,我国在理论创新、经济建设、政治建设、文化建设、社会建设、生态文明建设、国防和军队建设、祖国统一、外交工作、党的建设等方面都创造了有目共睹的伟大成就,也积累了宝贵经验和弥足珍贵的精神财富。但精神文明建设落后于物质文明建设,却是现实存在且无法回避的客观现实,尤其是与社会主义市场经济相适应的道德规范还没有完全建立,与相对发达的经济成就、生产生活方式相适应的公民文明素养没有及时得到快速提升。此种现状,导致一些社会不文明意识存在和很多不文明行为溢出,如市场经济引发的个人主义、拜金主义和享乐主义在社会公众心中还有极大的存在空间;社会主体的理性自主意识、竞争意识、效率意识、法治观念和创新精神还未普遍树立;社会主义共同理想与核心价值观还没有完全进入公众内心,并转化为自觉行动等。因此,社会整体精神文明程度不高,制约了社会改革与进一步发展,同样也影响了旅游事业发展和旅游文明创建。

改革开放40年,是我国旅游业飞速、井喷、跨越发展的40年。1978年,中国国际旅游接待人数的排位在世界40名以后;1980年国际旅游接待人数

---

①　马克思恩格斯选集(第4卷)[M].北京:人民出版社,1995:23,161.

②　邓小平文选(第2卷)[M].北京:人民出版社,1994:367.

③　江泽民.全面建设小康社会开创中国特色社会主义事业新局面[M].北京:人民出版社,2002:40.

开始进入前 20 名,1988 年进入前 10 名,1999 年起进入前 5 名。1993 年起,国家旅游局开始对我国大陆地区城镇居民国内旅游情况进行抽样调查统计,调查数据显示,1993 年至 2007 年的 15 年间,国内旅游人数从 4.1 亿人次增长到 16.1 亿人次,年均增速达到 10.3%。2018 年,国内旅游人数 55.39 亿人次,比上年同期增长 10.8%。中国公民出境旅游人数 14972 万人次,比上年同期增长 14.7%。目前,我国已经连续多年保持世界第一大出境旅游客源国和全球第四大入境旅游接待国地位,出境旅游人数和旅游消费均列世界第一,对全球旅游业贡献不断提升。我国旅游业用了不到 1/4 世纪的时间,赶上和超过许多国家旅游业发展步伐,已经进入了"大众旅游"时代。然而在旅游业迅猛、火爆发展态势下,旅游不文明现象频发却成为旅游业发展之痛,也促使我国开始将旅游文明建设提上日程。

目前,我国旅游文明建设工作刚刚起步。2006 年,国家旅游局和中央文明办联合颁布《中国公民出境旅游文明行为指南》和《中国公民国内旅游文明行为公约》。2016 年,中央文明委下发《关于进一步加强文明旅游工作的意见》,提出要进一步加强文明旅游工作,提升公民旅游文明素质;同年,国家旅游局根据实施情况将《游客不文明行为记录管理暂行办法》修订为《旅游不文明行为记录管理暂行办法》。此外,我国《旅游法》还规定,国家倡导健康、文明、环保的旅游方式。旅游者在旅游活动中应当遵守社会公共秩序和社会公德,尊重当地的风俗习惯、文化传统和宗教信仰,爱护旅游资源,保护生态环境,遵守旅游文明行为规范。文明建设与文明习惯养成不是一蹴而就的,需要长时间的精神指引,行为引导、约束与控制,才能凝聚、积淀而成。因此,旅游文明工作还需进一步下大力气,需要全民共同参与,才能不断提升公众文明旅游意识,养成文明旅游习惯。如此,才能减少、杜绝旅游失范行为,从而达到规避法律风险之目的。

2.旅游者理性不够,旅游文明素养欠缺

随着经济不断发展,人们的物质生活日益得到满足的同时,精神生活需求也变得重要起来。旅游作为休闲娱乐、放松心情、开阔眼界、寻求精神愉快的一种方式,日益受到人们广泛的欢迎。有些游客不再只满足于欣赏国内的山水风光,许多人产生了到国外亲身体验异域文化、增加知识和丰富阅历的强烈欲求。旅游是一种高尚的生活方式,高端消费方式,因此人们通过旅游活动满足感官需求的同时,更需要理性面对旅游。"旅游,长期以来在西方人类学界普遍被视为'现代朝圣',因为旅游与朝圣在某些方面很相似,即都要去追求某些精神上的东西";"如同朝圣者一般,游客也是从一个熟悉的地方到陌生的地方,而在陌生、遥远的地方,朝圣者和游客都要对神圣不可侵犯的圣地进行朝拜,只是方式不同而已,结果他们都会有某种精神升华的体验"。① 因此,旅游对于游客而言,不仅是追求物质、感官感受,更重要的是精神体验,而精神体验来至于理性思考,是理性选择、升华的结果,而非感性体验所能够替代。

理性,一般指概念、判断、推理等思维形式或发展活动,其含义与感性相对,指处理问题时按照事物发展的规律和自然进化原则来考虑的态度。从经济学角度看,旅行是旅游者消费行为,"是旅游者通过对自然生态环境、社会历史文化的地域'交换',产生消费行为或消费过程"②。"旅游者的消费行为主要表现在对旅游地和旅游产品的信息接收、感知、选择和决策这一过程中。在这一过程中,旅游者会表现出理性或非理性行为。所谓理性消费行为是指消费者在消费能力允许的条件下,按照追求效用最大化原则进行的消费行为。非理性消费行为是指消费者在各种因素影响下作出的不合理的消费决策,它一般表现为消费者不按追求效用最大化进行消费,或是消费时没有考虑收入的约束,或是不按边际效用递减规律进行消费,或是对消费品的判断认识不足等"③。非理性旅游消费行为具体表现为选择旅行社时重价格轻品牌,选择旅游线路避冷趋热,旅游购物不理智,旅游活动中缺乏自我约束,追求感官刺激等。非理性的旅游消费行为会使游客旅游体验降低,与行程预期相差甚远。游客在不知道为什么旅游,对旅游目的地毫无所知的情况下,就盲目踏上旅游行程,对旅途意义与价值的探寻当然也是茫然的。在非理性旅游消费行为驱使下,旅途也就真的陷入"上车睡觉,下车尿尿,景区拍照,途中瞎闹,回家什么也不知道"的尴尬窘境,毫无旅游体验,更不会产生幸福感与获得感。此种情形下,会导致游客旅游心理失衡,极易催生不文明旅游行为。

文明素养,是社会成员个性品质的外部呈现,是社会成员自觉履行权利和义务,并符合公民道德规范的行为表现。一个国家公民的文明素质是衡量国家现代化建设的标尺,可以反映出国家的文化内涵与积淀。旅游文明素养,是指游客在旅游前、中、后的整个过程中,在保护环境、爱护公共财物、遵守秩序、团结助人等多方面所展现出来的文明素质。"旅游是一种从生活世界跨入旅游世界的非惯常环境的体验,这种异地性逃逸和放松体验有可能使得旅游者摘掉人格面具,出现'伦理脱离倾向'或新迪尔凯姆学说中的反常态(anomie)

---

① 杨德爱.旅游与被旅游:大理"洋人街"由来及变迁[D].北京:中央民族大学,2012:16.
② 沈振剑.河南境外旅游者消费行为研究[J].中州学刊,2005(4):43.
③ 朱湖英.论旅游者非理性消费行为[J].商业研究,2007(12):150.

现象,即道德感弱化、占有意识外显和责任约束松弛等情形。"①因此,旅途中会使人产生不同程度的随意、懒惰、放松、没有束缚的心理倾向,这种感觉会令游客感受到异常放松,尤其在团体心理影响下,这种倾向会变得更加突出。一些文明素养不高,对自己约束力不强的游客,极易作出旅游不文明行为,如随处抛丢垃圾、废弃物,随地吐痰、擤鼻涕、吐口香糖,上厕所不冲水,不讲卫生留脏迹;无视禁烟标志想吸就吸,污染公共空间,危害他人健康;乘坐公共交通工具时争抢拥挤,购物、参观时插队加塞,排队等候时跨越黄线;在车船、飞机、餐厅、宾馆、景点等公共场所高声接打电话、呼朋唤友、猜拳行令、扎堆吵闹;在教堂、寺庙等宗教场所嬉戏、玩笑,不尊重当地风俗;大庭广众之下脱去鞋袜、赤膊袒胸,把裤腿卷到膝盖以上、翘"二郎腿",酒足饭饱后毫不掩饰地剔牙,卧室以外穿睡衣或衣冠不整,有碍观瞻;说话脏字连篇,举止粗鲁专横,遇到纠纷或不顺心的事大发脾气,恶语相向,缺乏基本社交修养;在不打折扣的店铺讨价还价,强行拉外国人拍照、合影;涉足色情场所、参加赌博活动;不消费却长时间占据消费区域,吃自助餐时多拿浪费,离开宾馆饭店时带走非赠品,享受服务后不付小费,贪占小便宜等。因此,提倡理性旅游,提高游客文明素养,对减少旅游文明失范行为,规避法律风险意义重大。

3.旅游文明规范不完善,强制性不够,不利于旅游行为约束

我国旅游文明建设刚刚起步,旅游文明规范还不够完善。目前,我国仅有《旅游法》对文明旅游进行了概括性规定;《中国公民出境旅游文明行为指南》和《中国公民国内旅游文明行为公约》又是仅具旅游行为指引意义的道德规范;《旅游不文明行为记录管理暂行办法》、《民航旅客不文明行为记录管理办法(试行)》和《铁路旅客信用记录管理办法(试行)》仅属于规范性文件;而《关于建立完善守信联合激励和失信联合惩戒制度加快推进社会诚信建设的指导意见》《关于进一步加强文明旅游工作的意见》《关于加强交通出行领域信用建设的指导意见》等,仅属于"红头政策"文件。由此可见,关于旅游文明的规范文件不仅缺漏严重,而且政出多门,相互重叠,仍没有一部关于旅游文明建设的专门法律法规。这对旅游文明创建工作是极为不利的。

目前,笔者在国家文化与旅游部官网上查询,自原国家旅游局2015年12月16日开始发布旅游(游客)不文明记录以来,截止到2019年3月24日仅有34例不文明记录,其中33例是游客,1例是导游。也就是说3年间,每年仅有十几例旅游不文明行为被纳入社会不良信用记录,这与我们的旅游实感、媒体

---

① 林德荣,刘卫梅.旅游不文明行为归因分析[J].旅游学刊,2016(8):8.

报道之实际状况相去甚远。此数据表明,《旅游不文明行为记录管理暂行办法》在现实中并没有被重视,也没有发挥打击旅游不文明行为的实际功效。另外,依据《旅游不文明行为记录管理暂行办法》(以下简称《办法》),将游客不文明行为纳入社会不良信用记录,并对其进行一定社会行为或活动资格限制,仅会对不文明行为人产生一种不利的制裁后果,并不是真正意义上的行政处罚。况且依规定,此种制裁是由旅行社、景区、酒店、公安、航空、铁路和机场等多种主体,多个部门实际实施的,实践中很难保证该《办法》能够得到严格执行。即使能够得到执行,也很难保证其具有同"暂扣或者吊销许可证或暂扣或者吊销执照"等行政处罚一样的严厉、果断、强制性的实施效果。因此,此种实际实施效果无法对旅游不文明行为产生震慑力,也不利于对游客旅游行为进行有效约束,使其隐含的法律风险极易发生。

(二)自驾游文明失范法律风险防范

对自驾游客违法的旅游不文明行为,可能引发的合同、侵权、犯罪以及交通等法律风险防范,前文已经论述。此处主要从理性旅游、旅游文化素养和旅游伦理等视角,探寻如何防范旅游文明失范法律风险。

1.自驾游客要领悟旅游真谛,理性旅游

"探险旅游""观光旅游""文化旅游""度假旅游""休闲旅游""文化旅游"等,"这些旅游形式具有的共同属性便是它们都是人们寻求心理满足的一种体验形式。旅游行为之所以发生,就是潜在旅游者存在心里失衡。各种旅游形式的体验活动正是为了满足自己的心理欲望,调整自己的心理状态"①。旅行是一种心态的调整,当我们心情烦躁的时候,旅行就成了解决烦心事的一个方法。旅行中,我们可以看看美好的世界,换一个不一样的环境去生活,可能会静下心来想更多的东西。因此,"旅游的基本出发点,整个过程和最终效应都是以获取精神享受为指向"②。"旅游的根本目的在于寻求愉悦体验,这是旅游本质的规定性,是所有旅游都具备的统一内核。"③旅游作为旅游主体通过与外部世界取得暂时性的联系,从而改变其心理水平并调整其心理结构的活动,正是一种通过旅游行为获得自身对外部世界体验的过程。旅游体验是一种内容丰富的体验,既有天伦之乐,也有人伦之乐;既有精神享受,也有肉体欢娱;既有依附于事物表面的观察,也有沉湎于理性世界的深思。因此,我们应

---

① 龙江智.从体验视角看旅游的本质及旅游学科体系的构建[J].旅游学刊,2005(1):22.

② 冯乃康.中国旅游文学论稿[M].北京:旅游教育出版社,1995:2.

③ 谢彦君.基础旅游学[M].北京:中国旅游出版社,1999:45.

理性规划旅游生活,实现最大化的旅游体验与精神享受,从而减少不明文行为。

首先,要理性选择自驾游。自驾游较之于一般旅游活动,在身体健康、经济条件与消费层次、团队合作、车辆以及驾驶技术等方面要求较高。因此,不能感情用事,亦不能毫无准备,要理性选择自驾游。对于身体不是很好的游客,建议应选择强度较小的休闲游或深度游,以及可以得到较多照顾的团队游,这样在游憩之余即可获得旅游乐趣体验;如果对自驾游情有独钟,建议可以进行短途游,并且尽量搭乘他人车辆,自己不要开车;如果自己提供自驾车辆,最好让团队中的老司机驾驶。对于经济条件不是很好或秉承"穷游"观念的游客,应注重组团成员的旅游消费偏好,不要因为消费层次与习惯不同而影响旅游心情。对于性格孤僻,缺乏团队精神的游客,尽量不要与陌生人组团出游,尽量选择与家人、好友一起自驾,这样会比较容易沟通、交流。对于缺乏冒险精神的游客,建议不要盲目选择探险游,否则会因身体与精神疲惫或过度劳累,致使旅程沮丧。对于资深自驾游客,应根据自己喜好和旅游价值取向,尽量选择冷门旅游目的地,以避开人流车海,增加旅游乐趣。

其次,要尽量选择错峰出游。相关数据显示,假日游和短期游是我国当前自驾游的主要形式。由于我国假日安排过于集中,加之节假日高速免费通行政策等原因,致使假日游持续火爆,导致旅游高峰期矛盾凸显。"堵车、宰客、拥挤、人海"已成为假日游代名词,假日游也因人多、车多、消费高、体验差、不文明旅游行为等痛点频发,而备受诟病。错峰出游是要避开旅游高峰期,选择淡季、人少时出游。错峰出游人少、车少,游客可以充分享用道路、停车场、景区、酒店等公共旅游资源与设施,可享受到较全面、周到的服务,还可以降低旅游成本。因此,错峰出游是增加旅游体验与精神享受的最佳选择。

再次,要理性购物。按时下通常认识,旅游购物就意味着上当、受骗。其实也并不尽然,关键是否做到了理性购物。购物即是一种消费行为,无关时间与场合,只要是消费者需要,何时何地均可购物。旅游之本质是为实现精神享受与体验,购物只是附带产生之行为,切莫本末倒置。旅途中购物可能会因为买卖双方信息不对等,导致盲目性购物、高价购物甚至上当受骗。同时旅途购物还会带来携带、保管、运送等诸多不便,会占用自驾车一定承载空间。因此,建议游客旅途中尽量不要购物,尤其是化妆品、药品、金银玉器等价值较高商品。如确有需要,或是一些特殊产地物品、特殊纪念品,当然也可以购买,但最好要货比三家,在详细了解商品信息后,再行购买。

2.自驾游客要提升旅游文化素养

"在空间上,旅游世界总是生活世界的一种暂时的隔离,先是离开它,然后再回归它;在这个背离和回归的过程中,旅游者发生了变化。"①古人云:"智者乐水,仁者乐山。"旅途中旅游者进入自己心之向往的陌生地域,以全新视角和态度重新认识现实世界,感受山河之美丽、世界之美好,心灵得以净化,美好心情与愉悦情感就会油然而生。美好心情与愉悦情感,不仅孕育旅游者高尚之情操,恬淡豁达之性格,还会提升旅游者审美、鉴赏能力和旅游文化素养。

旅游作为一种以文化内涵为主的综合性社会文化活动,属社会文化观象,其本质是满足旅游者文化审美需求。旅游资源、旅游产品、旅游服务和旅游者都赋有一定的文化内容或背景。从游客角度出发,"旅游文化是游客在旅游过程中通过自身行为所反映出来的一切文化现象和结果"②。"当代旅游实际上是一种文化消费行为,旅游者的动机和目的在于获得心理上的满足和精神上的享受,是旅游活动参与者的文化心态及其在观念形态上的表现,包括社会心理和社会意识形态,由价值观念、审美追求、道德情感、思维方式等主体因素构成。"旅游文化"反映了人们的想法和现实生活状况:当下社会中的人们是如何看待旅游这一行为的,旅游这一行为在他们的生活中具有怎样的功能,人们为什么会去旅游,他们希望通过旅游得到什么,而他们亲身去经历的时候又会与想象中的实践行为有何偏差,等等"③。旅游文化折射出特定游客对旅游文化消费的一种态度和愿望。它既包括针对有形旅游内容的观点,如对导游、景点、酒店、餐饮、交通等相关旅游要素的看法与评价,也包括对无形的文化成分持有的态度,如游客以某种方式利用和消费某种旅游资源和旅游产品。不同游客对旅游各要素持有的旅游文化观不同,其对外展现出来的旅游行为也相同。因此,提升游客旅游文化素养与层次,对减少不文明旅游行为,推进文明旅游工作意义重大。

首先,应围绕旅游活动之本质,提升文化修养,以增强旅游精神愉悦感。旅游活动是高层次的文化活动,是人们为了获得某种精神满足而进行的一项

---

①　谢彦君,谢中田.现象世界的旅游体验:旅游世界与生活世界[J].旅游学刊,2006(4):14.

②　黎健.中外游客的旅游文化观对比研究[J].湖北经济学院学报(人文社会科学版),2011(6):136.

③　王瑾.当下的旅游文化与中国人的精神生活:以"西藏热"为例[D].上海:华东师范大学,2014:4,6.

社会活动。"旅游者首先是具有一定素质的社会文化人,是有一定精神文化需求的消费者","产生旅游动机和需求的前提是旅游者的社会文化素养,所以旅游者是在一定社会文化背景下产生的,是文化驱使的结果"。① 因此,要提升自驾游客旅游文化素养,实质上就是要提高社会文化素养。要懂得旅游之本质非单纯追求感官刺激,而是一场放逐心灵的精神文化之旅。要懂得为什么旅游,想要在旅游中得到什么,不要片面、单纯地说走就走。旅游要身随心动,要依据不同心境选择不同旅行地与旅游方式,不要跟风,要理性旅游。

其次,要善于接受异域文化,展现旅游文化素养。异域性是旅游活动固有之特点,在旅游发展中也就逐渐孕育了"跨文化旅游"现象。"跨文化旅游,是指荷载着至少一种文化的旅游者到具有不同文化背景的旅游目的地从事旅游活动所引起的现象和关系的总和。"② 自驾游客一定要尊重异域文化,并善于接受旅游目的地文化,如此才能获得丰富别样的旅游体验。如果对有别于自身文化习惯的异域风情无法接受,从根本上说就是缺少旅游精神,缺少旅游文化最起码的基础与修养,根本就不适合进行旅游活动,更不要谈什么旅游体验与感受了。因此,只有对不同文化持有一颗包容的心,才能发现其中的美,也就能从中获得精神愉悦感。

再次,要为旅行做好文化储备,提高旅游获得感。自驾游客在做好行程具体安排后,就要下大力气储备行程中需要的相关文化知识。要了解旅程途径地、目的地的风土人情、风俗习惯和信仰崇拜等,这样才能做到入乡随俗。要了解景区、风景名胜相关历史掌故,提前做好功课,避免走马观花。要了解目的地人文地理和历史传承,知悉游览景区的重点、核心景点以及一些注意事项,避免旅游空转。要理解地方特色美食、饮食习惯,提升旅游饮食文化品位。如此才能将"中国式旅游"变成"高大上"的文化体验之旅。

3.自驾游客要自觉遵守旅游伦理规范

旅游活动会引发广泛而复杂的伦理关系。"旅游伦理是人们在旅游活动中所应遵循的道德规范的总和。"③旅游伦理意义与价值在于为社会提供旅游行为的道德评价体系和规范准则,以指导、规范旅游者个体和群体的旅游行为。因此,自驾游客一定要自觉遵守旅游伦理规范,避免不文明旅游行为发生,从而规避文明失范法律风险。"旅游伦理规范是一个复杂的系统,按其所

---

① 王昕.浅谈旅游文化的内涵挖掘[J].中共福建省委党校学报,2002(4):74.

② 田穗文,龙晓明.旅游发展中的跨文化研究[J].经济与社会发展,2003(7):30.

③ 李天元,王连义.旅游学概论[M].天津:南开大学出版社,1999:154.

协调的基本关系,应包括在处理人和自然的关系上,要求人们尊重自然、保护环境,确保旅游的可持续发展;在对待历史文物方面,要求人们做到尊重历史、保护文物古迹;在处理人与人的关系上,要求人们做到尊重关爱他人,诚实守信;在对待身心关系上,要做到自尊自重,自律自爱等四方面内容。"①

第一,自驾游客要尊重自然、保护环境,确保旅游的可持续发展。自然界为人类提供赖以生存的生产资料和生活资料,人作为自然存在物,依赖于自然界,"人与自然是生命共同体"。因此,人类发展活动必须尊重自然、顺应自然、保护自然。近些年,越来越多的旅游者愿意到大自然中游览,催生了"生态旅游"热潮。生态旅游过程中,游客在观赏和游览古今文化遗产的同时,置身于相对古朴、原始的自然区域,可尽情考察和享乐旖旎风光和野生动植物。生态游目的在于亲近自然、享受无污染的自然环境、认识自然、增长环境自然保护的知识。因此,游客不应以牺牲环境为代价,更不应剥夺后代人本应合理地享有同等旅游资源机会;要热爱自然,保护环境,要与自然和谐相处,如此才可实现生态旅游可持续发展。

第二,自驾游客要尊重历史、保护文物古迹。文物是历史文化的载体,也是历史的见证,保护文物,不只是文化传承的需要,也是对过往历史的尊重。实践中,通过对文物古迹资源进行保护性旅游开发,可使更多人认识文物古迹,了解文物古迹价值,使游客在游玩参观过程中受到教育,树立文物保护意识。因此,游客应了解文物古迹的重要性和价值,要自发自觉地保护文物古迹。这样才能实现文物古迹的旅游开发与保护工作的相互促进、相互协调。

第三,自驾游客尊重关爱他人,诚实守信。旅游过程中,游客会与旅伴、交易者或目的地居民间,发生一种暂时性、平行性交往活动。旅游交往可以增长见识、丰富知识结构,获得愉悦的精神享受,促进文化交流。旅游者通过旅游交往,可以沟通不同民族、不同文化背景下人们的思想感情,从而获得期望的精神享受;可以获得旅伴、目的地居民以及旅游服务企业员工的理解、支持和帮助,增强旅游体验。游客在旅游交往过程中,一定要在彼此尊重的前提下进行活动与联系,要尊重彼此宗教信仰自由、文化言论自由、意识形态自由以及生活方式、民风习俗、世界观和人生观,不可蔑视、轻视、干涉他人生活。在旅游交往中,要尽可能互帮互助,团队中游客不可过多地因兴趣爱好、旅游线路、游览购物时间等方面产生过多争执,以免造成不愉快,影响旅游体验与感受。

第四,自驾游客要自尊自重,自律自爱。"规范就是通过'应该'(ought to

---

① 刘海鸥.旅游伦理论纲[J].湖南师范大学社会科学学报,2007(2):21-22.

be)这一形式表达出来的行为规则。"①伦理规范,是伦理关系和伦理实体的性质、价值精神与取向的集中体现,并制度化、外化为实体成员应当恪守的规则和准则。伦理规范关涉社会生活,以及人们之间关系,具有通过评价、赞同和规定,改变人们态度、行动、倾向和品质的特征,伦理规范的规定和要求具有权威性和约束性。自驾途中,游客不要用自己的价值观衡量别人,而应时刻明白自己的游客身份,保持良好的文化修养,做文明游客;要加强自我行为约束,要时刻记得自己是外来闯入者,不要反客为主,要谨言慎行;要做到自尊自重,自律自爱,要对旅游目的地环境与人们保持必要的理解与尊重,尽量融入当地生活,以获得深度旅游体验。旅游结束后,不要留下任何不良影响,正如徐志摩先生《再别康桥》中所云"轻轻的我走了,正如我轻轻的来;我轻轻的招手,作别西天的云彩。……悄悄的我走了,正如我悄悄的来;我挥一挥衣袖,不带走一片云彩"。心境如此美好,才是真正实现了旅游之真谛,达到了旅游之最高境界。

---

① 赵汀阳.论可能生活[M].北京:三联书店,1994:26.

第七章　自驾游边境管理法律风险防范

边境地区受国境两边不同社会、经济、制度环境影响,体现了整体环境的差异性与异域性。目前,我国边境地区因具有边界、边城、边贸、边民、边关、边景和边地等旅游文化特征,越来越深受旅游者青睐,也催生了"边境游",并日益成为众多自驾游客的向往之地。

一、自驾游边境管理法律风险

(一)边境旅游管理

1.边境与边境管理

边境,又称边境地区,不仅指边境线,而且指地理上邻近他国(或地区)边界或国界的一定区域范围。"边境主要区分为陆地边境以及海洋边境。陆地边境是指相邻国家的陆地相邻的区域,通过划定陆地边境来具体划分国家的领土;海洋边境包括国家与国家之间的海洋边境以及国家海洋的领土与公海之间的边境。"①通常所讲的边境或边境地区,一般是指陆地边境。目前,关于陆地边境地区的具体范围没有统一认识与规定,国际上一般将边境区确定为边界(边境线)两侧15～20公里的一条带状区域。

我国陆地与周边14个国家接壤,陆地边界长达2.2万多公里。我国陆地边境地区存在于辽宁、吉林、黑龙江、内蒙古、甘肃、新疆、西藏、云南和广西9省(区)。目前,这些省(区)都制定了边境管理地方法规,其中对边境地区的界定虽大同小异,但还略有差别。根据上述各省区界定,我国边境地区"就是与相邻国家接壤的地级市、县(旗)行政管辖范围的边疆领土,它包括边境地市(盟)、县(旗)、边境管理区、边境地带、边境特殊控制区域等"②。其中的边境管理区,是指沿国(边)界的县、乡(镇)行政区域;边境地带,是指紧靠国(边)界线2千米以内的区域;边境特定区域,是指口岸、边境通道、边境临时警戒区、边境互市贸易区(点)、边境旅游景区(点)等区域。2011年6月,国务院办公厅发布《兴边富民行动规划(2011—2015年)》,将边境地区范围确定为内蒙

---

① 张岳.中华人民共和国边境管理区通行证管理办法[M]//中国法律年鉴,2000:367.

② 徐黎丽,那仁满都呼.现代国家"边境"的界定[J].中国边疆史地研究,2018(3):86.

古、辽宁、吉林、黑龙江、广西、云南、西藏、甘肃、新疆等 9 省（区）的 136 个陆地边境县、旗、市、市辖区，以及新疆生产建设兵团的 58 个边境团场。

边境地区是国家（或地区）之间缓冲地带，比较容易受到国家间关系、边境地区稳定、邻国战争、汇率变化、文化冲突等方面影响，加之人员、民族状况复杂，各国都会采取较严格措施对其进行严格管理。目前，我国已经制定了《出境入境管理法》《边境旅游暂行管理办法》《边境管理区通行证管理办法》等法律法规；沿边 9 省（区）也分别制定了边境管理地方法规，如《辽宁省边境沿海地区边防管理条例》《吉林省边境管理条例》《黑龙江省边境管理条例》《内蒙古自治区边境管理条例》《甘肃省边境管理条例》《新疆维吾尔自治区边境管理条例》《西藏自治区边境管理条例》《云南省边境管理条例》《广西壮族自治区公安边防管理办法》等。此外，与边境管理相关的还有国务院《关于支持沿边重点地区开发开放若干政策措施的意见》（国发〔2015〕72 号）、《关于印发兴边富民行动规划（2011—2015 年）》（国办发〔2011〕28 号）等政策文件。

我国《边境管理区通行证管理办法》第 2 条规定，"国家在陆地边境地区划定边境管理区（含深圳、珠海经济特区），实行《中华人民共和国边境管理区通行证》（以下简称《边境通行证》）验查管理制度"。边境管理区地域范围小于边境地区，是指在边境地区划定一定范围并予以公布，实行特殊管理的区域。具体包括沿国（边）界的乡（镇）、农牧团场管辖区域及边境地带、口岸、边境通道、跨境经贸合作区、边境特别控制区、边民互市贸易区（点）、旅游景区（点）等区域。依照相关规定，凡常住边境管理区年满 16 周岁的中国公民，凭《居民身份证》在本省、自治区的边境管理区通行；前往其他省、自治区的边境管理区，须持《边境通行证》；凡居住在非边境管理区年满 16 周岁的中国公民，前往边境管理区，须持《边境通行证》；凡经由边境管理区出入国（边）境的人员，凭其出入境有效证件通行；外国人、无国籍人前往未对外国人开放的边境管理区，须持公安机关签发的《外国人旅行证》；海外华侨、港澳台同胞前往未对外开放的边境管理区，须持《国境通行证》；中国人民解放军和中国人民武装警察部队官兵进出边境管理区，须分别持《军人通行证》《警察通行证》和本人有效证件；驻在边境管理区内的中国人民解放军和中国人民武装警察部队官兵，凭本人有效证件进出边境管理区。

2.边境旅游

边境地区因具有边界、边城、边贸、边民、边关、边景和边地等旅游文化特征，越来越深受旅游者青睐，并催生了"边境游"。2014 年 12 月，中国科学院地理科学与资源研究所发布了《中国边境旅游发展报告》（以下简称《报告》）。

该《报告》中指出,我国是陆地领土大国,神秘的国境线,独特的自然风光,悠久的历史遗存,奇异的民族风情以及和平友好的外交关系,使我国边境地区拥有发展旅游业的独特魅力。我国边境旅游兴起于 20 世纪 80 年代中后期。目前,我国边境旅游发展呈现出旅游市场增长势头强劲,区域间差异较大;旅游资源汇集诸多名山大川,民族风情异彩纷呈;旅游产品以观光购物为主导,复合化转型不断提速;口岸城市类型多样,口岸旅游发展迅速;次区域旅游合作全面展开,逐步加深;优惠政策高度集聚,开放力度不断加大等特征。该《报告》同时列出了当前我国边境游十强县,分别是景洪市、腾冲市、瑞丽市、漠河县、珲春市、振兴区、满洲里市、东港市、东兴市、凭祥市。然而在边境游火爆发展的同时,我们应该看到,目前我国边境地区除少数经济较发达的边贸城区外,多属于老区、少数民族聚居区和贫困地区。很多地方经济还欠发达,旅游设施不够完善,道路交通不通畅,一般情况下传统旅行社组团旅游不会,也不愿意到达此处,而自驾游却恰恰更适合边境旅游。因此,"边境游"也日益成为自驾达人的心之向往之地。

边境旅游,是指"旅游者通过边境口岸在他国规定区域和时间内所进行的跨境旅游活动或在边境地区进行的旅游活动,边境旅游一般包含边境地区游和沿边跨境游两个方面"①。本书对自驾游的研究仅限于国内,不涉及境外自驾游。当前,国家从边疆稳定,扩大开放,精准扶贫和"一带一路"建设等方面,都十分重视边境地区旅游开发,并把旅游业作为富民兴边的支柱产业与新经济增长点。2011 年,国务院发布《关于印发兴边富民行动规划(2011—2015年)》(国办发〔2011〕28 号),其中提出要加强边境地区旅游点公路建设;要依托旅游资源优势,推动文化与旅游的深度融合;要大力培育开发具有边境特色的重点旅游景区和线路,鼓励发展边境旅游、民族特色村寨旅游、休闲度假旅游、生态旅游、探险旅游、农业旅游等特色旅游。2015 年,国务院出台《关于支持沿边重点地区开发开放若干政策措施的意见》(国发〔2015〕72 号),指出要提升旅游开放水平,促进边境旅游繁荣发展;鼓励发展特色旅游主题酒店和特色旅游餐饮,打造一批民族风情浓郁的少数民族特色村镇。新增建设用地指标适当向旅游项目倾斜,对重大旅游项目可向国家主管部门申请办理先行用地手续;积极发展体育旅游、旅游演艺,允许外资参股由中方控股的演出经纪机构;加强沿边重点地区旅游景区道路、标识标牌、应急救援等旅游基础设施和服务设施建设;支持旅游职业教育发展,支持内地相关院校在沿边重点地区

---

① 韦国兆.广西崇左市边境旅游开发对策研究[D].昆明:云南大学,2008:9.

开设分校或与当地院校合作开设旅游相关专业,培养旅游人才等。

　　旅游活动具有综合性、不确定性等特征,极易受自然、人文、社会安全等因素影响,加之边境地区较之于其他地区,更容易受到国家间关系、边境地区稳定、邻国战争、汇率变化和文化冲突等因素影响。因此,国家对边境旅游管理相对较严格。1996 年,国务院就颁布了《边境旅游暂行管理办法》;1999 年,公安部发布《边境管理区通行证管理办法》。自驾进入边境地区旅游,旅行者必须遵守边境管理相关规定,尊重少数民族与异域风土人情,遵从风俗习惯,保护民族与地方文化,维护边境地区秩序。如此,才能实现民族特色村寨、休闲度假、生态、探险和农业等特色旅游体验之目的。不然,则可能引发边境管理法律风险。

　　(二)自驾游客违反边境管理的旅游行为

　　边境旅游的兴起与持续火爆,也导致边境违法行为、犯罪行为大幅攀升,这些违法行为严重危害了国家边境管理秩序,会引发一定法律风险。对自驾游客而言,自驾途中可能出现的边境管理违法行为主要有以下四种。

　　1.携带、载运、散播含有危害国家安全、破坏民族团结内容的报刊、书籍、图片、音像制品、电子产品等违禁物品

　　我国《出版管理条例》规定,出版物包括报纸、期刊、图书、音像制品、电子出版物等。出版物有合法出版物、违法出版物和违禁出版物之分。"我国认定非法出版活动采用的是形式标准,与出版物的内容没有联系,即未经出版行政管理部门批准的复制、发行行为都是非法出版,非法出版活动的产物一定是非法出版物。需说明的是,合法出版活动的结果不一定都是合法的出版物。这些形式合法、内容违法的出版物称为违禁出版物,即内容违反 2001 年《出版管理条例》第 26 条和 27 条规定的出版物。"[①]我国《出版管理条例》规定,任何出版物不得含有反对宪法确定的基本原则;危害国家统一、主权和领土完整;泄露国家秘密、危害国家安全或者损害国家荣誉和利益;煽动民族仇恨、民族歧视,破坏民族团结,或者侵害民族风俗、习惯;宣扬邪教、迷信的;扰乱社会秩序,破坏社会稳定;宣扬淫秽、赌博、暴力或者教唆犯罪;侮辱或者诽谤他人,侵害他人合法权益;危害社会公德或者民族优秀文化传统;以及法律、行政法规和国家规定禁止的内容。含有上述内容出版物,即是违禁出版物。违禁出版物主要包括政治错误性出版物、淫秽出版物、色情出版物、夹杂淫秽色情内容

---

　　① 　崔明伍,潘文年.非法出版物法律问题浅探[J].出版科学,2009(5):48.

出版物、宣传封建迷信出版物和宣传凶杀暴力出版物等。自驾游客到边境地区旅游,可能涉及的违禁出版物主要是政治性错误出版物,以及包含危害国家统一、主权和领土完整,泄露国家秘密、危害国家安全或者损害国家荣誉和利益,煽动民族仇恨、民族歧视,破坏民族团结,或者侵害民族风俗、习惯等内容的违禁出版物。其中的政治错误性出版物,是指内容违宪、有严重政治错误的,宣传"法轮功"等邪教,攻击我国社会主义制度和共产党领导等四项基本制度的出版物。

目前,我国西藏对边境地区违禁出版物管理较严格。全国沿边 9 省(区)也只有《西藏自治区边境管理条例》中有规定,任何组织和个人在边境地区不得携带、载运、散播含有危害国家安全、破坏民族团结内容的报刊、书籍、图片、音像制品、电子产品等违禁物品。此外,我国《出版物市场管理规定》规定,任何单位和个人不得发行含有《出版管理条例》禁止内容的违禁出版物。《治安处罚法规定》第 47 条规定"煽动民族仇恨、民族歧视,或者在出版物、计算机信息网络中刊载民族歧视、侮辱内容的,处 10 日以上 15 日以下拘留,可以并处 1000 元以下罚款"。我国《刑法》规定,煽动民族仇恨、民族歧视,情节严重的,构成煽动民族仇恨、民族歧视罪,处 3 年以下有期徒刑、拘役、管制或者剥夺政治权利;情节特别严重的,处 3 年以上 10 年以下有期徒刑。在出版物中刊载歧视、侮辱少数民族的内容,情节恶劣,造成严重后果的,构成出版歧视、侮辱少数民族作品罪,对直接责任人员,处 3 年以下有期徒刑、拘役或者管制。《最高人民法院关于审理非法出版物刑事案件具体应用法律若干问题的解释》规定,明知出版物中载有煽动分裂国家、破坏国家统一或者煽动颠覆国家政权、推翻社会主义制度的内容,而予以出版、印刷、复制、发行、传播的,以煽动分裂国家罪或者煽动颠覆国家政权罪定罪处罚;出版刊载歧视、侮辱少数民族内容的作品,情节恶劣,造成严重后果的,以出版歧视、侮辱少数民族作品罪定罪处罚。

2.未持有效证件出入边境管理区,或伪造、变造、买卖各类边境通行证件

"边境管理区特殊的地理位置和政治敏感性,使得国家对其实行区别于内地的,较为严格的通行检查制度,即对进出边境管理区的人员和交通工具,实行通行检查,有条件地准许进出边境管理区。"① 我国《边境管理区通行证管理办法》第 2 条规定,"国家在陆地边境地区划定边境管理区(含深圳、珠海经济特区),实行《中华人民共和国边境管理区通行证》(以下简称《边境通行证》)验

---

① 李玉洁.云南边境管理区通行管理的现状与思考[J].广西警察学院学报,2018(1):98.

查管理制度"。凡进出边境管理区人员,均需持有效边境通行证件。

边境管理区通行证,是进出我国边境管理区人员的通行证明。《边境管理区通行证》由公安部统一印制,分为汉文、蒙汉、维汉、藏汉四种文字版。前往边境管理区的人员须持《边境通行证》等有效证件,经边防公安检查站、铁路公安部门查验后,才能进入边境管理区。边境管理区证件依据申请人不同,分为不同种类。中国公民申请并持有的是《边境通行证》;外国人、无国籍人前往未对外国人开放的边境管理区,须持公安机关签发的《外国人旅行证》;海外华侨、港澳台同胞前往未对外开放的边境管理区,须持《国境通行证》;中国人民解放军和中国人民武装警察部队官兵进出边境管理区,须分别持《军人通行证》《武装警察通行证》。我国《边境管理区通行证管理办法》规定,凡年满 16 周岁的中国公民前往边境管理区,参加科技、文化、体育交流或者业务培训、会议;从事考察、采访、创作等活动;从事勘探、承包工程、劳务、生产技术合作或者贸易洽谈等活动;应聘、调动、分配工作或者就医、就学;探亲、访友、经商、旅游;以及有其他正当事由必须前往的,应当申领《边境通行证》。因此,游客到边境地区自驾游,尤其需要进入边境管理区的,就应依规办理《边境通行证》,否则将会引发多种法律风险。

根据《公安部关于公布全国边境管理区地名的通知》(公边〔1999〕4 号)规定,需要办理《边境通行证》的边境管理区的地方如下:

黑龙江省包括大兴安岭地区(呼玛县、漠河县、塔河县)、黑河市(孙吴县、爱辉区、逊克县)、伊春市(乌伊岭区、汤旺河区、新青区、上甘岭区、友好区、嘉荫县)、鹤岗市(萝北县、绥滨县)、佳木斯市(同江市、抚远县)、双鸭山市(饶河县)、鸡西市(鸡东县、密山市、虎林市)、牡丹江市(穆棱市、东宁县、绥芬河市);新疆维吾尔自治区包括哈密地区(哈密市、伊吾县、巴里坤县)、昌吉回族自治州(木垒县、奇台县)、阿勒泰地区(青河县、富蕴县、福海县、阿勒泰市、布尔津县、哈巴河县、吉木乃县)、塔城地区(和布克赛尔县、额敏县、塔城市、裕民县、托里县)、博尔塔拉蒙古自治州(阿拉山口行政区、博乐市、温泉县)、伊犁地区(霍城县、布查尔县、昭苏县)、阿克苏地区(温宿县、乌什县)、克孜勒苏柯尔克孜自治州(阿图什市、乌恰县、阿合奇县、阿克陶县)、喀什地区(塔什库尔干县、叶城县);西藏自治区包括日喀则地区(仲巴县、萨嘎县、聂拉木县、定日县、康马县、亚东县、岗巴县、定结县、吉隆县)、山南地区(错那县、隆子县、洛扎县、浪卡子县)、林芝地区(米林县、朗县、察隅县、墨脱县)、阿里地区(普兰县、札达县、日土县、噶尔县);广西壮族自治区包括那坡县、靖西县、大新县、龙州县、宁明县、防城区、凭祥市、东兴市;广东省包括深圳市、珠海市以及深圳市的沙头角镇、珠海市的茂生围为边防禁区；云南省包括文山自治州（富宁县、麻栗坡县、马关县）、红河自治州（河口县、金平县、绿春县）、西双版纳自治州（勐腊县、景洪市、勐海县）、德宏自治州（潞西市、瑞丽市、陇川县、盈江县、梁河）、怒江自治州（泸水县、福贡县、贡山县）、思茅地区（孟连县、江城县、澜沧县、西盟县）、临沧地区（沧源县、耿马县、镇康县）、保山地区（龙陵县、腾冲县）；甘肃省包括肃北蒙古族自治县（马鬃山镇）；内蒙古自治区包括阿拉善盟（额济纳旗）、阿拉善右（塔木素布格、笋布尔苏木）、阿拉善左旗（银根、乌力吉苏木）、巴彦淖尔市（乌拉特后旗、乌拉特中旗）、包头市（达尔罕茂明安联合旗）、乌兰察布盟（四子王旗）、二连浩特市（苏尼特左旗、阿巴嘎旗、东乌珠穆沁旗）、兴安盟（科尔沁右翼前旗、阿尔山市）、呼伦贝尔市（新巴尔虎左旗、新巴尔虎右旗、满洲里市、陈巴尔虎旗、额尔古纳市）。

目前，上述边境管理区有些地名已经改变，有些实际管理措施也发生了一些变化。2018 年，笔者曾自驾黑龙江和内蒙古部分边境地区，就未曾办理边境通行证，一路上通行、住宿都未被查验边防通行证件。但还是要提醒自驾游客，在进入上述区域前，一定要问清楚需不需要办理边境通行证。如需要，最好在出行前就在当地办好，要做到从容出行，有备无患。

自驾游客申领《边境通行证》，应当向常住户口所在地县级以上公安机关或者指定的公安派出所提出申请，也可以到旅游目的地，在进入边境管理区之前向当地公安机关申领。申请人只需交验本人居民身份证或者其他有效证件即可。如果申请人是刑事案件的被告人和公安机关、国家安全机关、人民检察院或者人民法院认定有犯罪嫌疑的人员；被判处刑罚正在服刑的人员；正在被劳动教养的人员；以及公安机关认为不宜前往边境管理区的人员，公安机关将不予受理。前往边境管理区的人员须持《边境通行证》等有效证件，经边防公安检查站、铁路公安部门查验后，才能进入边境管理区。对未持边境通行证件；持过期、失效边境通行证件；持伪造、涂改的《边境通行证》，冒用他人《边境通行证》或者其他证件；《边境通行证》未与居民身份证同时使用或者与假居民身份证同时使用；拒绝接受查验证件的，边防公安检查站、铁路公安部门有权阻止其进入边境管理区。对未持有效证件进入边境管理区行为，我国各地方性边境管理法规均有禁止性规定，并明确了相应罚则。例如《西藏自治区边境管理条例》规定，未持有效证件进入边境管理区的，给予警告或者处 200 元以下罚款。拒绝、阻碍公安机关检查验证人员依法执行公务，未使用暴力、威胁方法的，依照《中华人民共和国治安管理处罚条例》的规定处罚。情节严重构成犯罪的，依法追究刑事责任。

伪造、变造、买卖各类边境通行证件是严重破坏边境管理秩序的行为。边境通行证件包括护照或者代替护照使用的国际旅行证件,中华人民共和国海员证,中华人民共和国出入境通行证,中华人民共和国旅行证,中国公民往来香港、澳门、台湾地区证件,边境地区出入境通行证,签证、签注,出国(境)证明、名单,以及其他出境时需要查验的资料。公安机关对持用伪造、涂改、过期、失效的《边境通行证》或者冒用他人《边境通行证》的,除收缴其证件外,还可视情节给予警告或者处以 100 元以下罚款。对伪造、涂改、盗窃、贩卖《边境通行证》的,除收缴其证件外,处 1000 元以下罚款;情节严重,构成犯罪的,依法追究刑事责任。我国《刑法》规定,以劳务输出、经贸往来或者其他名义,弄虚作假,骗取护照、签证等出境证件,为组织他人偷越国(边)境使用的,构成骗取出境证件罪,处 3 年以下有期徒刑,并处罚金;情节严重的,处 3 年以上 10 年以下有期徒刑,并处罚金。为他人提供伪造、变造的护照、签证等出入境证件,或者出售护照、签证等出入境证件的,构成提供伪造、变造的出入境证件罪或出售出入境证件罪,处 5 年以下有期徒刑,并处罚金;情节严重的,处 5 年以上有期徒刑,并处罚金。

3.组织或者运送无有效证件人员出入边境管理区,为无有效证件人员出入边境管理区提供便利条件,收留、藏匿非法出入边境管理区的人员或为其提供资助或者协助

组织或者运送无有效证件人员出入边境管理区,为无有效证件人员出入边境管理区提供便利条件,收留、藏匿非法出入边境管理区的人员或为其提供资助或者协助,这三种边境管理违法行为多是边境地区的本地居民所为,普通自驾游客一般不会构成这些违法行为。但不是绝对的,我国《边境管理区通行证管理办法》规定,前往边境管理区的人员须持《边境通行证》等有效证件,经边防公安检查站、铁路公安部门查验后,才能进入边境管理区。同时规定对刑事案件的被告人和公安机关、国家安全机关、人民检察院或者人民法院认定有犯罪嫌疑的人员;被判处刑罚正在服刑的人员;正在被劳动教养的人员;以及公安机关认为不宜前往边境管理区的人员,不予签发通行证。因此,自驾游客在组团之时,或进入边境地区之前,一定要了解队友是否已经办理了边境通行证,是否存在无法办理边境通行证的上述原因。如果存在上述情形,要主动要求队友及时办理,或尽量避免与其同行,以规避法律风险。此外,在边境地区自驾,自驾游客也不要轻易同意陌生人搭乘自己车辆,否则若对方无合法通行证件,则有可能引发法律风险。

我国《治安管理处罚法》规定,协助组织或者运送他人偷越国(边)境的,处

10 日以上 15 日以下拘留,并处 1000 元以上 5000 元以下罚款;为偷越国(边)境人员提供条件的,处 5 日以上 10 日以下拘留,并处 500 元以上 2000 元以下罚款;偷越国(边)境的,处 5 日以下拘留或者 500 元以下罚款。《西藏自治区边境管理条例》规定,收留、藏匿非法出入边境管理区人员;组织或者运送无有效证件人员出入边境管理区;或为非法出入边境管理区人员提供资助或者协助的,处 500 元以上 1000 元以下罚款;有违法所得的,没收违法所得。我国《刑法》规定,运送他人偷越国(边)境情节严重的,构成运送他人偷越国(边)境罪,处 5 年以下有期徒刑、拘役或者管制,并处罚金;情节严重的,处 5 年以上10 年以下有期徒刑,并处罚金。

4.移动、损毁、涂改、刻划界碑(桩),或破坏有国界辅助标志物、方位物或者界河护岸作用的树木、植被和相关设施

边(国)界标志的移动、毁灭或混淆不清,都有可能使国家在领土主权方面造成损失。因此,边(国)界标志的完好无损,对确保边界线的清楚和稳定,具有决定性意义。"边(国)界标志,是指为确定国界线走向而设立或确认的人工或天然的标志物。主要有:界标(桩)、附标(桩)、界(附)标方位物、界碑、辅助标志、界路、界树、骑线井、泉、三角点、标高点等。"①我国沿边各省(区)的边境管理法规均规定,对具有擅自修建影响国(边)界线走向或者清晰的设施;毁坏或者擅自移动、拆除国(边)界标志和标志国(边)界的方位物;损毁或者擅自移动、拆除国界标志及其方位物以及边境管理区内用于边防执勤、国土保护、森林草原防火、环境保护、测量测绘等设施和标志或者修建影响国界线清晰设施;拆除、涂污国(边)界标志以及损毁、移动、拆除、涂污隔离、监控、警戒等边防设施;擅自改变或者可能改变国(边)界走向,影响或者可能影响界河、边境管理区内跨境河流稳定等行为,依照《治安管理处罚法》予以处罚;造成损失的,责令赔偿损失;涉嫌犯罪的,移送司法机关处理。我国《治安管理处罚法》规定,移动、损毁国家边境的界碑、界桩以及其他边境标志、边境设施或者领土、领海标志设施的;非法进行影响国(边)界线走向的活动或者修建有碍国(边)境管理的设施的,处 10 日以上 15 日以下拘留。我国《刑法》第 323 条规定,"故意破坏国家边境的界碑、界桩或者永久性测量标志的,处 3 年以下有期徒刑或者拘役"。因此,自驾游客进入边境地区,一定要保护与维护国(边)界标志,不得对其造成损害,更不可任意破坏,否则将引发严重法律风险。

①　沈国光.正确认识和维护国界标志,确保边界清楚和稳定[J].外交学院学报,1994(3):29.

（三）自驾游边境管理法律风险

自驾游边境管理法律风险，是指自驾游客因边境管理违法行为而产生的不利法律后果的可能性。自驾游客上述四种边境违法行为，直接危害了国家边境管理秩序，也会给国家或社会财产造成一定损害。这些违法行为经常会引发行政、刑事法律风险，有时还会产生侵权法律风险，并暗含着文明失范法律风险。

自驾游边境管理行政法律风险直接体现为行政处罚。我国《行政处罚法》第8条规定，"行政处罚的种类：（一）警告；（二）罚款；（三）没收违法所得、没收非法财物；（四）责令停产停业；（五）暂扣或者吊销许可证、暂扣或者吊销执照；（六）行政拘留；（七）法律、行政法规规定的其他行政处罚"。对边境管理违法行为，适用较多的行政处罚种类主要是警告；罚款（最高额度为5000元）；没收违法所得（如收留、藏匿非法出入边境管理区人员，组织或者运送无有效证件人员出入边境管理区，或为非法出入边境管理区人员提供资助或者协助等）；没收非法财物（如在边境地带从事测绘、摄影、科学考察等活动，未按规定报告、未在指定范围内活动；在界江中炸鱼、电鱼、毒鱼及进行危及人身安全作业；擅自藏匿和散发境外空飘物和漂流物品等）；行政拘留（最长时间为15日）等等。

自驾游边境管理刑事法律风险直接体现为刑罚承担。如前所述，自驾游客情节严重的边境管理违法行为，可能触犯的刑法罪名包括组织他人偷越国（边）境罪（处2年以上7年以下有期徒刑，并处罚金；情节严重的，处7年以上有期徒刑或者无期徒刑，并处罚金或者没收财产）；出售出入境证件罪（处5年以下有期徒刑，并处罚金；情节严重的，处5年以上有期徒刑，并处罚金）；骗取出境证件罪（处3年以下有期徒刑，并处罚金；情节严重的，处3年以上10年以下有期徒刑，并处罚金）；提供伪造、变造的出入境证件罪（处5年以下有期徒刑，并处罚金；情节严重的，处5年以上有期徒刑，并处罚金）；运送他人偷越国（边）境罪（处5年以下有期徒刑、拘役或者管制，并处罚金；情节严重的，处5年以上10年以下有期徒刑，并处罚金）；偷越国（边）境罪（处1年以下有期徒刑、拘役或者管制，并处罚金；情节严重的，处1年以上3年以下有期徒刑，并处罚金）；破坏界碑、界桩罪（处3年以下有期徒刑或者拘役）；煽动分裂国家罪（处5年以下有期徒刑、拘役、管制或者剥夺政治权利；首要分子或者罪行重大的，处5年以上有期徒刑）；煽动颠覆国家政权罪（处5年以下有期徒刑、拘役、管制或者剥夺政治权利；首要分子或者罪行重大的，处5年以上有期徒刑）；出版歧视、侮辱少数民族作品罪（处3年以下有期徒刑、拘役或者管制）；

煽动民族仇恨、民族歧视罪（处 3 年以下有期徒刑、拘役、管制或者剥夺政治权利；情节特别严重的，处 3 年以上 10 年以下有期徒刑）等等。

自驾游边境管理侵权法律风险直接体现为侵权责任承担。对此，我国沿边各省（区）的边境管理法规都有规定。例如《西藏自治区边境管理条例》规定，藏匿、使役、买卖或者宰杀邻国进入我境内牲畜；擅自修建影响国（边）界线走向或者清晰的设施；毁坏或者擅自移动、拆除国（边）界标志和标志国（边）界的方位物，造成经济损失的，应当依法予以赔偿。《新疆维吾尔自治区边境管理条例》规定，擅自改变或者可能改变国（边）界走向，影响或者可能影响界河、边境管理区内跨境河流稳定的活动；未经批准在边境地带修建建筑物、构筑物，责令恢复原状。《黑龙江省边境管理条例》规定，擅自移动、拆除、毁坏国界标志和标志国界方位物；擅自进行改变或可能改变国界走向、影响或可能影响界江水道和航道稳定的工程作业及其他活动；擅自移动、拆除或损坏边境地带边防、口岸、交通航运、广播电视、通信等设施，责令其恢复被损坏的设施，拆除私建的建筑物。

总之，自驾游客上述边境违法行为可能会引发的警告、罚款、没收违法所得、没收非法财物和行政拘留等行政法律风险；管制、拘役、有期徒刑、罚金和剥夺政治权利等刑事法律风险；停止侵害、恢复原状和赔偿损失等侵权法律风险，以及其中暗含的文明失范法律风险，不仅会单独发生，而且大多都会引发多种法律风险叠加情形。因此，自驾游客一定要提高认识，并要采取积极主动措施，杜绝违法行为，从而规避法律风险。上述行政、刑事、侵权和文明旅游等相关法律风险，前文已论述，此处不再赘述。

二、自驾游边境管理法律风险防范

"边境管理是维护国家主权完全的基础管理工作，同时也是防止边境犯罪以及非法人员在边境进行非法活动的重要管理工作，边境管理对于维护国家和世界的和平工作起到重要的作用。"[①]边境自驾游是自驾旅游与边境管理的结合，自驾游客应秉承"君子以思患而预防之"之理念，遵守边境管理法律制度，未雨绸缪，积极防范法律风险。

（一）自驾游边境管理法律风险产生原因

如前所述，自驾边境游违法行为会引发侵权、犯罪、行政以及文明失范等

---

① 许峰.公安部边防管理局边境通行证管理系统的研究与分析[D].昆明：云南大学，2015：1.

多种法律风险,并且大多都会出现风险叠加情形。对这些综合法律风险产生的共同性原因,不再赘述。现将针对自驾边境游违法行为具体特点,主要以边境与边防知识、边疆与边防意识等视角,来剖析边境管理法律风险产生的原因。

1.边境与边防相关知识缺乏,法律意识淡漠

异域性是旅游活动固有之特点,在旅游发展中也就逐渐孕育了"跨文化旅游"现象。"跨文化旅游,是指荷载着至少一种文化的旅游者到具有不同文化背景的旅游目的地从事旅游活动所引起的现象和关系的总和。"①边境游之所以越来越受到旅游者青睐,就在于边境地区的边界、边城、边贸、边民、边关、边景和边地等独特旅游文化。然而,现实中很多自驾游客并没有意识到边境游的不同意义与价值,因边境游相关的文化知识匮乏,影响了旅游体验与精神收获;因对边境管理法律法规,尤其是地方性法规不了解,法律知识与法律风险意识淡漠,更多时候是在不知法的情况下,盲目进入边境管理区或进行自驾活动,从而引发法律风险。

边防是国防重要组成部分,是指在国家边界、沿边、口岸等地方,为防备和抵抗侵略,制止武装颠覆,保卫国家的主权、统一、领土完整和安全所进行的军事活动。边防是国家经济建设的重要保障,是维护国家主权、领土完整和海洋权益的安全屏障,是维护边境地区安全与稳定的重要手段。边防的目的不仅是保卫边界安全,而且要谋求边境地区社会的全面发展。边境地区的边界安全、社会稳定和全面发展,需要全社会共同努力,进入其中的自驾游客也不例外。然而,现实中很多自驾游客却缺乏相关边防管理知识,以致违犯边境管理行为时有发生。如因不懂得何为国(边)界、界桩、界碑、界标,以及它们各自意义、价值和相关管理规定,以致产生无意破坏行为;不懂得边境管理区、边境地带以及口岸、边境通道、边境临时警戒区、边境互市贸易区(点)、边境旅游景区(点)等区域区别,以致乱入;不懂得何为违禁物品,以致于携带、载运、散播含有危害国家安全、破坏民族团结内容的报刊、书籍、图片、音像制品、电子产品等物品;因对边境管理相关规定缺乏了解,以致发生运送无有效证件人员出入边境管理区,未持有效证件出入边境管理区,为非法出入边境管理区人员提供资助或者协助,以及其他危害边境秩序行为。这些违法行为都会引发一定的法律风险,有时甚至要承担刑事责任。

---

① 田穗文,龙晓明.旅游发展中的跨文化研究[J].经济与社会发展,2003(7):30.

2.对边境地区的重要意义与特殊性认识不足,边疆与边防意识薄弱

"边境"是一个地理概念,一般是指陆地边境,是地理上邻近他国(或地区)边界或国界的一定区域范围。从政治学角度讲,边境一般称为"边疆"或"边疆地区",是指远离政治统治中心的边远区域。边疆地区"除了远离政治、经济、文化中心外,还存在着与中心区之间在政治、经济、社会、文化等方面的较大异质性,如这些区域有独特的政治社群、独特的经济结构、独特的社会结构、独特的文化形态、独特的自然生态等"①。目前,我国边境(边疆)地区存在经济不发达,基础设施较差,社会文化水平不高;民族宗教关系复杂,周边地缘政治环境复杂,国家安全挑战多;生态环境脆弱、社会发育程度低、社会公共问题较突出等问题。

"纵观历史,边疆不稳、边疆动荡、边疆崩塌导致国家衰亡的例子比比皆是。"②因此,边疆的稳固和发展是影响甚至决定国家兴衰存亡的重大因素。边疆地区较之于其他地区,具有更为复杂的政治关系和社会公共问题,属于国家管控对象复杂、管控过程难度大、管控效度不高区域。因此,保卫、巩固和发展边疆地区,需要探究边疆自身特殊规律性,找到针对不同边疆的有效治理之策,采取特殊措施,以促进边疆地区社会进步与经济发展。中华人民共和国成立后,我国对边疆社会稳定与经济发展极为重视,采取各种积极稳健政策,有效地维护了边疆稳定与和谐发展。改革开放后,着眼于边疆区域经济与社会发展,国家投入大量资金、人力等资源,实施了以西部大开发与兴边富民行动为代表的边疆治理措施,有效促进了边疆地区经济与社会发展;国家制定了许多优惠政策,采取一系列措施大力支援边疆少数民族地区建设,使边疆少数民族地区在尽可能短的时段内获得超常速度发展,促进了各民族共同繁荣。

一般情况下,国家都会把加强边防作为安邦定国的战略任务来对待,边境地区的每一寸土地都是国家主权和尊严的具体体现,边防的每一个重要行动,都反映着国家的意志。各个国家为维护边境地区稳定与发展,大都会采取一定特殊政策及相应管理措施,以达到其社会治理目标。因此,边境地区的地理位置与战略价值,对于任何一个国家政治稳定、经济发展、社会和谐、民族团结和人民安居乐业,都意义重大。这也是边境游与国内其他区域旅游的最大区别所在。然而,现实中绝大多数自驾边境的游客并没有认识到边境游的特殊

①　方盛举.新边疆观:政治学的视角[J].新疆师范大学学报(哲学社会科学版),2018(2):90.

②　周平.边疆在国家发展中的意义[J].思想战线,2013(2):38.

之处,对边境地区的重要意义与特殊性认识不足,边防意识薄弱,导致自驾途中边境违法行为频发,这也是引发边境管理法律风险的主要原因。

(二)自驾游边境管理法律风险防范

1.做好边境与边防知识储备,提高法律意识

"当代旅游实际上是一种文化消费行为,旅游者的动机和目的在于获得心理上的满足和精神上的享受,是旅游活动参与者的文化心态及其在观念形态上的表现,包括社会心理和社会意识形态,由价值观念、审美追求、道德情感、思维方式等主体因素构成。"[①]因此,自驾游客要想在边境游中获得物超所值的文化体验,就需要提前做好功课,要对边境游相关的边界、边城、边贸、边民、边关、边景和边地等文化知识进行一定储备,要了解边防管理相关法律规定,减少盲目违法行为,以规避法律风险。自驾游客应对自驾边境地区的少数民族风俗、生活习惯、跨国观光廊道、地方特产、边贸互市和旅游购物、生态资源、特色餐饮、养生民俗、度假庄园等地理人文知识进行必要储备。要准备并学习边境管理法律手册,熟悉相关法律法规,做到规范了然于胸,不做违法之事,并提高法律意识。

2.要充分认识边境地区的重要意义与特殊性,增强边疆与边防意识

边境地区的地理位置与战略价值,对于国家政治稳定、经济发展、社会和谐、民族团结和人民安居乐业意义重大。目前,我国边境地区在政治、经济、民族关系等方面,还存在一些不安定因素,三股势力(民族分裂势力、极端宗教势力和暴力恐怖势力)对我国边境地区,乃至国家的安全和稳定都构成极大威胁。因此,自驾游客作为边境地区外来者,一定要认识到边境地区的重要意义与特殊性,要增强边疆与边防意识,切实维护边境地区安全与稳定。

边疆意识,应包括什么是"边疆","边疆"的实际范围在哪里,"边疆"的重要性与价值体现在哪些方面,如何处理与"边疆"相关的问题等,涉及一个时期整个社会各阶层人们对于边疆及相关问题的认知、评价与应对之策,具体包括边界划定、边疆防守政策、边疆民族社会、边疆区域经济开发等诸多问题的认知与处置。边疆意识实质上是一种特殊形态的国土意识,能够切实考验一个政权与民族对于自己疆土的关切程度与责任感。边防意识,是指对边防职能及其重要性的认识。每一个公民,都必须认识到边防在维护国家主权、领土完整和人民安全方面的重要作用,自觉增强边防意识。我国《国防法》规定,国家

---

① 王瑾.当下的旅游文化与中国人的精神生活:以"西藏热"为例[D].上海:华东师范大学,2014:4,6.

通过开展国防教育,使公民增强国防观念、掌握国防知识、发扬爱国主义精神,自觉履行国防义务;公民应当接受国防教育;公民和组织应当保护国防设施,不得破坏、危害国防设施;公民和组织应当遵守保密规定,不得泄露国防方面的国家秘密,不得非法持有国防方面的秘密文件、资料和其他秘密物品;公民和组织应当支持国防建设,为武装力量的军事训练、战备勤务、防卫作战等活动提供便利条件或者其他协助。

边境自驾游客一定要遵守国家法律法规,严格自觉规范自己行为,坚决同违法犯罪行为做斗争,坚决保卫国家主权和领土完整,维护边境地区安全和社会治安秩序,要成为边境的忠诚守护者,而不是破坏者。

参 考 文 献

中文文献
著作

1.张践.西方旅游业[M].上海:同济大学出版社,1990.

2.张辉.旅游经济论[M].北京:旅游教育出版社,2002.

3.李天元.旅游学概论[M].天津:南开大学出版社,2009.

4.梁慧星.民法总论[M].北京:法律出版社,2001.

5.孙国华.法学基础理论[M].北京:中国人民大学出版社,1987.

6.张文显.法理学[M].北京:高等教育出版社、北京大学出版社,2011.

7.曹隆兴.现代非典型契约论[M].台湾:三民书局,1998.

8.史尚宽.债法各论[M].北京:中国政法大学出版社,2000.

9.崔建远.合同法[M].北京:法律出版社,2000.

10.谢怀栻.外国民商法精要[M].北京:法律出版社,2002.

11.曾世雄.损害赔偿法原理[M].北京:中国政法大学出版社,2001.

12.陈远生.旅游质量监督执法全书[M].北京:海潮出版社,2001.

13.顾镜清.风险管理[M].北京:中国国际广播出版社,1993.

14.王巍.国家风险:开放时代的不测风云[M].沈阳:辽宁人民出版社,1988.

15.安东尼·吉登斯.现代性的后果[M].田禾,译.南京:译林出版社,2000.

16.云岭.合同法总论[M].北京:中国人民公交大学出版社,2003.

17.佟柔.民法原理[M].北京:法律出版社,1985.

18.郭明瑞,房绍坤.新合同法原理[M].北京:中国人民大学出版社,2000.

19.高铭暄,马克昌,赵秉志.刑法学[M].北京:北京大学出版社、高等教育出版社,2000.

20.刘得宽.民法诸问题与新展望[M].台湾:三民书局,1980.

21.王卫国.过错责任原则第三次勃兴[M].北京:中国法制出版社,2000.

22.许培星.交通法规[M].上海:上海交通大学出版社,1995.

23.郭忠印,方守恩.道路安全工程[M].北京:人民交通出版社,2003.

24.塞缪尔·亨廷顿.文明的冲突与世界秩序的重建[M].周琪,等译.北京：新华出版社，2002.

25.曲广娣.色情问题的根源和规范思路研究[M].北京：中国政法大学出版社，2013.

26.冯乃康.中国旅游文学论稿[M].北京：旅游教育出版社，1995.

27.谢彦君.基础旅游学[M].北京：中国旅游出版社，1999.

28.李天元，王连义.旅游学概论[M].天津：南开大学出版社，1999.

论文

1.杨德爱.旅游与被旅游：大理"洋人街"由来及变迁[D].北京：中央民族大学，2012.

2.崔保健.中国旅游转型的理论与实践：以内蒙古呼伦贝尔为例[D].北京：北京交通大学，2016.

3.张晓燕，张善芹，马勋.我国自驾旅游者行为研究：以华北地区为例[J].旅游学刊，2006(9).

4.张致云，杨效忠，卢松.自驾车旅游研究综述[J].旅游论坛，2009(2).

5.张晓燕.我国自驾车旅游及其发展研究[D].济南：山东师范大学，2006.

6.黄恢月.旅行社组织自驾游法律规制初探（上）[N].中国旅游报，2016-6-1(C02).

7.张凌云.散客旅游市场的几个问题[J].旅游学刊，1992(6).

8.辛星.汽车租赁业的发展研究[D].西安：长安大学，2011.

9.许小牙.法律关系理论之正本清源[J].汕头大学学报（人文社会科学版），2010(6).

10.陈凡.法律关系的哲学思考[J].学术论坛，2002(2)

11.江平.旅游法与民事法律的关系[N].中国旅游报，2011-6-3(003).

12.许惠佑.旅行契约之研究[D].台北：台湾政治大学法律学研究所，1998.

13.王海.旅游服务合同法律关系分析[D].长春：长春理工大学，2016.

14.刘训峰.服务合同一般规定立法研究[D].南京：南京大学，2014.

15.石美玉.中国旅游购物研究[D].北京：中国社会科学院，2003.

16.程小勇.违约责任与侵权责任竞合研究[D].上海：华东政法大学，2016.

17.蔡唱.先行行为导致的不作为侵权行为研究[J].湖南大学学报（社会科学版），2009(1).

18.刘洁.论旅游行政法律制度[D].武汉：中共湖北省委党校，2013.

19.罗文斌.中国文明旅游的演化历程与多视角解读[N].中国旅游报，2016-11-22.

20.韦国兆.广西崇左市边境旅游开发对策研究[D].昆明:云南大学,2008.

21.张小虎.论刑事法律关系的产生[J].河南省政法管理干部学院学报,1999(2).

22.马步云.现代化风险初探[D].上海:复旦大学,2006.

23.陈湘渝.论自甘风险[D].济南:山东大学,2011.

24.蓝承烈.民事责任竞合论[J].中国法学,1992(3)

25.孙滢悦,杨青山,陈鹏.居民自驾游风险认知研究[J].干旱区资源与环境,2017(12).

26.何远琼.示范合同的制度考察[J].北大法律评论,2008,9(2).

27.王素芬.论格式合同[D].北京:中国社会科学院,2001.

28.崔建远.违约责任论[J].吉林大学社会科学学报,1991(4).

29.姚辉.涉犯罪合同效力问题研究[J].法学杂志,2017(3).

30.王成.法律关系的性质与侵权责任的正当性[J].中外法学,2009(5).

31.王轶.论侵权责任承担方式[J].中国人民大学学报,2009(3).

32.李建华,王琳琳.我国未来民法典中私法责任承担方式的立法选择:兼论停止侵害、排除妨碍、消除危险、返还财产的二元定位[J].海南大学学报(人文社会科学版),2012(3).

33.冉克平.民法上恢复原状的规范意义[J].烟台大学学报(哲学社会科学版),2016(2).

34.张琳.刑罚目的论[D].重庆:西南政法大学,2010.

35.唐先锋.试析国内"权利泛化"现象[J].人大研究,2004(7).

36.李祝用,徐首良.论机动车第三者责任强制保险制度的价值及特性[J].保险职业学院学报,2005(5).

37.王健.道路环境与驾驶行为[J].重庆交通学院学报,1990(3).

38.严新平,张晖,超仲.道路交通驾驶行为研究进展及其展望[J].交通信息与安全,2013(1).

39.谢雄军.论我国资格罚的立法现状及其完善对策[J].湘潮(下半月),2011(7).

40.姚莉英.《试析行政处罚种类的几个问题[J].法律科学,1998(3).

41.孟清华,王保国,王瑞君.基于交通安全的人一车一环境系统的研究[J].车辆与动力技术,2004(2).

42.张丽霞,刘涛,潘福全.驾驶员因素对道路交通事故指标的影响分析[J].中国安全科学学报,2014(5).

43.刘援朝,孙忠友.机动车驾驶员注意及相关因素的调查研究[J].社会心理学,2007(21).

44.严新平,张晖,吴超仲,毛喆,雷虎.道路交通驾驶行为研究进展及其展望[J].交通信息与安全,2013(1).

45.马全良,黄康.关于疲劳驾驶行为的研究和建模[J].微计算机信息,2007(8-1).

46.罗文斌.中国文明旅游的演化历程与多视角解读[N].中国旅游报,2016-11-22.

47.胡传东.旅游者道德弱化行为的推拉因素与形成机制[J].重庆师范大学学报(哲学社会科学版),2008(5).

48.赵秉志,刘志伟.论扰乱公共秩序罪的基本问题[J].政法论坛,1999(2).

49.李芳.清代新疆汉民族的社会风俗初探[D].乌鲁木齐:新疆大学,2004.

50.杜敏.论少数民族习惯与少数民族习惯法[J].西南民族学院学报(哲学社会科学版),2002(7).

51.林美珍.文物古迹保护与开发的博弈分析[D].泉州:华侨大学,2004.

52.李保纪.赌博及其综合治理[J].公安大学学报,1987(6).

53.钱正英,沈国舫,刘昌明.建议逐步改正"生态环境建设"一词的提法[J].科技术语研究,2005(2).

54.秦珊珊.行政"黑名单"制度研究[D].南京:南京大学,2013.

55.胡建淼."黑名单"管理制度:行政机关实施"黑名单"是一种行政处罚[J].人民法治,2017(5).

56.徐晓明.行政黑名单制度:性质定位、缺陷反思与法律规制[J].浙江学刊,2018(6).

57.杨德爱.旅游与被旅游:大理"洋人街"由来及变迁[D].北京:中央民族大学,2012.

58.沈振剑.河南境外旅游者消费行为研究[J].中州学刊,2005(4).

59.龙江智.从体验视角看旅游的本质及旅游学科体系的构建[J].旅游学刊,2005(1).

60.王瑾.当下的旅游文化与中国人的精神生活:以"西藏热"为例[D].上海:华东师范大学,2014.

61.王昕.浅谈旅游文化的内涵挖掘[J].中共福建省委党校学报,2002(4)。

62.田穗文,龙晓明.旅游发展中的跨文化研究[J].经济与社会发展,2003(7).

63.徐黎丽,那仁满都呼.现代国家"边境"的界定[J].中国边疆史地研究,2018(3).

64.崔明伍,潘文年.非法出版物法律问题浅探[J].出版科学,2009(5).

65.方盛举.新边疆观:政治学的视角[J].新疆师范大学学报(哲学社会科学版),2018(2).

66.周平.边疆在国家发展中的意义[J].思想战线,2013(2).

67.萨维尼.萨维尼.论法律关系[M]//法哲学与法社会学论丛(七).田士永,译.北京:中国政法大学出版社,2004.

68.黄越钦.权利滥用与恶意抗辩权[M]//民法总则论文选辑.台北:五南图书出版公司,1984.

69.廖军和.法律关系略论[D].郑州:郑州大学,2000.

70.王利明.论缔约过失责任[M]//民商法研究(第3册).北京:法律出版社,1998.

71.黄华平.论合同诈骗罪的几个问题[M]//新刑法施行疑难问题研究与适用.北京:中国检察出版社,1999.

报告与辞书

1.中国国内旅游发展年度报告2017[M].北京:旅游教育出版社,2017.

2.中国国内旅游发展年度报告2018[M].北京:旅游教育出版社,2018.

3.以习近平新时代中国特色社会主义思想为指导 奋力迈向我国优质旅游发展新时代[M].北京:国家旅游局局长李金早2018年1月8日在全国旅游工作会议所做的工作报告.

4.决胜全面建成小康社会 夺取新时代中国特色社会主义伟大胜利,习近平总书记在中国共产党第十九次全国代表大会上报告.

5.马克思恩格斯全集(第16卷)[M].北京:人民出版社,1972.

6.国民经济和社会发展统计公报(2014、2015、2016、2017).

7.辞海[M].上海:上海辞书出版社,2002.

8.城市环境卫生当前产业政策实施办法(建设部建城字第637号文).

9.马克思恩格斯选集(第4卷)[M].北京:人民出版社,1995.

10.邓小平文选(第2卷)[M].北京:人民出版社,1994.

11.全面建设小康社会开创中国特色社会主义事业新局面[M].北京:人民出版社,2002.

外文文献

1. Oxford English Dictionary：(Exposure to) the possibility of loss，injury，or other adverse or unwelcome circumstance；a chance or situation involving such a possibility.

2. ULRICH B. Risk society：towards a new modernity[M].London：Sage Publication，1992：21-22.

3. TSENG C M. Social-demographics，driving experience and yearly driving distance in relation to a tour bus driver's at-fault accident risk[J]. *Tourism Management*，2012，33(4)：910-915.